JN114631

cpa learning

いちばんわかる
日商簿記 **1級**

商業簿記・会計学
の教科書

CPA会計学院 編著

第 **I** 部

はしがき

　本書を手に取る方の多くは、いま日商簿記3級2級の勉強中、もしくは、すでに合格したという方でしょう。

　日商簿記1級は日商簿記検定の最高峰に位置づけられる試験です。

　簿記2級合格後の新たな目標として、簿記1級は非常におすすめです。

　簿記2級においても多くのことを学習しますが、簿記会計分野の領域は非常に広く、簿記2級においてまだ学習できてないことは多々あります。

　この点、簿記1級では幅広くそして奥深く学習することになるため、簿記会計に関する大きな強みを身につけることができます。

　事実、簿記1級合格者は企業において高く評価されています。しかし、現状簿記1級合格者は多くないため、非常に重宝されます。合格したあかつきには、昇進や転職などキャリアアップに大きく活きることでしょう。

　また簿記1級は、国家資格である公認会計士試験や税理士試験の登竜門でもあり、最終的に公認会計士を目指すという方にもおすすめです。

　しかし、その分難しい試験であるという点も事実です。

　そこで本書においては、難しい内容でもしっかりと身につけられ、かつ、効率的に学習できるよう以下のような特徴を持たせました。

　　・図や表を積極的に用いることで、理解・定着ができる。

　　・各論点に例題を設けることで、解く力を養うことができる。

　　・学習上の重要性を付すことで、効率的に学習できる。

　上記に加えて最大の強みは、CPAラーニングと連動している点です。

　CPAラーニングでは本書を用いた講義を実施しています。

　講義動画は、CPA会計学院の公認会計士講座の講師が担当しており、本書の内容を、かみ砕いてわかりやすく解説しています。正しく理解し、効率的に学習を進めるためにも、講義を受講することをおすすめいたします。

　簿記1級はその内用面、試験範囲の広さから、完全独学が難しい試験となっています。本書と合わせて、ぜひCPAラーニングをご活用して頂き、簿記1級の合格を勝ち取って下さい。

　本書は、会計資格の最高峰である公認会計士試験で高い合格実績を誇るCPA会計学院が自信を持ってお贈りする一冊です。本書で学習された皆様が、日商簿記検定1級に合格されることを心より願っております。

2023年5月吉日

CPA会計学院　講師一同

■CPAラーニングを活用しよう！

いつでも、どこでも、何度でも
Web受講で理解が深まる！

簿記**1**級対策講座が
完全無料で
学べる
CPAラーニング！

CPAラーニングの特徴

✓ **プロ講師による「理解できるWEB講義」**
簿記1級を熟知した講師が試験に出やすいポイントやつまづきやすい問題などを丁寧に解説しているので、忙しい社会人の方や就活生でも効率的に最短合格を目指せます。また、WEB講義形式のため、いつでも、どこでも、何度でもご視聴いただけます。

✓ **模擬試験が受け放題**
本番さながらの実力をチェックできる模擬試験を何度でも受験することができます。もちろん、分かりやすい解説付きなので苦手な論点を得意に繋げることができます。

✓ **運営元は大手公認会計士スクール「CPA会計学院！」**
CPAラーニングは公認会計士講座を50年以上運営してきた実績あるCPA会計学院が講義を提供しています。講義は公認会計士講座の講師が担当しているので、本質が理解できるわかりやすい講義を展開します。

✓ **実務で役立つ講義も受けられる**
日商簿記1級講座の受講生は経理、会計、税務、財務などスキルアップできる実務講座を学ぶことができます。基礎的な講座から応用力を鍛える講座まであるため、学習者はレベルにあった講座を選ぶことができます。資格＋実務講義でキャリアアップへ導きます。

✓ **簿記3級2級もすべて無料開放**
簿記1級にチャレンジする前に簿記3級2級の復習がすべて無料でできます。WEB講義から教科書・問題集（PDF）のダウンロードまで必要なものをご用意しています。

ご利用はこちらから ➔

cpa-learning.com

■合格への道

1．学習を始める前に知っておくべき1級の特徴

特徴1　試験科目は4つあるが、実質2科目！

　簿記1級の試験科目は「商業簿記」、「会計学」、「工業簿記」、「原価計算」の4つに分けられています。しかし、実際は「商業簿記と会計学」、「工業簿記と原価計算」がそれぞれセットであり、実質2科目です。簿記2級で言えば前者が商業簿記、後者が工業簿記です。簿記1級は、簿記2級の商業簿記と工業簿記の延長線上にあると言えます。

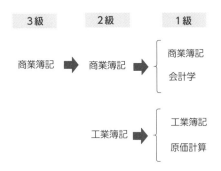

特徴2　試験範囲が広いが、得点調整がなされる！

　簿記1級は試験範囲が非常に広く、時にはテキストに記載されてないような論点が出題されることもあります。しかし、簿記1級は得点調整（傾斜配点）がなされると言われます。具体的には、試験が難しく受験生の多くが点数を取れなかった場合、正答率が低い問題の配点は小さくなり、正答率が高い問題の配点が大きくなるよう調整されます。このため、難しい問題をいかに正答するかよりも、正答すべき基本的な問題をいかに失点しないかが大事な試験と言えます。

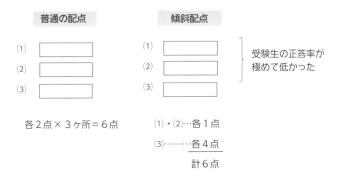

特徴3　理論問題も出題されるが、計算問題を最優先で！

　簿記1級では計算問題（金額を解答する問題）だけでなく、理論問題（文章の正誤を判定する問題や語句補充問題）も出題されます。理論の出題範囲は幅広く、完璧な対応は不可能に近いです。しかし、配点は計算問題の方が多く、また、計算問題が解ければ正答できるレベルの理論問題も多いです。そのため、計算問題をしっかり解けるようにすることを最大限意識して学習するようにしましょう。

2．短期で確実に合格するために！

①　CPAラーニングの動画を見る！

　　簿記1級は内容的にも分量的にも、独学で合格を目指すのは非常に大変です。合格への最短ルートは、講義動画を見ることです。CPAラーニングでは、CPA会計学院の人気講師が本テキストを使用してわかりやすく講義しています。講義は、「商業簿記・会計学」と「工業簿記・原価計算」の2つありますが、並行して学習することをおすすめします。

②　重要度を意識する！

　　本書は「論点の説明→例題で確認」という構成にしていますが、全ての例題に重要度を明示しています。簿記1級は試験範囲が広く、網羅的に学習することは非常に大変です。また、得点調整が行われる可能性も考慮すると、難しい論点に勉強時間を充てるのは非効率な勉強とも言えます。効率的に学習するために、重要度を活用して下さい。

重要度A	どんな方も解けるようにすべき論点
重要度B	基本的に解けるようにすべきだが、余裕がない方はやらなくてよい論点
重要度C	余裕がある方のみ解けるようにすべき論点

　　基本的には重要度Bまでをしっかりと復習して、正答できる力を身につけるのがおすすめです。

　　もし、時間がない方は重要度Aまでをしっかりとやって、簡単な論点のみ重要度Bまで手を出すようにして下さい。

③　計算問題をスラスラ解けるようにする！

　　上述の通り、簿記1級では理論問題も出題されますが、合格への最短ルートは計算問題をできるようにすることです。計算問題は1回復習しただけではスラスラ解けるようにはなりません。講義後、最低でも3回は例題を解くようにしましょう。

	タイミング	ここに注意！
1回目	講義後すぐに	講義を聞いただけでは解けないので、最初は解答解説を見ながらやりましょう。その後に、解答解説を見ずに自力で解いてみるようにして下さい。
2回目	1回目の復習の3日後	3日しか経ってなくても結構忘れてるので、解けなくなってるかもしれません。でも、それで大丈夫です。知識は、「忘れかけた頃に思い出す」ことで身についていくものだからです。
3回目	2回目の復習の1週間後	3回目なので論点によってはスラスラ解けるかもしれません。ただ、やっぱりすっかり忘れて解けないことも多いです。でも、それで大丈夫です。知識は、「忘れかけた頃に思い出す」ことで身についていくものだからです。

　　また、3回目以降も継続して復習するようにして下さい。1ヶ月～1.5ヶ月おきに復習するのがおすすめです。3回目の復習で完璧に解けるようになったとしても、時間の経過によりだんだんと忘れてしまうので解けなくなってるかもしれません。でも、それで大丈夫です。知識は、「忘れかけた頃に思い出す」ことで身についていくものだからです。

④ 基礎固めを大事にする！

簿記1級では応用的な問題も出題されます。応用的な問題は無限にパターンがあるので、全てのパターンを事前に演習することは不可能です。では、応用問題への対応力はどのように身につけるのでしょうか？

それは、基礎を徹底的に固めることです。基礎固めこそが応用力獲得の一番の近道です。そして、そのために例題を何回も反復するようにして下さい。

何回も反復すると解答数字を覚えてしまうかもしれません。しかし例題で大事なのは、解答数字を算定することよりも、「自分が何を分かっていて、何が分かってないのか」を明確にすることです。例題が解けなかったり、解けたけど解き方でちょっと迷ったり、問題文の意味が読み取れなかったり、ちょっとした勘違いをしたり、などなどスラスラ解けないことがあるはずです。

ちょっとでもスラスラ解けなかったら、そこは理解不足・定着不足という認識を持つようにして下さい。基礎をしっかりと固め、理解不足や定着不足をゼロに近づけることで合格に近づいていきます。

理解するためのコツ～自分に問いかけてみよう～

- ・なぜそうするのかを説明できる？
- ・似た論点の違いがわかってる？
- ・問題文の指示の意味がわかってる？（問題文読まずに、単にその例題の解き方を覚えちゃってない？）
- ・計算式の意味がわかっている？（単に計算式を公式のように覚え、そこに数値を当てはめるだけになっていない？）

⑤ 講義を受講し終えたらあとは総復習！

講義が全部終わってからは総復習の段階に入ります。全範囲を学習してみると、簿記1級の試験範囲の広さが実感でき、多くのことを学習してきたことがわかるでしょう。それは「全範囲を勉強したぞ」という自信にもつながりますが、一方で、試験範囲の広さを目の当たりにして自信をなくすかもしれません。

しかし、講義が全部終わったのなら合格まであと一歩です。合格できるかどうかは、講義を受講し終えてからの総復習にかかっています。まだ完全に身についてない論点を再度復習し、穴を一つひとつ埋めていきましょう。また、完全に身についた論点についても、忘れてしまっていないかという点を確認するようにして下さい。

これを繰り返すことで、基礎が固まり、合格するための力を身につけることができます。簿記1級は合格率の低い試験ではありますが、難しい問題を解けるようにしないと受からない試験ではありません。

講義が終われば合格まであと少しです。合格に向けて総復習、頑張って下さい。

■日商簿記検定1級について

試験概要

受験資格	なし
試験形式	年2回のペーパー試験
申込期日	受験日の約2か月前から約1か月間 （受験希望地の商工会議所によって、申込期日や申し込み方法は異なる）
受験日	6月中旬（第2日曜日）、11月下旬（第3日曜日）
受験料	税込7,850円
試験科目	商業簿記・会計学・工業簿記・原価計算
試験時間	商業簿記・会計学（90分） 工業簿記・原価計算（90分） 合計180分（途中休憩あり）
合格基準	70%以上 ただし、1科目ごとの得点は40%以上
合格発表日	受験後、約1か月後に発表（商工会議所により異なる）
筆記用具について	試験では、HBまたはBの黒鉛筆、シャープペン、消しゴムが使用可 （ラインマーカー、色鉛筆、定規等は使用不可）
計算器具について	電卓の持ち込み可（ただし、計算機能（四則演算）のみのものに限り、例えば、次の機能があるものは持ち込み不可。印刷（出力）機能、メロディー（音の出る）機能、プログラム機能（例）：関数電卓等の多機能な電卓、辞書機能（文字入力を含む）ただし、次のような機能は、プログラム機能に該当しないものとして、試験会場での使用を可とします。日数計算、時間計算、換算、税計算、検算（音のでないものに限る）
合格率	10%前後であることが多い

※　本書の刊行時のデータです。最新の情報は商工会議所のWEBサイトをご確認ください。（https://www.kentei.ne.jp/bookkeeping）

■書籍の訂正及び試験の改正情報について

発行後に判明した誤植や試験の改正については、下記のURLに記載しております。
cpa-learning.com/correction-info

目　次

第3章　現金預金

第4章　有形固定資産

第**5**章　無形固定資産・投資その他の資産・繰延資産

第6章　引当金

第7章　商品売買

第8章　棚卸資産

第9章　経過勘定

第10章　有価証券

第13章　リース会計

第14章　研究開発費・ソフトウェア

第15章　減損会計

第 II 部

第 III 部

第 **1** 章

簿記の全体像

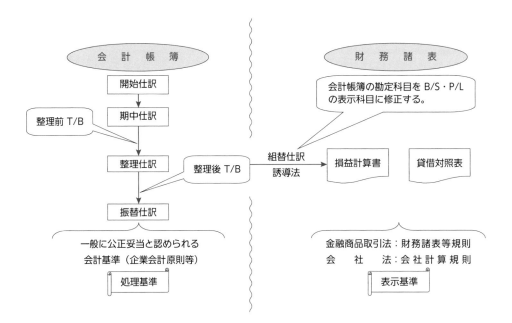

会 計 帳 簿

開始仕訳
↓
期中仕訳

整理前 T/B

整理仕訳　　整理後 T/B

振替仕訳

一般に公正妥当と認められる
会計基準（企業会計原則等）

処理基準

財 務 諸 表

会計帳簿の勘定科目を B/S・P/L
の表示科目に修正する。

組替仕訳
誘導法 → 損益計算書　　貸借対照表

金融商品取引法：財務諸表等規則
会　　社　　法：会 社 計 算 規 則

表示基準

第2節　簿記の一巡の具体例

以下の条件で年額120の家賃収入のある会社を例に簿記の一巡を説明する。

　会計期間：4月から3月、家賃受取日：毎年6月末の年1回（後払い）

1　開始手続

(1)　開始記入及び繰越試算表の作成

　資産・負債・純資産勘定の各勘定に「前期繰越」と記入し、当期の勘定記入をスタートさせることを「開始記入」という。前期繰越の金額は、前期末の勘定残高金額（次期繰越）である。

　また、開始記入後に、開始記入における各勘定の前期繰越高を検証するために試算表を作成する。当該試算表を「繰越試算表」という。

(2)　再振替仕訳

　「再振替仕訳」とは、前期末の決算整理仕訳において認識した、収益・費用の見越し・繰延べ項目である経過勘定（未収収益・未払費用・前受収益・前払費用）を、収益・費用勘定に戻す仕訳である。

仕訳帳（帳簿上）	総勘定元帳（帳簿上）	試算表（帳簿外）
受取家賃　90／未収家賃　90	**未収家賃**　前期繰越 90／90　　**受取家賃**　90	

2 期中手続

「期中仕訳」とは期中に行われた簿記上の取引に対して行われる仕訳のことである。期中仕訳は取引事実を明らかにすることを目的としており、適正な期間損益計算は考慮していない。

3 決算整理手続

(1) 決算整理前残高試算表

決算手続を行うために、再振替仕訳及び期中仕訳の総勘定元帳への転記が、正しく行われているか否かを検証する必要がある。そのため、期中手続後の各勘定の残高を集計して「決算整理前残高試算表（前T／B)」を作成する。

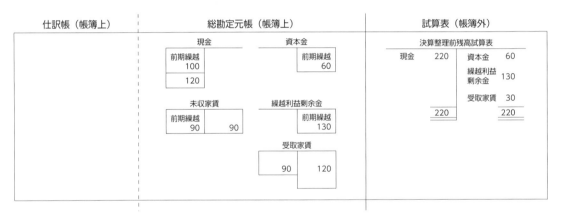

(2) 決算整理仕訳

「決算整理仕訳」は、当期の期間収益と期間費用を算定するとともに、次期に繰り越す資産・負債の金額を確定する仕訳である。つまり、各勘定の残高を財務諸表計上額に修正するための仕訳である。

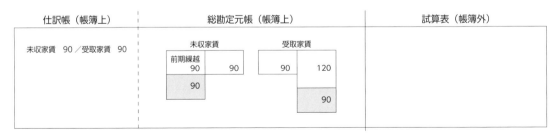

(3)　決算整理後残高試算表

　　決算整理仕訳およびその転記が正しく行われているか否かを検証する必要がある。そのため、決算整理仕訳後の各勘定の残高を集計して「決算整理後残高試算表（後Ｔ／Ｂ）」を作成する。

仕訳帳（帳簿上）	総勘定元帳（帳簿上）	試算表（帳簿外）

現金

| 前期繰越 100 | |
| 120 | |

未収家賃

| 前期繰越 90 | 90 |
| 90 | |

資本金

| | 前期繰越 60 |

繰越利益剰余金

| | 前期繰越 130 |

受取家賃

| 90 | 120 |
| | 90 |

決算整理後残高試算表

現金	220	資本金	60
未収家賃	90	繰越利益剰余金	130
		受取家賃	120
	310		310

4 決算振替手続（勘定の締切）

⑴ 決算振替仕訳①（収益・費用項目の勘定の締切）

決算整理仕訳において確定した収益・費用の各勘定の残高金額を「損益」勘定に振り替える。この決算振替仕訳により、収益・費用の各勘定残高はゼロになる。

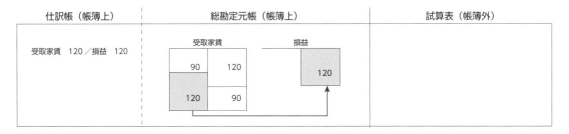

⑵ 決算振替仕訳②（損益勘定の締切）

「損益」勘定の残高が当期純損益となる。当期純損益は「繰越利益剰余金」勘定（純資産）を増減させるため、当期純損益の金額を「損益」勘定から「繰越利益剰余金」勘定に振り替える。これにより、当期末の純資産を算定するとともに、「損益」勘定を締め切るのである。

⑶ 資産・負債・純資産項目の勘定の締切及び繰越試算表の作成

決算整理仕訳・決算振替仕訳により、資産勘定・負債勘定・純資産勘定の残高は次期に繰り越す金額を示している。そして、各勘定を締め切るために、当期末の日付で「次期繰越」と繰越記入を行う。このように資産・負債・純資産の勘定は、勘定内で繰越記入を行うため、記入の正確性を確かめることができない。そのため、記録の正確性を検証するために、各勘定の残高（次期繰越の残高）を集計して試算表を作成することが必要になる。この試算表を「繰越試算表」という。

＜決算整理後残高試算表と繰越試算表＞

決済整理後残高試算表

資産 310 （期末資産）	負債　0 （期末負債）
	純資産　190 （当期純利益考慮前）
	収益　120 （期間収益）
費用　0 （期間費用）	

〈決済振替仕訳〉
純資産に当期純利益が加えられる

繰越試算表

| 資産 310
（期末資産） | 負債　0
（期末負債） |
| | 純資産　310
（期末純資産） |

参考　大陸式決算法と英米式決算法

① 大陸式決算法
　大陸式決算法とは、帳簿決算の一連の処理について、すべて仕訳帳を通じて行う方式である。

② 英米式決算法
　帳簿決算の一部を省略し、総勘定元帳のみで行う方式である。英米式決算においては資産、負債及び純資産の決算残高勘定への振替仕訳が省略され、翌期首の開始仕訳が省略される。大陸式決算法が日商簿記検定の試験範囲から除外されたため、本章は英米式決算法を前提に作成している。

■ 例題 1　簿記の一巡

次の資料により、以下の問いに答えなさい。なお、会計期間は1年、決算日は3月31日であり、当期は
X2年4月1日〜X3年3月31日である。

問1　再振替仕訳を示しなさい。

問2　期中仕訳を示しなさい。

問3　決算整理前残高試算表を作成しなさい。

問4　決算整理仕訳を示しなさい。

問5　決算整理後残高試算表を作成しなさい。

問6　決算振替仕訳を示すとともに、損益勘定、繰越利益剰余金勘定及び繰越試算表を作成しなさい。

問7　貸借対照表及び損益計算書を作成しなさい。

〔資料Ⅰ〕　前期末の繰越試算表

繰 越 試 算 表

X2年4月1日　　　　　　　　　　　（単位：円）

現　　　　　　金	2,400	買　　掛　　金	2,500
売　　掛　　金	3,000	未 払 法 人 税 等	500
繰　越　商　品	2,000	未 払 営 業 費	200
前 払 営 業 費	600	貸 倒 引 当 金	100
備　　　　　品	2,000	減 価 償 却 累 計 額	200
		資　　本　　金	5,000
		利 益 準 備 金	200
		繰 越 利 益 剰 余 金	1,300
	10,000		10,000

〔資料Ⅱ〕　期中取引

(1)　商品13,000円を掛けで仕入れた。

(2)　商品24,000円を掛けで売り上げた。

(3)　売掛金20,000円を現金で回収した。

(4)　買掛金12,500円を現金で支払った。

(5)　営業費6,000円を現金で支払った。

(6)　法人税等の確定申告を行い、期首の未払法人税等500円を現金で支払った。

(7)　X2年6月28日の定時株主総会において、利益剰余金の配当700円及び利益準備金の積立70円を行うことを決議した。

(8)　(7)の配当金700円を現金で支払った。

〔資料Ⅲ〕　決算整理事項

⑴　期末商品棚卸高　3,500円　（売上原価の集計場所は仕入勘定とする）

⑵　売掛金の期末残高に対して2％の貸倒引当金を差額補充法で設定する。

⑶　備品は定額法（耐用年数10年、残存価額ゼロ）により減価償却を行う。

⑷　営業費600円を繰延べ、前払営業費を計上する。

⑸　税引前当期純利益に対して35％の法人税等を計上する。

■ **解答解説**（単位：円）

問1

＜再振替仕訳＞

（借）営　業　費	600	（貸）前 払 営 業 費	600
（借）未 払 営 業 費	200	（貸）営　業　費	200

問2

＜期中仕訳＞

（借）仕　　　　　入	13,000	（貸）買　掛　金	13,000
（借）売　掛　金	24,000	（貸）売　　　上	24,000
（借）現　　　　　金	20,000	（貸）売　掛　金	20,000
（借）買　掛　金	12,500	（貸）現　　　金	12,500
（借）営　業　費	6,000	（貸）現　　　金	6,000
（借）未 払 法 人 税 等	500	（貸）現　　　金	500
（借）繰 越 利 益 剰 余 金	770	（貸）未 払 配 当 金	700
		利 益 準 備 金	70
（借）未 払 配 当 金	700	（貸）現　　　金	700

問3

決算整理前残高試算表

決算整理前残高試算表

X3年3月31日　　　　　　　（単位：円）

現　　　　金	2,700	買　　　掛　　　金	3,000
売　　掛　　金	7,000	貸　倒　引　当　金	100
繰　越　商　品	2,000	減 価 償 却 累 計 額	200
備　　　　品	2,000	資　　　本　　　金	5,000
仕　　　　入	13,000	利　益　準　備　金	270
営　　業　　費	6,400	繰 越 利 益 剰 余 金	530
		売　　　　　上	24,000
	33,100		33,100

<決算整理仕訳>

(1) 売上原価の算定

（借）仕 入	2,000	（貸）繰 越 商 品	2,000
（借）繰 越 商 品	3,500	（貸）仕 入	3,500

(2) 貸倒引当金繰入額

（借）貸倒引当金繰入額	40	（貸）貸 倒 引 当 金	40

※ 7,000 × 2 % − 100 = 40

(3) 減価償却費

（借）減 価 償 却 費	200	（貸）減 価 償 却 累 計 額	200

※ 2,000 ÷ 10 年 = 200

(4) 営業費の繰延

（借）前 払 営 業 費	600	（貸）営 業 費	600

(5) 未払法人税等の計上

（借）法 人 税 等	2,261	（貸）未 払 法 人 税 等	2,261

※ ｜24,000（売上）− 11,500（売上原価）− 5,800（営業費）− 40（貸倒引当金繰入額）− 200（減価償却費）｜ × 35% = 2,261

問5

決算整理後残高試算表

決算整理後残高試算表			
X3年3月31日			（単位：円）
現 金	2,700	買 掛 金	3,000
売 掛 金	7,000	未 払 法 人 税 等	2,261
繰 越 商 品	3,500	貸 倒 引 当 金	140
前 払 営 業 費	600	減 価 償 却 累 計 額	400
備 品	2,000	資 本 金	5,000
仕 入	11,500	利 益 準 備 金	270
営 業 費	5,800	繰 越 利 益 剰 余 金	530
貸 倒 引 当 金 繰 入 額	40	売 上	24,000
減 価 償 却 費	200		
法 人 税 等	2,261		
	35,601		35,601

問6

＜決算振替仕訳①＞

（借）売　　　　　　　上	24,000	（貸）損　　　　　　　益	24,000
（借）損　　　　　　　益	19,801	（貸）仕　　　　　　　入	11,500
		営　業　費	5,800
		貸倒引当金繰入額	40
		減価償却費	200
		法人税等	2,261

＜振替仕訳②＞

（借）損　　　　　　　益	4,199	（貸）繰越利益剰余金	4,199

損　　　　　　　益

3/31	仕　　　　入	11,500	3/31	売　　　　上	24,000
〃	営　業　費	5,800			
〃	貸倒引当金繰入額	40			
〃	減価償却費	200			
〃	法人税等	2,261			
〃	繰越利益剰余金	4,199			
		24,000			24,000

繰越利益剰余金

6/28	諸　　　口	770	4/ 1	前期繰越	1,300
3/31	次期繰越	4,729	3/31	損　　益	4,199
		5,499			5,499

繰越試算表

X3年3月31日　　　　　　　　　　　　　（単位：円）

現金預金	2,700	買掛金	3,000
売掛金	7,000	未払法人税等	2,261
繰越商品	3,500	貸倒引当金	140
前払営業費	600	減価償却累計額	400
備品	2,000	資本金	5,000
		利益準備金	270
		繰越利益剰余金	4,729
	15,800		15,800

貸借対照表

X3年3月31日 （単位：円）

現 金 預 金	2,700	買 掛 金	3,000
売 掛 金	7,000	未 払 法 人 税 等	2,261
貸 倒 引 当 金	△140	資 本 金	5,000
商 品	3,500	利 益 準 備 金	270
前 払 費 用	600	繰 越 利 益 剰 余 金	4,729
備 品	2,000		
減 価 償 却 累 計 額	△400		
	15,260		15,260

損 益 計 算 書

X2年4月1日～X3年3月31日 （単位：円）

売上高		24,000
売上原価		
期首商品棚卸高	2,000	
当期商品仕入高	13,000	
小計	15,000	
期末商品棚卸高	3,500	11,500
売上総利益		12,500
販売費及び一般管理費		
貸倒引当金繰入額	40	
減価償却費	200	
営業費	5,800	6,040
税引前当期純利益		6,460
法人税等		2,261
当期純利益		4,199

第3節　貸借対照表と損益計算書の様式

◼ 損益計算書の一般的な様式

損　益　計　算　書

××株式会社	自×年×月×日　至×年×月×日		（単位：円）
Ⅰ　売　　　　上　　　　高			×××
Ⅱ　売　　上　　原　　価			
1　期　首　商　品　棚　卸　高		×××	
2　当　期　商　品　仕　入　高		×××	
計		×××	
3　期　末　商　品　棚　卸　高		×××	×××
売　　上　　総　　利　　益			×××
Ⅲ　販　売　費　及　び　一　般　管　理　費			
1　貸　倒　引　当　金　繰　入　額		×××	
2　そ　の　他　の　営　業　費		×××	
3　減　価　償　却　費		×××	×××
営　　業　　利　　益			×××
Ⅳ　営　　業　　外　　収　　益			
1　受　取　利　息　配　当　金		×××	
2　有　価　証　券　運　用　益		×××	×××
Ⅴ　営　　業　　外　　費　　用			
1　支　　払　　利　　息		×××	
2　手　　形　　売　　却　　損		×××	
3　為　　替　　差　　損		×××	×××
経　　常　　利　　益			×××
Ⅵ　特　　別　　利　　益			
1　投　資　有　価　証　券　売　却　益		×××	
2　固　定　資　産　売　却　益		×××	×××
Ⅶ　特　　別　　損　　失			
1　固　定　資　産　除　却　損		×××	
2　火　　災　　損　　失		×××	×××
税　引　前　当　期　純　利　益			×××
法　人　税、住　民　税　及　び　事　業　税		×××	
法　人　税　等　調　整　額		×××	×××
当　　期　　純　　利　　益			×××

《損益計算書の区分》

① 売上高及び売上原価：主たる営業活動から生じた収益、費用を表示する。

② 販売費及び一般管理費：営業活動から経常的に発生するものを表示する。

③ 営業外損益：営業活動以外の取引（資金調達や余剰資金の運用）から経常的に発生する収益、費用を表示する。

④ 特別損益：臨時損益項目を表示する。

❷ 貸借対照表の一般的な様式

貸 借 対 照 表

×× 株式会社　　　　　　　　　　　　×年×月×日　　　　　　　　　　　　（単位：円）

資 産 の 部			負 債 の 部		
Ⅰ 流 動 資 産			Ⅰ 流 動 負 債		
1 現 金 預 金		××	1 支 払 手 形		××
2 受 取 手 形	××		2 買 掛 金		××
貸 倒 引 当 金	△××	××	3 前 受 金		××
3 売 掛 金	××		4 預 り 金		××
貸 倒 引 当 金	△××	××	5 短 期 借 入 金		××
4 有 価 証 券		××	6 未 払 金		××
5 商 品		××	7 未 払 費 用		××
6 前 払 金		××	8 未 払 法 人 税 等		××
7 短 期 貸 付 金	××		流 動 負 債 合 計		××
貸 倒 引 当 金	△××	××	Ⅱ 固 定 負 債		
8 未 収 入 金		××	1 社 債		××
9 立 替 金		××	2 退 職 給 付 引 当 金		××
10 前 払 費 用		××	固 定 負 債 合 計		××
流 動 資 産 合 計		××	負 債 合 計		××
			純 資 産 の 部		
Ⅱ 固 定 資 産			Ⅰ 株 主 資 本		
1. 有 形 固 定 資 産			1 資 本 金		××
1 建 物	××		2 資 本 剰 余 金		
減 価 償 却 累 計 額	△××	××	(1) 資 本 準 備 金	××	
2 備 品	××		(2) その他資本剰余金	××	××
減 価 償 却 累 計 額	△××	××	3 利 益 剰 余 金		
3 土 地		××	(1) 利 益 準 備 金	××	
4 建 設 仮 勘 定		××	(2) その他利益剰余金		
2. 無 形 固 定 資 産			別 途 積 立 金	××	
1 の れ ん		××	繰 越 利 益 剰 余 金	××	××
3. 投 資 そ の 他 の 資 産			4 自 己 株 式		△××
1 投 資 有 価 証 券		××	株 主 資 本 合 計		××
2 関 係 会 社 株 式		××	Ⅱ 評 価・換 算 差 額 等		
3 長 期 貸 付 金	××		1 その他有価証券評価差額金		××
貸 倒 引 当 金	△××	××	2 繰 延 ヘ ッ ジ 損 益		××
固 定 資 産 合 計		××	評価・換算差額等合計		××
Ⅲ 繰 延 資 産		××	純 資 産 合 計		××
資 産 合 計		××	負 債 純 資 産 合 計		××

第 2 章

企業会計原則等

第1節　企業会計と制度会計

1　会計学総論

(1)　企業会計

　　企業会計とは、企業の経営活動によって生じる会計事象を認識、測定、記録、報告する手続をいう。

　　会計が対象とする経済活動の担い手である経済主体は、その主たる目的が利益追求であるか否かにより、「営利組織」と「非営利組織」に分けられる。前者は一般に「企業」と呼ばれるが、**この企業を対象とする会計を企業会計**（営利会計）という。一方、後者の非営利組織には、個人の会計をはじめとして、国や地方自治体の行政機関及び学校法人・宗教法人などが含まれる。これらの組織について行われる会計が非営利会計である。

　　企業会計は、会計情報を提供する相手方によって、**「財務会計」**と**「管理会計」**に分類される。

(2)　財務会計

　　財務会計とは、**外部の利害関係者に対する情報提供を目的とした会計**をいう。そのため、財務会計は「外部報告会計」とも呼ばれる。

　　財務会計により、株主、債権者、税務当局などの外部の利害関係者に対して、それぞれの必要とする情報を提供することによって、これら外部の利害関係者の利害対立を調整するとともに、外部の利害関係者の合理的な意思決定に役立つのである。

　　会計学では、企業会計のうち、「財務会計」の領域がその大半を占める。

(3)　管理会計

　　管理会計とは、**経営者や企業内部の管理者に対する会計情報の提供を目的とした会計**をいう。そのため、管理会計は「内部報告会計」とも呼ばれる。

　　管理会計により、経営者等に対して必要な会計情報を提供することによって、経営管理上の合理的な意思決定に役立てることができるのである。

2　制度会計

(1)　制度会計

　　制度会計とは、法制度（法規制）の枠組みで行われる会計をいう。

　　本来、会計はその処理の原則・手続及び表示等に関して、自由に選択できるという側面を有している。しかし、今日の企業は多数の利害関係者を有し、その社会性・公共性は著しく増大した。このような状況下において、企業会計に何らかの合理的な制約を加えないと、会計処理等を行うにあたり、経営者等の恣意性が介入し、利益操作を自由に行う恐れがある以上、利害関係者を保護できなくなる。よって、法規制に準拠して会計を行うことで、作成される財務諸表等に信頼性を付与し、利害関係者を保護する必要があるのである。

　　制度会計は根拠となる法律の違いにより、「会社法会計」「金融商品取引法会計」「税務会計」に分類できる。

(2) 会社法会計と金融商品取引法会計

会社法会計と金融商品取引法会計を比較すると、以下のような相違点がある。

項目	会社法会計	金融商品取引法会計
目的	経営者、株主、債権者といった利害関係者間の利害調整（利害調整機能）	投資意思決定に有用な情報を開示（情報提供機能）
対象とする利害関係者	現在債権者、現在株主	投資者
計算の重点	分配可能額の計算	適正な期間損益計算
作成・開示書類	① 計算書類等 貸借対照表、損益計算書、株主資本等変動計算書、個別注記表、附属明細書、事業報告 ② 連結計算書類[※1] 連結貸借対照表、連結損益計算書、連結株主資本等変動計算書、連結注記表 ※　金融商品取引法と比較した場合における開示書類の主な相違点 ・書類の名称（計算書類等） ・四半期開示制度がない ・キャッシュ・フロー計算書がない	① 財務諸表 貸借対照表、損益計算書、キャッシュ・フロー計算書[※5]、株主資本等変動計算書、附属明細表 ② 四半期財務諸表[※2][※4] 四半期貸借対照表、四半期損益計算書、四半期キャッシュ・フロー計算書 ③ 連結財務諸表 連結貸借対照表、連結損益計算書、連結包括利益計算書、連結キャッシュ・フロー計算書、連結株主資本等変動計算書、連結附属明細表 ④ 四半期連結財務諸表[※4] 四半期連結貸借対照表、四半期連結損益計算書、四半期連結包括利益計算書、四半期連結キャッシュ・フロー計算書
従うべき法令	処理：会社法、会社計算規則[※3] 表示：会社計算規則	処理：企業会計原則、適用指針、実務対応報告や実務指針等 表示：財務諸表等規則
管轄	法務省	金融庁

※1　連結計算書類の作成が義務付けられているのは、「会社法上の大会社」のみである。なお、連結包括利益計算書の作成は義務付けられていない。

※2　四半期連結財務諸表を開示する場合には、四半期個別財務諸表の開示は要しない。

※3　会社法や会社計算規則に規定のないものは、金融商品取引法会計に準拠する。

※4　四半期報告書の提出は上場企業等に義務付けられている（上場企業以外の企業でも任意で四半期報告書を提出することは認められる）。また、四半期報告書の提出義務のない上場企業以外の会社は従来と同様、半期報告書を提出することになる。この半期報告書の具体的な提出書類をまとめると以下のようになる。

個別	連結
中間貸借対照表、中間損益計算書、中間株主資本等変動計算書、中間キャッシュ・フロー計算書[※5]	中間連結貸借対照表、中間連結損益計算書、中間連結包括利益計算書、中間株主資本等変動計算書、中間連結キャッシュ・フロー計算書

※5　個別財務諸表においては、連結財務諸表が作成される場合、キャッシュ・フロー計算書は開示されない。

第2節　企業会計原則

「企業会計原則」には、以下のように記述されている。

> 　企業会計原則は、企業会計の実務の中に慣習として発達したもののなかから、一般に公正妥当と認められたところを要約したものであって、必ずしも法令によって強制されないでも、すべての企業がその会計を処理するに当たって従わなければならない基準である。
> 　企業会計原則は、公認会計士が、公認会計士法及び証券取引法※に基づき財務諸表の監査をなす場合において従わなければならない基準となる。
> 　企業会計原則は、将来において、会社法、税法、物価統制令等の企業会計に関係ある諸法令が制定改廃される場合において尊重されなければならないものである。

　　※　現在は「金融商品取引法」である。

　企業会計原則は、貸借対照表や損益計算書を作成する際の理論的な土台を提供するものである。このため、実際に財務諸表や計算書類を作成する場合、基本的には企業会計原則の規定に準拠する。

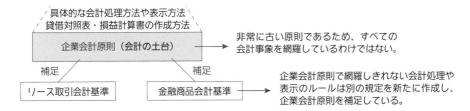

　財務諸表は、「記録と慣習と判断の総合表現」であり、それゆえ企業会計は主観性の強い要因から成立している。したがって、企業会計に何らかの合理的な制約を加えないと、会計処理等を行うにあたって、経営者等の恣意性が介入し、利益操作を自由に行う恐れがある以上、利害関係者を保護することができなくなる。つまり、一定の原則に準拠して会計を行うことで、作成される財務諸表等に信頼性を付与し、利害関係者を保護するため、企業会計原則が必要とされるのである。

　なお、企業会計原則のような社会的な規範として形成された会計原則（すべての会社が従うべき会計のルール）は、一般に「ＧＡＡＰ（generally accepted accounting principles）」や、「**一般に公正妥当と認められる企業会計の基準**」と呼ばれる。

第3節　一般原則

1　一般原則の体系

　企業会計原則は、「一般原則」「損益計算書原則」「貸借対照表原則」の三部分によって構成されている。

　これらは、並列的な関係にあるのではなく、**一般原則が損益計算書原則及び貸借対照表原則の上位に**あり、それらを支配する関係にある。

　一般原則は企業会計の全般にかかわる基本的なルール、あるいは損益計算書と貸借対照表の双方に共通するルールを示した規定である。

　そして、一般原則は、「真実性の原則」「正規の簿記の原則」「資本取引・損益取引区分の原則」「明瞭性の原則」「継続性の原則」「保守主義の原則」「単一性の原則」（「重要性の原則」）から成り立っている。

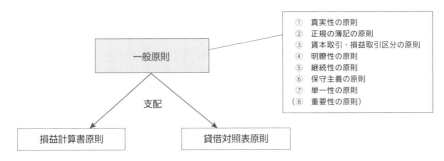

　本節で学習する一般原則の全体像を示すと以下のようになる。

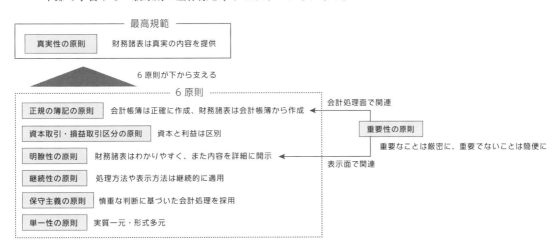

2 真実性の原則

「企業会計原則 第一 一」には、以下のように規定されている。

> 企業会計は、企業の財政状態及び経営成績に関して、真実な報告を提供するものでなければならない。

　真実性の原則とは、企業会計は企業の財政状態及び経営成績に関して、**真実な報告を提供**しなければならないことを要請する原則をいい、**企業会計の最高規範**として位置付けられる。

　真実性の原則は、企業会計の究極目標を示したものであって、企業会計の実質的・形式的なすべての原則を統括する地位にある最高規範である。他の原則は、真実性の原則を支えているという関係があり、これらの原則が遵守されることによって、真実な報告が提供されることになるといえる。

　真実性の原則がいうところの真実とは、絶対的な真実でなく、「**相対的な真実**」を意味する。

> **参考** 相対的真実について
>
> 今日の企業会計において、同一の会計事実について複数の代替的会計処理が容認されており、いずれを選択するかによって、計算結果は異なるため、これに基づく会計数値は相対的なものとなる。
> 　（例）減価償却の定額法と定率法、棚卸資産の先入先出法と移動平均法など

3 正規の簿記の原則

(1) 正規の簿記の原則

「企業会計原則 第一 二」には、以下のように規定されている。

> 企業会計は、すべての取引につき、正規の簿記の原則に従って、正確な会計帳簿を作成しなければならない。

　正規の簿記の原則とは、第一に**会計帳簿を一定の要件（網羅性、検証可能性、秩序性）に従って正確に作成する**(1) こと、第二に**会計帳簿と財務諸表との間において、有機的な関連性を保持すべき**(2) ことを要求している原則である。

　財務諸表が会計帳簿から誘導的に作成されるもの（これを「**誘導法**」という）であることを示している。

　したがって、正規の簿記の原則の下では、会計帳簿及び損益計算書とは無関係に、毎決算期における財産の実地棚卸や実地評価（時価評価）によって貸借対照表が作成される「**棚卸法**」は否定される。

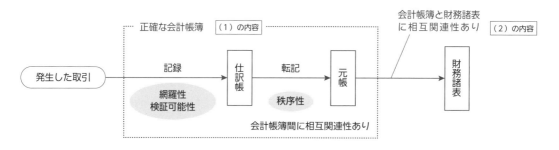

(2)　**重要性の原則**

「企業会計原則注解　注1」には、以下のように規定されている。

> 　企業会計は、定められた会計処理の方法に従って正確な計算を行うべきものであるが、企業会計が目的とするところは、企業の財務内容を明らかにし、企業の状況に関する利害関係者の判断を誤らせないようにすることにあるから、重要性の乏しいものについては、本来の厳密な会計処理によらないで他の簡便な方法によることも正規の簿記の原則に従った処理として認められる。重要性の原則は、財務諸表の表示に関しても適用される。

　会計を行うにあたり、本来ならば定められた会計処理の原則に従って正確な計算を行うべきであるが、企業会計の目的は企業の財務内容を明らかにし、企業の状況に関する利害関係者の判断を誤らせないようにすることにあるといえる。

　ここで、重要性の原則とは、**重要性の乏しいものについては本来の厳密な会計処理によらないで他の簡便的な方法によることも認められるという原則**である。重要性の判断基準としては、「金額の重要性（量的重要性）」や「項目の重要性（質的重要性）」がある。

　なお、重要性の原則は、**財務諸表の表示に関しても適用**される原則である。

　重要性の原則は、企業会計原則において、形式上は一般原則に含まれないが、会計の全般に関わる包括的な原則としての性格を有し、実務上は頻繁に適用される原則である。

　重要性の原則は、以下の2つの側面を有している。

> ①　重要性の高いものについては、厳密な会計処理や表示を要請（強制的に厳密）
> ②　重要性の乏しいものについては、簡便的な会計処理や表示を容認（原則：厳密、容認：簡便）

　つまり、財務諸表利用者に企業の経営成績及び財政状態を判断する上で有用な情報を提供するという観点から、その意思決定について重要な影響を与える項目については、本来の厳密な会計処理や表示が要請される。

　一方、厳密な会計処理や表示の実行に伴うコストと厳密な財務諸表から得られるベネフィットを比較して、コストがベネフィット（効用、利得）を大きく上回る場合には、厳密な会計処理や表示は無意味であるため、簡便な会計処理や表示が許容されるのである。

4　資本取引・損益取引区分の原則

「企業会計原則　第一 三」には、以下のように規定されている。

> 　資本取引と損益取引とを明瞭に区分し、特に資本剰余金と利益剰余金とを混同してはならない。

　資本取引・損益取引区分の原則は、①「資本取引と損益取引の区分」と②「資本剰余金と利益剰余金の区分」の2つを要請した原則である。

　資本取引とは、純資産を直接的に増減させる取引で、企業活動の成果とは無関係の取引をいう。一方、損益取引とは、企業活動の成果と関連する取引をいう。

5 明瞭性の原則

(1) 明瞭性の原則

「企業会計原則　第一 四」には、以下のように規定されている。

> 企業会計は、財務諸表によって、利害関係者に対し必要な会計事実を明瞭に表示し、企業の状況に関する判断を誤らせないようにしなければならない。

　明瞭性の原則とは、企業の状況に関する利害関係者の判断を誤らせないようにするため、①利害関係者の意思決定に重要な影響を及ぼす項目については詳細情報を開示する一方で、②財務諸表の理解や比較を容易にするため、**財務諸表の形式の統一を要請する**原則をいう。

　このように明瞭性の原則は、簡潔にいえば①重要性の高いことについては詳細に表示する（**詳細性**）一方で、②財務諸表を見やすくわかりやすくするように形式の統一化を図る（**概観性**）という2つの側面を有している。

　明瞭性の原則は、現行制度において以下のような適用例がある。

①	区分損益計算書の作成	
②	貸借対照表の区分表示、科目の分類・配列	
③	総額主義による記載	**概観性**
④	収益・費用の対応表示	
⑤	損益計算書・貸借対照表の様式	

⑥	附属明細表の作成	
⑦	重要な会計方針の注記	
⑧	重要な後発事象の注記	**詳細性**
⑨	その他重要事項の注記	

(2) 会計方針の注記

「企業会計原則注解　注1-2」には、以下のように規定されている。

> 　財務諸表には、重要な会計方針を注記しなければならない。
> 　会計方針とは、企業が損益計算書及び貸借対照表の作成に当たって、その財政状態及び経営成績を正しく示すために採用した会計処理の原則及び手続並びに表示の方法をいう。
> 　会計方針の例としては、次のようなものがある。
> 　イ　有価証券の評価基準及び評価方法
> 　ロ　たな卸資産の評価基準及び評価方法
> 　ハ　固定資産の減価償却方法
> 　ニ　繰延資産の処理方法
> 　ホ　外貨建資産・負債の本邦通貨への換算基準
> 　ヘ　引当金の計上基準
> 　ト　費用・収益の計上基準
> 　代替的な会計基準が認められていない場合には、会計方針の注記を省略することができる。

会計方針とは、財務諸表の作成にあたって採用した会計処理の原則及び手続をいう。会計方針を以下の箇所に注記する。

財務諸表等規則	会計方針は、キャッシュ・フロー計算書の次に記載しなければならない。 ※　連結財務諸表においても同じ。
会社計算規則	会計方針は、個別注記表に記載しなければならない。 ※　連結計算書類においても同じ。

(3)　後発事象

「企業会計原則注解　注1-3」には、以下のように規定されている。

> 財務諸表には、損益計算書及び貸借対照表を作成する日までに発生した重要な後発事象を注記しなければならない。
> 後発事象とは、貸借対照表日後に発生した事象で、次期以後の財政状態及び経営成績に影響を及ぼすものをいう。
> 重要な後発事象を注記事項として開示することは、当該企業の将来の財政状態及び経営成績を理解するための補足情報として有用である。
> 重要な後発事象の例としては、次のようなものがある。
> イ　火災、出水等による重大な損害の発生
> ロ　多額の増資又は減資及び多額の社債の発行又は繰上償還
> ハ　会社の合併、重要な営業の譲渡又は譲受
> ニ　重要な係争事件の発生又は解決
> ホ　主要な取引先の倒産

後発事象とは、貸借対照表日後に発生した事象で、次期以降の財政状態及び経営成績に影響を及ぼすものをいう。**重要な後発事象が発生したときは、当該事項を注記しなければならない。**

後発事象は、「修正後発事象」と「開示後発事象」の2つに分類することができる。

修正後発事象	決算日現在において既に存在していた状況証拠が、決算日から当該年度の財務諸表を作成する日までの間において確実になった場合をいい、当年度の財務諸表を修正する必要がある後発事象をいう。
開示後発事象	決算日後において全く新しい事象が発生した場合をいい、当年度の財務諸表に注記する必要がある後発事象をいう。

修正後発事象は例えば、得意先に対する売掛金の貸倒引当金の積み増しを行う等が挙げられ、また開示後発事象は例えば、決算日後に工場爆発があり、機械設備が大損害を受けた等が挙げられる。

(4)　その他の注記事項

①　追加情報

追加情報とは、財務諸表等規則において定められている注記のほか、利害関係人が会社の財政状態、経営成績、キャッシュ・フローの状況に関する適正な判断を行うために必要と認められる情報をいう。追加情報については、注記しなければならない。

②　継続企業

貸借対照表日において、「継続企業の前提」に重要な疑義を生じさせる事象又は状況が存在する場合であって、当該事象又は状況を解消し、又は改善するための対応をしてもなお継続企業の前提に関する重要な不確実性が認められるときは、次に掲げる事項を注記しなければならない。

ただし、貸借対照表日後において、当該重要な不確実性が認められなくなった場合は、注記すること
を要しない。
　　①　当該事象又は状況が存在する旨及びその内容
　　②　当該事象又は状況を解消し、又は改善するための対応策
　　③　当該重要な不確実性が認められる旨及びその理由
　　④　当該重要な不確実性の影響を財務諸表に反映しているか否かの別

　　なお、貸借対照表日後に上記のような状況が発生した場合、「重要な後発事象」に該当することになる。

③　その他の重要な注記事項
　　その他、重要な注記事項を以下、挙げておく。

> ・リース取引に関する注記
> ・金融商品に関する注記、有価証券に関する注記、デリバティブ取引に関する注記
> ・持分法損益等の注記
> ・関連当事者との取引に関する注記、親会社又は重要な関連会社に関する注記
> ・税効果会計に関する注記
> ・退職給付に関する注記
> ・ストック・オプション等に関する注記
> ・企業結合、事業分離に関する注記
> ・資産除去債務に関する注記
> ・セグメント情報等の注記
> ・賃貸等不動産に関する注記
> ・会計方針、表示方法の変更、会計上の見積りの変更、修正再表示に関する注記
> ・重要な会計上の見積もりに関する注記
> ・収益認識に関する注記

(5)　附属明細表の作成

　　附属明細表とは、財務諸表の重要な科目について貸借対照表や損益計算書の記載内容を補足するために、
①一定の項目の期末残高の内訳ないし明細、②当該項目の期中における増減状況を表示した書類をいう。
　　なお、会社計算規則においては「附属明細書」となり、名称が異なる。

　　ここで、財務諸表等規則、連結財務諸表規則及び会社計算規則では、以下の内容を開示することを要請
している。なお、四半期財務諸表及び四半期連結財務諸表（中間財務諸表及び中間連結財務諸表も同じ）
においては、附属明細表は開示の対象となっていない。

財務諸表等規則（121条）	連結財務諸規則（92条）	会社計算規則（117条）
① 有価証券明細表 ② 有形固定資産等明細表 ③ 社債明細表 ④ 借入金等明細表 ⑤ 引当金明細表 ⑥ 資産除去債務明細表	① 社債明細表 ② 借入金等明細表 ③ 資産除去債務明細表	① 有形固定資産及び無形固定資産の明細 ② 引当金の明細 ③ 販売費及び一般管理費の明細

6 継続性の原則

(1) 継続性の原則

「企業会計原則　第一 五」には、以下のように規定されている。

> 企業会計は、その処理の原則及び手続を毎期継続して適用し、みだりにこれを変更してはならない。
>
> ※ 「みだりに」とは「正当な理由なく」を意味する。

「企業会計原則注解　注3」には、以下のように規定されている。

> 企業会計上継続性が問題とされるのは、一つの会計事実について二つ以上の会計処理の原則又は手続の選択適用が認められている場合である。
>
> このような場合に、企業が選択した会計処理の原則及び手続を毎期継続して適用しないときは、同一の会計事実について異なる利益額が算出されることになり、財務諸表の期間比較を困難ならしめ、この結果、企業の財務内容に関する利害関係者の判断を誤らしめることになる。
>
> 従って、いったん採用した会計処理の原則又は手続は、正当な理由により変更を行う場合を除き、財務諸表を作成する各時期を通じて継続して適用しなければならない。
>
> なお、正当な理由によって、会計処理の原則又は手続に重要な変更を加えたときは、これを当該財務諸表に注記しなければならない。

継続性の原則とは、**いったん採用した会計処理の原則又は手続は、正当な理由により変更を行う場合を除き、財務諸表を作成する各時期を通じて継続して適用しなければならない**とする原則である。

今日の多種多様な企業の実態を適正に表示するためには、同一の会計事実に対して画一的な会計処理を強制することは望ましくなく、複数の一般に公正妥当と認められる会計処理の原則及び手続が認められ、各企業が実情に応じて自主的に選択できることになっている。

しかし、その選択適用を企業側に無条件に認めると、企業が恣意的な会計処理によって、不当な利益操作を行う可能性がある。よって、**企業の利益操作を防止**するために、継続性の原則が必要とされるのである。

(2) 継続性の原則が問題となるケース

企業会計上、継続性が問題とされるのは、一つの会計事実に対して、二つ以上の（一般に公正妥当と認められる）会計処理の原則又は手続の選択適用が認められる場合である。つまり、複数の会計処理が認められているからこそ、これらの選択の問題が生じ、継続性を確保する必要がある。

また、継続性の原則の適用範囲となるのは（会計処理等を変更する際に、正当な理由が必要な場合とは）、**「ある一般に公正妥当と認められる会計処理の原則・手続から他の一般に公正妥当と認められる会計処理の原則・手続へ変更が行われる場合」**である。

よって、「認められた方法から認められない方法への変更」、「認められない方法から認められない方法への変更」は、そもそも企業会計原則違反となり、許されない。

また、「認められない方法から認められた方法への変更」は当然の変更であり、継続性の原則の問題とはならない。

| 認められない方法 ⟶ 認められない方法 | 企業会計原則違反 |
| 減価償却の方法を売上高比例法から売上原価比例法に変更した | |

| 認められた方法 ⟶ 認められない方法 | 企業会計原則違反 |
| 減価償却の方法を定額法から売上高比例法に変更した | |

| 認められない方法 ⟶ 認められた方法 | 当然の変更 |
| 減価償却の方法を売上高比例法から定額法に変更した | |

| 認められた方法 ⟶ 認められた方法 | 継続性の原則の適用範囲内 |
| 減価償却の方法を定額法から定率法に変更した | |

(3) 正当な理由による変更

会計処理の原則又は手続の変更が認められるのは、**正当な理由がある場合**に限られることになる。

会計方針の変更を行うための正当な理由がある場合とは、次の要件が満たされているときをいう。

> ① 会計方針の変更が企業の事業内容又は企業内外の経営環境の変化に対応して行われるものであること
> ② 会計方針の変更が会計事象等を財務諸表に、より適切に反映するために行われるものであること

　会計方針の変更をしたときは、その旨、変更の理由およびその変更が財務諸表に与えている影響の内容を注記する。

7 保守主義の原則

　「企業会計原則　第一　六」には、以下のように規定されている。

> 　企業の財政に不利な影響を及ぼす可能性がある場合には、これに備えて適当に健全な会計処理をしなければならない。

　「企業会計原則注解　注4」には、以下のように規定されている。

> 　企業会計は、予測される将来の危険に備えて慎重な判断に基づく会計処理を行わなければならないが、過度に保守的な会計処理を行うことにより、企業の財政状態及び経営成績の真実な報告をゆがめてはならない。

　保守主義の原則と真実性の原則は、本来相反するものである。これは、保守主義の原則は企業財政の健全化を図る一方で、結果として費用や負債が多く、収益や資産が少なく計上され、この原則の適用の仕方によっては経営者による利益操作に利用されることもあり得る以上、真実性の原則が要請する真実性を害するおそれがあるためである。

　保守主義の原則とは、収益の計上を控えめにする一方、費用（損失）の計上は積極的に行うことで（利益を控えめに計上することで）、配当・課税による社外流出額を少なくし、企業財務の健全化を図ろうとする原則をいう。

　この保守主義の原則を損益計算書の観点からみると、収益の計上時期はできるだけ遅く、金額はできるだけ少なく計上し、費用の計上時期はできるだけ早く、金額はできるだけ多く計上することを意味している。

　保守主義の原則の現行制度における適用例について、以下、具体例を挙げておく。

① 減価償却方法における定率法

② 資本的支出か収益的支出かが不明確な場合における収益的支出処理

③ 損失性引当金の計上

④ その他有価証券の評価差額の処理方法における部分純資産直入法の適用

⑤ 物価下落期における先入先出法の適用

　しかし、保守主義の原則における保守的な会計処理は、一般に公正妥当と認められた会計処理の中で、最も健全な会計処理を選択させようとするものである以上、この思考の下で保守主義の原則を適用している限りでは、保守主義の原則は相対的真実性を害することはなく、真実性の原則を支える一原則と捉えられる。

　ただし、過度に保守的な会計処理を行った場合には、企業の財政状態及び経営成績の真実な報告が歪められ、真実性の原則に抵触することになるため、**過度の保守主義は禁止される**ことになる。

8 単一性の原則

　「企業会計原則　第一 七」には、以下のように規定されている。

> 　株主総会提出のため、信用目的のため、租税目的のため等種々の目的のために異なる形式の財務諸表を作成する必要がある場合、それらの内容は、信頼しうる会計記録に基づいて作成されたものであって、政策の考慮のために事実の真実な表示をゆがめてはならない。

　単一性の原則とは、**二重帳簿を禁止し、財務諸表の形式的多元性を認めつつ、実質的一元性を要求する**原則である。

　つまり、財務諸表を提出先により異なる形式で作成しなければならない場合であっても、その記載内容は信頼しうる一組の会計帳簿に基づいていなければならないという「**実質一元・形式多元**」を要請するものである。

9 会計公準

　会計公準とは、**会計が行なわれるための基礎的前提**をいう。

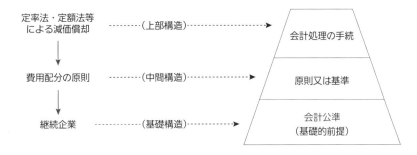

(1) 企業実体の公準

　企業実体の公準とは、株主（出資者）とは区別された企業そのものの存在を仮定することにより、**会計の行われる範囲を限定した公準**である。この公準によれば、企業は株主から独立した存在として扱われ、会計の行われる範囲も企業の経済活動のみとなる。

　なお、この会計の行われる範囲は、通常、法的実体に基づいて決められるため、個々の企業の経済活動

となる。ただし、経済的実体に基づいて決められる場合もある。この具体例は連結財務諸表であり、この場合、会計の行われる範囲は、企業集団全体の経済活動となる。また、法的実体をさらに細分化して、会計の行われる範囲が決められる場合がある。この具体例は本支店会計や本社工場会計である。

〈企業実体の公準の内容〉

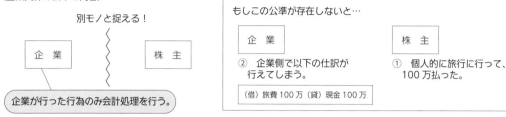

(2) 継続企業の公準（会計期間の公準）

　　継続企業の公準（会計期間の公準）とは、企業は半永久的に経営活動を継続するものと仮定する公準である。

　　ここで、継続企業を仮定しているからこそ、現行制度において、企業の全存続期間を人為的に定めた一定の会計期間に区切って、毎年一定の時に財務諸表を作成して、その期間の経営成績及びその時点における財政状態を利害関係者に示しているのである。

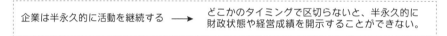

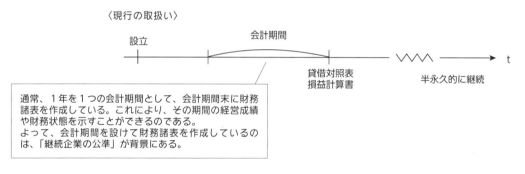

　　なお、継続企業の公準の表れといえる具体例として、以下の点が挙げられる。

　　・減価償却手続等、費用配分の原則を前提とした期間損益計算を行っている
　　・資産を売却時価ではなく、取得原価に基づいて評価している
　　・資産や負債を1年内に換金、決済される流動項目と1年を超えて換金、決済される固定項目に区分して表示している。

(3) 貨幣的評価の公準

　　貨幣的評価の公準とは、①すべての会計事実を貨幣という統一的な尺度により、測定・記録・報告すべきとする公準であり、また②会計の対象が貨幣により評価可能なものに限られるとする公準である。

　　同公準により、財務諸表数値の加法性及び財務諸表の（企業間・期間）比較可能性が確保されることになる。

第4節　損益計算書原則

1　損益計算書の本質

(1)　損益計算書の本質（目的）

> 損益計算書は、企業の経営成績を明らかにするため、一会計期間に属するすべての収益とこれに対応するすべての費用とを記載して経常利益を表示し、これに特別損益に属する項目を加減して当期純利益を表示しなければならない。

損益計算書の本質（目的）は、経営成績を明らかにするために当期純利益を計算し、表示することである。

(2)　費用収益対応の原則

費用収益対応の原則とは、**当期の期間収益に対応する期間費用を決定し、両者を期間的に対応させる**ことによって、企業の純成果である期間損益を算定することを求めている原則である。

費用収益対応の原則の実質的な意義における、収益と費用の対応形態には、**①個別的対応（直接的対応）**と**②期間的対応（間接的対応）**の2形態がある。

①　個別的対応（直接的対応）

個別的対応とは、ある特定の生産物の原価または費用と当該生産物を販売または提供することによって実現した収益とを対応させる場合のように、**特定の対象を媒介とした費用と収益の直接的な対応**をいう。

例えば売上高と売上原価との対応がこれに当たる。

| 「商品」を販売した時に生じる収益　： | 売上高 |

| 「商品」を購入するのに要した費用　： | 売上原価 |

「商品」を媒介にして対応している！

②　期間的対応（間接的対応）

期間的対応とは、**期間を媒介とした費用と収益の間接的な対応**をいう。例えば売上高と販売費及び一般管理費との対応がこれに当たる。つまり、この場合、一会計期間に発生した費用は全額、その期の期間収益に対応しているとみなして、期間費用として認識するのである。

| 広告宣伝費を100万円支出した　――→ | 現行制度上、全額当期の販売費として処理する |

> 広告宣伝費を支出した場合、当期の売上のみならず、翌期以降の売上が増大することも考えられる。
> しかし、現行制度上は、当期に支出した広告宣伝費（販管費）は全額、当期の売上に対応しているとみなしている（仮定している）。

2 収益・費用の計上原則

収益と費用は、企業の経営活動に伴い連続的・反復的に生じているが、そのため「収益と費用をいつの時点で損益計算書に計上するか」、そして「その計上金額をいくらにするか」という問題が生じる。つまり、収益・費用の「認識」と「測定」が問題となる。

ここで、「認識」とはどの時点で収益・費用として計上できるかを判定することを指し、「測定」とは収益・費用の金額をいくらにするかを決定することを指す。

(1) 収益・費用の測定原則

「企業会計原則」では、収益及び費用の測定に関して、以下のように規定している。

> すべての費用及び収益は、その支出及び収入に基づいて計上し、その発生した期間に正しく割当てられるように処理しなければならない。

企業会計原則は、収益・費用の測定基準として「収支額基準」を要請している。

ここで、収支額基準（収支主義の原則）とは、収益及び費用の金額決定の基礎を収入額と支出額に求める基準をいう。

収支額基準でいう収支額とは、**現在の収支額のみならず、過去及び将来の収支額までも含めたもの**と考えている。なぜなら、発生主義会計に基づく期間損益計算においては、費用及び収益の計上時点と収支時点との間に時間的ズレが生じる以上、現在時点の収支額のみならず、過去及び将来の収支額を用いて収益・費用を測定しないとその金額の客観性は低くなり、信頼性が付与されない。

つまり、収益及び費用の測定値に信頼性を付与するため、収益及び費用の金額は現在、過去及び将来の収支額に基づいて決定されるのである。

(2) 収益・費用の認識原則

① 現金主義

現金主義とは、**収益は現金収入があった時点で、費用は現金支出があった時点で認識する**考え方をいう。

例えば、商品販売やサービス提供からの収益は、その対価としての現金が取引相手から得られた時点で認識され、費用は商品仕入や給与支払などのために現金が支出された時点に認識されることになる。

現金主義は計算が簡便であるが、信用経済が発達した今日においては、適正な期間損益計算を行うことができない。

② 発生主義

発生主義とは、**費用及び収益を価値増減の「発生」に基づいて認識する**考え方をいう。

この発生主義は収益・費用の認識を現金収支とは切り離し、発生という価値増減の発生に基づいて行うため、収益は現金収入の時点とは無関係に、経済活動の成果が生じた時点で認識され、費用は現金支出の時点とは無関係に、収益獲得のために財貨・用役を費消した時点で認識する。

発生主義によれば、**企業の適切な業績評価を可能にし、より適正な期間損益の算定**を行うことができるのである。

しかし、収益の発生の認識には、主観や恣意的な判断が介入することにより不確実で客観性のない収益が計上されるおそれがある。よって、費用の認識には適切であるが、収益の認識には不適切である。

③ 実現主義

実現主義とは、現金収入の有無に関わらず、実現という経済的事実に基づいて収益を認識する考え方

をいう。すなわち、①企業外部の第三者に対して財貨または用役の提供、②その対価としての現金または現金同等物の受領の2要件を満たしたときに収益を認識する方法であり、現行の会計制度での収益の認識は実現主義によることが原則とされている。ただし、顧客との契約から生じる収益は、2021年4月より「収益認識に関する会計基準」に基づき認識することとなっている。

(3) 発生主義会計

収益については、原則として①企業外部の第三者に対して財貨または用役の提供と②現金または現金同等物の受領の2要件を満たしたときに期間収益として認識する。

費用については、**発生主義**により、現金支出の有無に関わらず、**価値減少の発生に応じて認識される**。このようにして認識された費用を「**発生費用**」というが、この発生費用が必ずしも常に期間損益を計算するに当たって期間収益から控除される費用、すなわち「**期間費用**」になるわけではない。期間損益を適正に計算するために、**発生費用のうち期間収益を獲得するのに要したものだけが「費用収益対応の原則」により選び出されて当期の期間費用とされ**、期間損益計算の構成要素とされるのである。

そして、期間収益と期間費用の差額によって、期間利益が算定されるのである。

(4) 実現主義の原則の具体的内容

「企業会計原則」では、以下のように規定している。ただし、「収益認識に関する会計基準」の適用により、事実上死文化されている。

> 売上高の計上基準
> B　売上高は、実現主義の原則に従い、商品等の販売又は役務の給付によって実現したものに限る。

> 「企業会計原則注解　注6」には、以下のように規定されている。
>
> 委託販売、試用販売、予約販売、割賦販売等特殊な販売契約による売上収益の実現の基準は、次によるものとする。
> (1) 委託販売
> 　委託販売については、受託者が委託品を販売した日をもって売上収益の実現の日とする。従って、決算手続中に仕切精算書（売上計算書）が到達すること等により決算日までに販売された事実が明らかとなったものについては、これを当期の売上収益に計上しなければならない。
> (2) 試用販売
> 　試用販売については、得意先が買取りの意思を表示することによって売上が実現するのであるから、それまでは、当期の売上高に計上してはならない。
> (3) 予約販売
> 　予約販売については、予約金受取額のうち、決算日までに商品の引渡し又は役務の給付が完了した分だけを当期の売上高に計上し、残額は貸借対照表の負債の部に記載して次期以後に繰延べなければならない。
> (4) 割賦販売
> 　割賦販売については、商品等を引渡した日をもって売上収益の実現の日とする。

(5) 経過勘定項目（費用・収益の見越し・繰延）

「企業会計原則」には、以下のように規定されている。

> 前払費用及び前受収益は、これを当期の損益計算から除去し、未払費用及び未収収益は、当期の損益計算に計上しなければならない。

また、「企業会計原則」における経過勘定項目のそれぞれの定義を、以下まとめておく。

未収収益	未収収益は、一定の契約に従い、継続して役務の提供を行う場合、すでに提供した役務に対していまだその対価の支払を受けていないものをいう。 　従って、このような役務に対する対価は時間の経過に伴いすでに当期の収益として発生しているものであるから、これを当期の損益計算に計上するとともに貸借対照表の資産の部に計上しなければならない。また、未収収益は、かかる役務提供契約以外の契約等による未収金とは区別しなければならない。
前払費用	前払費用は、一定の契約に従い、継続して役務の提供を受ける場合、いまだ提供されていない役務に対し支払われた対価をいう。 　従って、このような役務に対する対価は、時間の経過とともに次期以降の費用となるものであるから、これを当期の損益計算から除去するとともに貸借対照表の資産の部に計上しなければならない。また、前払費用は、かかる役務提供契約以外の契約等による前払金とは区別しなければならない。
未払費用	未払費用は、一定の契約に従い、継続して役務の提供を受ける場合、既に提供された役務に対していまだその対価の支払が終らないものをいう。 　従って、このような役務に対する対価は、時間の経過に伴い既に当期の費用として発生しているものであるから、これを当期の損益計算に計上するとともに貸借対照表の負債の部に計上しなければならない。また、未払費用は、かかる役務提供契約以外の契約等による未払金とは区別しなければならない。
前受収益	前受収益は、一定の契約に従い、継続して役務の提供を行う場合、いまだ提供していない役務に対し支払を受けた対価をいう。 　従って、このような役務に対する対価は、時間の経過とともに次期以降の収益となるものであるから、これを当期の損益計算から除去するとともに貸借対照表の負債の部に計上しなければならない。また、前受収益は、かかる役務提供契約以外の契約等による前受金とは区別しなければならない。

❸　作成原則（表示原則）

(1)　総額主義の原則

「企業会計原則」には、以下のように規定されている。

> 　費用及び収益は、総額によって記載することを原則とし、費用の項目と収益の項目とを直接に相殺することによってその全部又は一部を損益計算書から除去してはならない。

　総額主義は、損益計算書において取引規模及び取引の源泉を明示し、さらに企業の収益性を明らかにする必要性から規定されている。

　これに対して、収益と費用を直接に相殺して差額のみを表示する方法を「純額主義」という。この場合、例えば売上高と売上原価とが前もって相殺され、損益計算書には相殺後の売上総利益のみが記載される。

　しかし、純額表示が行われると、企業の売買活動の規模や売上高に占める売上原価の割合（収益性）を把握できないため、現行制度においては、原則として純額主義は採用されず、総額主義が採用されているのである。

　なお、総額主義の例外として、為替差損益（差益と差損を相殺して表示）、有価証券の売却損益や固定資産の売却損益（売却原価と売価を相殺して表示）等が挙げられる。

　営業活動以外の損益について純額表示が多いのは、営業活動と関連しない損益については純額表示による方が、より明瞭でかつ有用な情報となると考えられるためといわれる。

(2)　費用収益対応の原則（費用収益対応表示の原則）

「企業会計原則」には、以下のように規定されている。

> 　費用及び収益は、その発生源泉に従つて明瞭に分類し、各収益項目とそれに関連する費用項目とを損益計算書に対応表示しなければならない。

第2章　企業会計原則等

(3) 区分表示の原則

「企業会計原則」には、以下のように規定されている。

> 損益計算書には、営業損益計算、経常損益計算及び純損益計算の区分を設けなければならない。

① 表示区分

現行制度上、損益計算書は、利益計算を「①営業損益計算」「②経常損益計算」「③純損益計算」という３つに区分することで、利益を段階的に計算・表示している。

営 業 損 益 計　　算	Ⅰ売上高 Ⅱ売上原価 　　売上総利益 Ⅲ販売費及び一般管理費 　　営業利益	営業損益計算の区分では、企業の営業活動から生ずる費用及び収益を記載して、営業利益を計算する。 　つまり、売上高と売上原価を示し、その差額として「売上総利益」を算定する。さらに販売費及び一般管理費を控除して、「営業利益」を表示するため、当該区分では、企業の主目的たる営業取引より生じる損益を記載する。
経 常 損 益 計　　算	Ⅳ営業外収益 Ⅴ営業外費用 　　経常利益	経常損益計算の区分は、営業損益計算の結果を受けて、利息、有価証券売却損益その他営業活動以外の原因から生ずる損益であって特別損益に属しないものを記載し、経常利益を計算する。 　つまり、当該区分では、金融・財政活動により生じる損益を記載し、この結果算定された経常利益は、業績表示利益である（当期業績主義による利益）。
純 損 益 計　　算	Ⅵ特別利益 Ⅶ特別損失 　　税引前当期純利益 　　法人税等 　　当期純利益	純損益計算の区分は、経常損益計算の結果を受けて、固定資産売却損益等の特別損益を記載し、当期純利益を計算する。 　つまり、臨時異常な項目を記載することになり、この結果算定された税引前当期純利益は、分配可能利益である（包括主義による利益）。 なお、税引前当期純利益を算定した後は、法人税等を控除して、当期純利益を算定する。

② 特別損益に属する項目

特別利益・特別損失とは、当期の活動とは直接関連せず、毎期経常的に発生しない損益項目（臨時損益項目）をいう。例えば固定資産売却損益、災害による損失等が挙げられる。

なお、「企業会計原則」によれば、特別損益としての性質が認められる項目であっても、金額が僅少であるものは経常損益計算に含めることができると規定されている。

⑷　当期業績主義と包括主義

　　当期業績主義とは、損益計算書の明示すべき経営成績の意味は、「正常的（経常的）収益力」であるとする考え方をいう。つまり、当期業績主義によれば、企業の主たる営業活動及びこれに付随する活動から継続的・反復的に発生する損益項目のみをもって損益計算書を作成する。

　　一方、包括主義とは、損益計算書の明示すべき経営成績の意味は、一会計期間に生じたすべての収益、費用から構成される「純利益」であるとする考え方をいう。つまり、包括主義によれば、経常損益項目のみならず、特別損益項目をも加減して損益計算書を作成する。また、包括主義では、当期に生じたすべての収益、費用が損益計算書に計上されるため、「分配可能利益」と関連性を有する。

	当期業績主義	包括主義
損益計算書に明示すべき経営成績	正常的（経常的）収益力	一会計期間に生じたすべての収益・費用の差額で表される純利益
損益計算書の作成方法	正常なもののみで作成（特別損益項目を除く）	特別損益項目も含めて作成

第5節　貸借対照表原則

1　貸借対照表の本質

(1)　貸借対照表の本質

「企業会計原則」には、以下のように規定されている。

> 貸借対照表は、企業の財政状態を明らかにするため、貸借対照表日におけるすべての資産、負債及び資本を記載し、株主、債権者その他の利害関係者にこれを正しく表示するものでなければならない。ただし、正規の簿記の原則に従って処理された場合に生じた簿外資産及び簿外負債は、貸借対照表の記載外におくことができる。

貸借対照表の本質は財政状態を明らかにするために、貸借対照表日におけるすべての資産、負債及び純資産（資本）を表示することになる。

X1年期首に株主から300万円の出資を受け、さらに銀行から200万円借り入れて、合計500万円の資金を調達したとすると、この時点での貸借対照表は以下のように示すことができる。

X1年期首貸借対照表

| 現金（資産）　　　500 | 借入金（負債）　　200 |
| | 資本金（資本）　　300 |

この企業は商業（商品を仕入れて売ること）を営むとすると、まず商品を仕入れなければならない。ここで、X1年期中において、400万円の資本を投下して商品を仕入れ、さらに100万円で土地を購入したとすると、この時点での貸借対照表は以下のように示すことができる。

X1年期中貸借対照表

| 資金の運用形態 | 商品（資産）　　400 | 借入金（負債）　　200 | 資金の調達源泉 |
| | 土地（資産）　　100 | 資本金（資本）　　300 | |

ここで、貸借対照表の借方において「**資金の運用形態**」、つまり調達した資本をどのような形で運用しているか（上記の企業の場合、商品や土地の購入という形で運用）を示し、貸借対照表の貸方において「**資金の調達源泉**」、つまりどのように資金を調達したか（上記の企業の場合、借入金と資本金という形で調達）を示していることが、上記の貸借対照表をみると明らかであろう。

⑵　貸借対照表完全性の原則

　　貸借対照表完全性の原則とは、貸借対照表日におけるすべての資産・負債及び資本を記載することを要請するものである。

　　ここで、正規の簿記の原則は、すべての取引を網羅的に正しく記録することを要請することから、この貸借対照表完全性の原則と密接に結びついている。

　　また、本来であれば簿外資産・簿外負債は、貸借対照表完全性の原則を厳密に捉えれば認められないと考えられるが、「正規の簿記の原則」に従って処理された場合に生じた簿外資産・簿外負債であれば、貸借対照表完全性の原則には反しないとされる。

2 貸借対照表の作成原則

　貸借対照表は、①総額主義の原則、②貸借対照表の区分表示、③貸借対照表の科目の分類、④貸借対照表の配列について規定があり、これに基づき表示、作成されることになる（以下の①〜④のいずれも、明瞭性の原則の「概観性」と関連する）。

　なお、貸借対照表の資産の合計金額は、負債と純資産の合計金額に一致しなければならない。

(1) 総額主義の原則

　「企業会計原則」には、以下のように規定されている。

> 　資産、負債及び資本は、総額によって記載することを原則とし、資産の項目と負債又は資本の項目とを相殺することによって、その全部又は一部を貸借対照表から除去してはならない。

　総額主義は、貸借対照表において債権・債務のバランス及び企業規模を明示することで財政状態を明らかにする必要があるため、規定されている。

　なお、例外としては、繰延税金資産・負債の相殺等が挙げられる。

(2) 区分表示の原則

　「財務諸表等規則」には、以下のように規定されている。

> 　資産、負債及び純資産は、それぞれ資産の部、負債の部及び純資産の部に分類して記載しなければならない。資産は、流動資産、固定資産及び繰延資産に分類し、更に、固定資産に属する資産は、有形固定資産、無形固定資産及び投資その他の資産に分類して記載しなければならない。
> 　負債は、流動負債及び固定負債に分類して記載しなければならない。

　貸借対照表において、資産は「流動資産」「固定資産」及び「繰延資産」に区分し、固定資産に属する資産はさらに「有形固定資産」「無形固定資産」及び「投資その他の資産」に区分する。

　また、負債は「流動負債」と「固定負債」に区分する。

　これは、資産を短期的に換金可能なものとそうでないものに分け、負債を短期的に資金の流出するものとそうでないものに分けることで、資金の運用形態と調達源泉の関係をより一層明瞭に表示するための工夫であるといえる。

(3) 貸借対照表の科目の分類（流動・固定分類）

「企業会計原則」には、以下のように規定されている。

> 資産、負債及び資本（純資産）の各科目は、一定の基準に従って明瞭に分類しなければならない。

区分表示を行うためには、資産と負債はそれぞれ流動項目と固定項目とに分類されなければならないが、その分類基準としては「**正常営業循環基準**」と「**一年基準**」とがある。

分類基準	説　明
正常営業循環基準	正常営業循環基準とは、企業の主たる営業活動の循環過程内にある項目を流動項目に分類する基準をいう。ここで、正常営業循環の例を挙げると、製造業であれば、原材料を仕入れて製品を生産し、それを販売して代金を回収するといったような、企業の主たる営業活動の循環過程のことをいう。
一年基準	一年基準とは、貸借対照表日の翌日から起算して一年以内に換金化または支払われるか否かにより、流動項目と固定項目とに分類する基準をいう。

正常営業循環基準と一年基準の適用順序としては、まず「**正常営業循環基準**」を適用し、この循環過程内に含まれない資産・負債に対して「**一年基準**」を適用することになる。

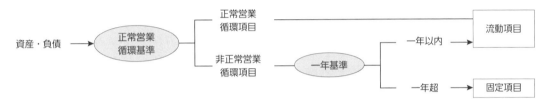

つまり、資産・負債の分類に際しては、まず正常営業循環基準が採用されるため、正常営業循環過程にある資産・負債であれば、流動項目に分類されることになる。

次に、正常営業循環過程にない資産・負債に対しては、一年基準が適用され、貸借対照表日の翌日から起算して一年以内に換金化または支払いが行われるのであれば、流動項目に分類し、一年を超えるものであれば固定項目に分類される。

ただし、正常営業循環基準または一年基準の適用がされない項目としては、以下の項目が挙げられる。

① 経過勘定項目

　経過勘定項目のうち、前払費用に関しては一年基準が適用されるものの、それ以外の未収収益、未払費用及び前受収益に関しては、一年基準の適用はなく、たとえ一年を超えるものであっても流動項目とされる。

② 繰延資産

　繰延資産については、現行制度上、流動資産の区分でも固定資産の区分でもなく、繰延資産の区分に計上されている。つまり、繰延資産については、財産価値がないことから企業の財務安全性とは無関係であるといえるため、正常営業循環基準や一年基準の適用外の項目とされているのである。

③ 出資金

　出資金については、「所有目的基準」が適用される。所有目的基準とは、その項目の所有目的によって流動項目か固定項目かを分類する基準である。つまり、出資金は長期保有目的であることから、常に固定資産に分類されるのである。

(4) 貸借対照表の配列

「財務諸表等規則」には、以下のように規定されている。

> 資産及び負債の科目の記載の配列は、流動性配列法によるものとする。

① 流動性配列法

　　流動性配列法とは、貸借対照表項目を流動性の高い順序、すなわち資産については換金性の高い項目の順、負債については、返済期限の早い項目の順に配列する方法である。この方法によれば、資産は流動資産・固定資産の順に、また負債は流動負債・固定負債の順に配列され、続いて資本（純資産）が記載される。

　　流動性配列法は企業が流動資産でどれだけの流動負債を支払う能力があるかを明らかにするのに適していることから、現行制度においては原則として、流動性配列法による貸借対照表が求められている。

② 固定性配列法

　　固定性配列法とは、貸借対照表項目を流動性の低い順序で配列する方法である。この方法によれば資産は固定資産・流動資産の順に、また負債は固定負債・流動負債の順に配列され、続いて資本（純資産）が記載される。

　　当該配列法は現行制度上において全く適用されていないわけではなく、固定資産の割合が極めて高い電力会社やガス会社においては例外的に固定性配列法が採用されている。

流動性配列法

流動資産	流動負債
固定資産	固定負債
	資本

流動負債に対して流動資産がどの程度確保されているかという財務流動性を明らかにする。

固定性配列法

固定資産	固定負債
	流動負債
流動資産	資本

固定資産を多額に有する一部の企業のみに認められている。

③ 資産の評価原則

(1) 貨幣性資産・費用性資産

　　貨幣性資産とは、企業の資本循環過程のうち、資本回収過程ないしは投下待機過程にある資産で、現金及び将来の現金となる資産である。このような貨幣性資産については原則として回収可能価額で評価される。この貨幣性資産の例としては、現金預金、売掛金、貸付金などが挙げられる。

　　対して、費用性資産とは、企業の資本循環過程のうち資本投下過程にある資産で、将来の費用を意味する資産であるといえる。このような費用性資産については原則として取得原価で評価される。この費用性資産の例としては、棚卸資産、建物、ソフトウェア、繰延資産などが挙げられる。

(2) 取得原価主義

　　「企業会計原則」には、以下のように規定されている。

> 　貸借対照表に記載する資産の価額は、原則として、当該資産の取得原価を基礎として計上しなければならない。資産の取得原価は、資産の種類に応じた費用配分の原則によって、各事業年度に配分しなければならない。有形固定資産は、当該資産の耐用期間にわたり、定額法、定率法等の一定の減価償却の方法によって、その取得原価を各事業年度に配分し、無形固定資産は、当該資産の有効期間にわたり、一定の減価償却の方法によって、その取得原価を各事業年度に配分しなければならない。繰延資産についても、これに準じて、各事業年度に均等額以上を配分しなければならない。

① 　取得原価主義

　取得原価主義とは、①当該資産を取得するために要した支出額によって測定し、②当該資産が企業内に留保されている期間中は評価替えを行わない考え方である。

② 　費用配分の原則

　費用配分の原則とは、資産の取得原価のうち、その費消部分を「費用」として配分するとともに、未費消部分を次期以降の費用、つまり「資産」として配分すべきことを要求する原則である。

第6節　財務会計の概念フレームワーク

1　討議資料「財務会計の概念フレームワーク」

(1)　財務会計の概念フレームワーク

　日本の会計基準は、伝統的に帰納的方法により設定されてきており、すでに定着している実務を要約したものであることから、実務で受容されやすいという特徴がある。その反面、個々の基準間の統一性を確保しにくいという問題点があった。

　そこで、会計基準間の整合性を担保するために、会計基準に暗黙に含まれている基本的な考え方を概念フレームワークとして、2006年に企業会計基準委員会より、討議資料として取りまとめられたものが「財務会計の概念フレームワーク」である。

(2)　財務会計の概念フレームワークの構成

① 財務報告の目的
② 会計情報の質的特性
③ 財務諸表の構成要素
④ 財務諸表における認識と測定

2　財務報告の目的

　財務報告とは、財務諸表本体とそれ以外の開示手段（注記や有価証券報告書におけるその他の箇所）の総称をいう。財務報告による情報の開示は、企業経営者と投資家との間の情報の非対称性を緩和するために行われる。

　財務報告の目的は、投資家の意思決定に資するディスクロージャー制度の一環として、**投資のポジションとその成果を測定して開示すること**である。ここで、投資のポジションとその成果とは、企業の財政状態と経営成績という表現と大きな差異があるわけではない。

3　会計情報の質的特性

　会計情報は、投資家の意思決定に役立つ情報である必要があり、このような会計情報の基本的な特性は、「意思決定有用性」（decision usefulness）という。意思決定有用性は、さらに、「意思決定との関連性（または目的適応性、relevance)」と「信頼性（reliability)」という特性によって支えられている。

　意思決定の関連性とは、投資家が行う意思決定目的と関連していなければならないという情報の特性である。また、信頼性とは、投資家が信頼して意思決定を行うことができる情報の特性をいう。つまり、会計情報が有用であるためには、このような意思決定との関連性と信頼性を備えた情報でなければならない。

　また、一般的な制約条件として、「内的整合性」と「比較可能性」という2つの特性が挙げられている。内的整合性とは、会計情報を生み出す会計基準が互いに整合していなければならないことをいい、これにより、会計情報の有用性が担保される。また、比較可能性は、ある会計情報が他の会計情報と比較可能であることを指しており、会計情報がこの特性を備えることによって、個々の会計情報の有用性が高まることが期待されている。

4 財務諸表の構成要素

(1)　資産負債アプローチと収益費用アプローチ

　　貸借対照表における資産・負債を中心に財務諸表の構成要素を定義するアプローチを「**資産負債アプローチ**」といい、損益計算書における収益・費用を中心に財務諸表の構成要素を定義するアプローチを「**収益費用アプローチ**」という。討議資料では、まず、資産負債アプローチに従って、ストックを意味する資産と負債が定義される。

(2)　資産

　　「資産」とは、<u>過去の取引または事象の結果として</u>①、<u>報告主体（企業）が支配している</u>②　<u>経済的資源</u>③をいう。

　　① について

　　　　資産として計上されるのは、あくまで**過去に行われた取引や事象の結果として生じたものに限られる**。

　　　　このため、例えば将来に購入する予定の固定資産については資産計上できないし、現在の研究開発活動により将来に獲得できると期待される特許権についても資産計上することはできない。

　　② について

　　　　「支配」とは、所有権の有無に関わらず報告主体（企業）が経済的資源を利用し、そこから生み出される便益を享受できる状態をいう。

　　　　このため、例えば他社の使用・利用している固定資産は企業が自由に使用・利用できるものではなく、当然に当該資産から生み出される便益は他社に帰属する以上、資産計上することはできない。

　　③ について

　　　　「経済的資源」とは、**キャッシュの獲得に貢献する便益の源泉**（お金、収益を獲得するための元となるもの）をいう。経済的資源には実物財（建物、棚卸資産等）に限らず、金融資産及びそれらとの同等物（売掛金、有価証券等）を含む。

　　　　また、経済的資源は市場での処分可能性を有する場合もあれば、そうでない場合（繰延資産等）もある。

(3)　負債

　　「負債」とは、過去の取引または事象の結果として、報告主体が支配している経済的資源を**放棄もしくは引き渡す義務**、またはその同等物をいう。

(4)　純資産

　　「純資産」とは、資産と負債の差額をいう。また、純資産のうち、株主に帰属する部分が「**株主資本**」という。

(5)　包括利益・純利益

　　純資産の当期中の増減額（ただし、株主との直接的取引から生じたものを除く）を「**包括利益**」という。また、包括利益のうち、投資のリスクから解放された成果で、株主に帰属するものを「**純利益**」という。

(6)　収益・費用

　　収益と費用は、純利益との関係で定義される。「収益」は、純利益を増加させる項目であり、**資産の増加または負債の減少**のうち、投資のリスクから解放された部分である。「費用」は、純利益を減少させる項目であり、**資産の減少または負債の増加**のうち、投資のリスクから解放された部分である。

収益は商品の販売やサービスの提供などにより企業に流入した価値を示し、費用は収益を獲得する過程で消費された企業から流出した価値を示す。

5　財務諸表における認識と測定

　財務諸表における「認識」とは、ある項目を財務諸表において構成要素として計上することをいう。財務諸表における「測定」とは、当該項目について金額を付すことをいう。

　財務会計の概念フレームワークでは、認識の契機として、契約の当事者の一方による履行をあげている。また、資産・負債・収益・費用について、さまざまな測定値がある。例えば、資産については、取得原価、市場価格、割引価値、入金予定額などがある。また、負債については、支払予定額、現金受入額、割引価値、市場価値などがある。

第 **3** 章

現金預金

1　現金実査

(1)　現金の範囲

①　現金とは
✓ 簿記3,2級

簿記でいう現金は、紙幣や硬貨等の**通貨**に加え、**通貨代用証券**を含んでいる。通貨代用証券とは、金融機関などでいつでも現金と交換でき、また、支払手段として他人に譲り渡すことができるものをいう。

> 現金 ＝ 通貨 ＋ 通貨代用証券

②　通貨代用証券

他人振出小切手	他者が振り出した当座小切手
配当金領収証	株式を保有している場合の配当金の引換証
利払日の到来している公社債利札	公社債を保有している場合の利息の引換証
郵便為替証書	郵便局が送金者の依頼に基づいて交付する証券
送金小切手	銀行経由の送金手段として銀行が交付する小切手
送金為替手形	銀行経由の送金手段として銀行が振込に対し交付する為替手形
預金手形	銀行が預金者へのサービスのため、現金の代用として交付する証券
一覧払手形	受取人が支払人に呈示した日が満期とされる手形
振替貯金払出証書等	振替貯金について郵便局が交付する払出証書
官公庁支払命令書	法人税等の還付通知書

(2)　貸借対照表計上額
✓ 簿記3,2級

現在手許にある簿記上の現金（通貨と通貨代用証券の合計）を現金実査額という。貸借対照表に計上される現金の金額は、期末の現金実査額となる。

(3)　現金の範囲に含めてはいけないもの

①　自己振出小切手
✓ 簿記3,2級

自己振出小切手とは、当社が振り出した小切手を裏書譲渡により受け入れた場合の小切手である。

小切手は振出時に「当座預金」勘定の減少として処理する。この理由は、近い将来に当座預金が減少することが見込まれるためである。しかし、「自己振出小切手の受け入れ」は、その小切手が銀行に呈示されておらず、銀行における実際の当座預金は減少していないことを意味する。

よって、自己振出小切手の受入時は「現金」勘定の増加としては処理せずに、「当座預金」勘定を減少させていた処理を取り消す意味で、「**当座預金**」勘定（資産）を**増加**させる処理を行う。

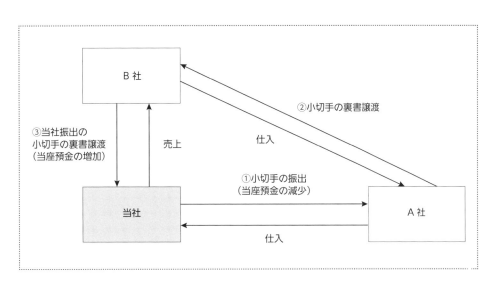

① 小切手を振り出した場合の仕訳

| （借） | ○ | ○ | ○ | ××× | （貸）当 座 預 金 | ××× |

③ 自己振出小切手を受け入れた場合の仕訳

| （借）当 座 預 金 | ××× | （貸） | ○ | ○ | ○ | ××× |

② 先日付小切手

　　先日付小切手とは、小切手に記載されている振出日が実際の振出日以降の日付（先日付）となっている小切手をいう。先日付小切手は当該先日付までは、金融機関に呈示しない（換金を行わない）ことが、当事者間で合意されているため、即時換金が行われない。この点において、先日付小切手は手形に類似するため、簿記上の現金としては扱わずに「受取手形」勘定（資産）として処理する。

〔先日付小切手を受け入れた場合の仕訳〕

| （借）受 取 手 形 | ××× | （貸） | ○ | ○ | ○ | ××× |

③ 利払日の到来していない公社債の利札　　✓ 簿記3,2級

　　利払日の到来していない公社債の利札は、換金することが出来ないため、利払日になるまでは「現金」勘定として取り扱わない。

④ 未使用の収入印紙、切手、回数券等　　✓ 簿記3,2級

　　未使用の収入印紙、切手、回数券等は支払いに使用出来ないため、簿記上の現金には含めずに、「貯蔵品」勘定（資産）として処理する。

参考 収入印紙等に関する仕訳

〔購入時の仕訳〕

| （借）費　　　　　用 | ××× | （貸）現　　　　　金 | ××× |

　※　収入印紙は「租税公課」勘定（費用）、切手は「通信費」勘定（費用）、回数券は「交通費」勘定（費用）等で処理する。

〔決算整理仕訳〕

| （借）貯　蔵　品 | ××× | （貸）費　　　　　用 | ××× |

　※　決算日において未使用の金額は、決算整理仕訳として、費用の勘定から「貯蔵品」勘定（資産）に振り替える。なお、貸借対照表上「貯蔵品」は流動資産の区分に表示する。

⑤　領収書

　　領収書は金銭を支払った証明書である。領収書は換金又は支払いに使用が出来るものではないため、簿記上の現金には含まれない。

⑷　外国通貨　　　　　　　　　　　　　　　　　　　　✓ 簿記3,2級

　　期末に保有する外国通貨は、決算時の為替相場（ＣＲ）により換算する。また、換算によって生じた差額は、「為替差損益」勘定（収益又は費用）で処理する。

> 外国通貨の貸借対照表価額 ＝ 外貨額 × 決算時の為替相場（ＣＲ）

2　現金過不足　　　　　　　　　　　　　　　　　　　　✓ 簿記3,2級

(1)　意義
　　現金過不足とは、現金の勘定残高と実際有高（実査額）との間に差額がある場合の当該差額をいう。

(2)　会計処理
①　決算日において現金過不足が生じた場合
　　決算日において原因不明の現金過不足が生じた場合には、決算整理仕訳として「現金」勘定の金額を、現金の実際有高に修正するとともに、「雑損」勘定（費用）または「雑益」勘定（収益）を計上する。

> 雑損益 ＝ 現金勘定の帳簿残高 － 現金実査額

〔現金の帳簿残高 ＞ 現金の実際有高の場合〕

（借）雑　　　　損	×××	（貸）現　　　　金	×××

〔現金の帳簿残高 ＜ 現金の実際有高の場合〕

（借）現　　　　金	×××	（貸）雑　　　　益	×××

②　期中において現金過不足が生じた場合
　　期中で現金過不足が生じている場合には、一旦、「現金過不足」勘定（仮勘定）に計上し、決算日までに原因が判明したものは正しい勘定に振り替え、原因が判明しないものは、決算整理仕訳として「雑損」勘定又は「雑益」勘定に振り替えることにより整理する。なお、下記に示した仕訳は「現金の帳簿残高 ＞ 現金の実際有高」の場合の仕訳である。

〔現金過不足発生時の仕訳〕

（借）現 金 過 不 足	×××	（貸）現　　　　金	×××

〔決算整理仕訳〕

（借）正 し い 勘 定	×××	（貸）現 金 過 不 足	×××
雑　　　　損	×××		

(3)　雑損（雑損失）、雑益（雑収入）の損益計算書上の表示
　　現金過不足勘定から生じた「雑損」勘定と「雑益」勘定は相殺され、純額が損益計算書に計上される。

3 勘定科目及び財務諸表の表示

	勘定科目	表示科目	表示区分
貸借対照表	「現金」	「現金及び預金」	流動資産
損益計算書	「雑益」又は「雑損」	「雑益」又は「雑損」	営業外収益又は営業外費用

■ **例題1　現金過不足（決算日において現金過不足が生じた場合）**　　重要度 B

以下の資料に基づき、貸借対照表の現金及び損益計算書の雑損の金額を答えなさい。

(1)　決算整理前残高試算表（一部）

残　高　試　算　表　　　　　　（単位：円）

現　　　　　金　　10,390

(2)　決算時に現金を実査した結果は、以下のとおりである。

①　通貨：1,000円

②　外国通貨：5ドル（帳簿価額490円）

③　小切手：8,000円（他人振出小切手6,200円、先日付小切手1,000円、自己振出小切手800円）

④　配当金領収証：200円

⑤　利払日の到来した公社債の利札：500円

⑥　利払日未到来の公社債の利札：1,500円

(3)　上記先日付小切手及び自己振出小切手は、受入時に現金勘定で処理している。

(4)　上記配当金領収証は未記帳となっている。

(5)　上記公社債の利札については適切に会計処理がなされている。

(6)　決算日現在の直物為替相場は1ドル＝100円である。

■ **解答解説**（単位：円）||||||||||||||||||||||||||||||||||||||||||||||||||||||||||||||||||||||||||||||||||||||||||

1．問題の分析

前T/B	修正		修正後 帳簿残高	雑損	現金実査額
10,390 →	為替差損益 先日付小切手 自己振出小切手 配当金領収証	+10 △1,000 △800 +200	→ 8,800 →	△400 →	8,400

2．決算整理仕訳

(1)　現金の換算

（借）現　　　　　　　金	10	（貸）為　替　差　損　益	10※

※　為替差損益：5ドル（外国通貨）×100（CR）－490（帳簿価額）＝10（為替差益）

(2) 先日付小切手

（借）受 取 手 形	1,000	（貸）現 金	1,000

(3) 自己振出小切手

（借）当 座 預 金	800	（貸）現 金	800

(4) 配当金領収証

（借）現 金	200	（貸）受 取 配 当 金	200

(5) 雑損益の計上

（借）雑 損	400※1	（貸）現 金	400

※1 雑損：8,400（現金実査額※2）－8,800（修正後帳簿残高※3）＝△400（雑損）
※2 現金実査額：1,000（通貨）＋5ドル（外国通貨）×100（CR）＋6,200（他人振出小切手）
　　　　　　　　＋200（配当金領収証）＋500（利払日の到来した公社債の利札）＝8,400
※3 修正後帳簿残高：10,390（前T/B）＋10（為替差損益）－1,000（先日付小切手）
　　　　　　　　　　－800（自己振出小切手）＋200（配当金領収証の未記帳）＝8,800

3．解答の金額

現金：8,400（現金実査額）

雑損：8,400（現金実査額）－8,800（修正後帳簿残高）＝△400（雑損）

■ 例題2　現金過不足②（期中に現金過不足が生じている場合）　重要度B

以下の資料に基づき、貸借対照表の現金及び損益計算書の雑損（雑益）の金額を答えなさい。

(1) 決算整理前残高試算表（一部）

残 高 試 算 表		（単位：円）
現 　 　 　 　 金	28,200	
現 金 過 不 足	1,200	

(2) 当期末に現金を実査した結果は、以下のとおりである。

① 通貨：15,000円

② 小切手：12,000円（他人振出小切手10,000円、先日付小切手2,000円）

③ 配当金領収証：500円

④ 利払日の到来した公社債の利札：900円（未記帳）

⑤ 旅費交通費の領収書：1,500円（未記帳）

(3) 上記先日付小切手は、受入時に現金勘定で処理している。

(4) 決算整理前残高試算表の現金不足の原因を調査した結果、下記の事項が計上漏れであることが判明した。

支払利息：1,000円　　　受取利息：300円

■ 解答解説（単位：円）||||||||||||||||||||||||||||||||||||||||||||||||||||||||||||||||||||||||||||||||||||||||||||||||||

1．問題の分析

前T/B		修正		修正後帳簿残高		雑益		現金実査額
28,200	→	先日付小切手	△ 2,000	→ 25,600	→	+800	→	26,400
		社債の利札	＋ 900					
		未記帳の領収書	△ 1,500					

2．決算整理仕訳

(1) 期中発生分の現金過不足の整理

　　　決算整理前残高試算表の現金過不足1,200は、期中発生分である。原因が判明した支払利息1,000と受取利息300の残額500は雑損益勘定（本問では、雑損）に計上する。

（借）支 払 利 息	1,000	（貸）受 取 利 息	300
雑 損	500※	現 金 過 不 足	1,200

　　　※　雑損：500（差額）

(2) 現金勘定の帳簿残高の修正

① 先日付小切手

（借）受 取 手 形	2,000	（貸）現 金	2,000

② 利払日の到来した公社債の利札

（借）現 金	900	（貸）有 価 証 券 利 息	900

③ 未記帳の領収書

（借）旅 費 交 通 費	1,500	（貸）現 金	1,500

(3) 期末発生分の雑損益の計上

（借）現 金	800	（貸）雑 益	800※1

　　　※1　雑益：26,400（現金実査額※2）－25,600（帳簿残高※3）＝800（雑益）
　　　※2　現金実査額：15,000（通貨）＋10,000（他人振出小切手）＋500（配当金領収証）
　　　　　　　　　　　　　　　　　　　　＋900（利払日の到来した公社債の利札）＝26,400
　　　※3　修正後帳簿残高：28,200（修正前帳簿残高）－2,000（先日付小切手）
　　　　　　　　　　　　　　　　＋900（公社債の利札の未記帳）－1,500（未記帳の領収書）＝25,600

3．解答の金額

　　　現金：26,400（現金実査額）

　　　雑益：800（雑益）－500（雑損）＝300（雑益）

4 小口現金 ✓ 簿記3,2級

(1) 意義

　企業は、多額の現金を手許に保有することはせず、当座預金に預け、日常の取引における少額の支払いのみを現金で行うことがある。そのような制度を**小口現金制度**という。小口現金の補給方法には以下の2つがある。

定額資金前渡制	実際に支払った額を補給し、小口現金を常に一定に保つ方法
不定額前渡制	適時適切な金額を補給し、小口現金は一定としない方法

(2) 会計処理

① 小口現金の設定時

　小口現金制度を採用する場合は、預金から引き出したお金を小口払用とする。そのため、当該金額について「当座預金」勘定を減少させ、「**小口現金**」勘定（**資産**）を増加させる。

(借) 小　口　現　金	×　×　×	(貸) 当　座　預　金	×　×　×

② 小口現金の支払いの報告を受けた場合

　小口現金の支払いの報告を受けた場合には、「小口現金」勘定を減少させ、費用を計上する。

(借) 費　　　　　用	×　×　×	(貸) 小　口　現　金	×　×　×

③ 小口現金を補給した場合

　小口現金の支払額と同額を「当座預金」勘定から補給し、「小口現金」勘定を一定額に戻す。

(借) 小　口　現　金	×　×　×	(貸) 当　座　預　金	×　×　×

(3) 貸借対照表の表示

勘定科目	表示科目	表示区分
「小口現金」	「現金及び預金」	流動資産

■ 例題3　小口現金

以下の資料に基づき、貸借対照表の現金及び預金の金額を求めなさい。

(1) 決算整理前残高試算表（一部）

残 高 試 算 表　　　　　　　　　（単位：円）

当　座　預　金	400,000	
小　口　現　金	100,000	

(2) 当期末において、次の事項が未処理であることが判明した。

用度係より小口現金の支払報告書を受取り、直ちに使用額を小切手で補給した。

福利厚生費	2,600円	旅費交通費	1,300円	通　信　費	3,300円
支払保険料	2,500円	雑　　　費	500円		

■ 解答解説 （単位：円）|||||||||||||||||||||||||||||||||||||||||||||||||

1. 決算整理仕訳

(1) 小口現金の支払

（借）福 利 厚 生 費	2,600	（貸）小　口　現　金	10,200
旅 費 交 通 費	1,300		
通　　信　　費	3,300		
支 払 保 険 料	2,500		
雑　　　　　費	500		

(2) 小口現金の補給

（借）小　口　現　金	10,200	（貸）当　座　預　金	10,200

2. 解答の金額

現金及び預金：389,800（当座預金[※1]）＋ 100,000（小口現金[※2]）＝ 489,800

　※1　当座預金：400,000（前T / B）－ 10,200 ＝ 389,800
　※2　小口現金：100,000（前T / B）－ 10,200 ＋ 10,200 ＝ 100,000

第2節　当座預金

1　意義　✓ 簿記3,2級

　　企業は、多くの資金決済を行っているため、そのすべてを現金で行うことは合理的でない。そのため、銀行に預金口座を開設し、銀行決済を行っている。その預金のことを当座預金という。当座預金の特徴としては、①小切手や手形による決済が可能、②利息が発生しない、③預金の引き出しには小切手を使用する等がある。

　　勘定科目は「当座預金」勘定（資産）を用いる。

2　小切手の仕組み　✓ 簿記3,2級

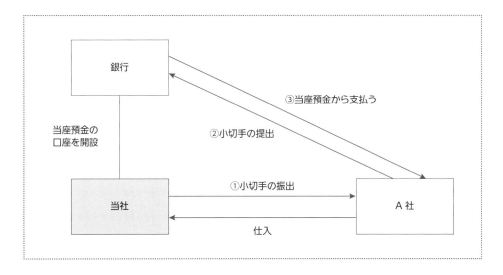

① 　企業側の当座預金の減少時点企業側は、小切手を振り出した時点で「当座預金」勘定の減少として処理する。

② 　銀行側の当座預金の減少時点

　　銀行側は、小切手の受取人（A社）が小切手を提出し、実際に口座から支払いを行った時点で当座預金の減少として処理する。

3 当座借越

(1) 意義 ✓ 簿記3,2級

当座借越契約とは、銀行との間で、当座借越契約を結んでいる場合に、その限度額までは、当座預金をマイナスにできることをいい、**マイナスの当座預金のことを当座借越**という。なお、銀行側から見た場合には、当座貸越となる。

(2) 会計処理

① 一勘定制 ✓ 簿記3,2級

一勘定制とは、当座預金の預け入れや引き出しを、「当座預金」勘定（資産又は負債）という一つの勘定で処理する方法である。一勘定制では、「当座預金」勘定が借方残高の場合はプラス残高を意味し、貸方残高の場合はマイナス残高を意味する。

② 二勘定制

二勘定制とは、当座預金の借方残高（**プラス残高**）は「当座預金」勘定（**資産**）で処理を行い、当座預金の貸方残高（**マイナス残高**）は「当座借越」勘定（**負債**）で処理を行う方法である。

(3) 勘定科目及び財務諸表の表示

	勘定科目	表示科目	表示区分
貸借対照表	「当座借越」又は「当座預金」	「短期借入金（借入金）」	流動負債

※ 当座借越は、勘定科目と貸借対照表の表示科目が異なる点に留意すること。

※ 一勘定制、二勘定制のどちらであっても、貸借対照表では「短期借入金」として表示する。

※ 取引銀行が複数あり、一方の預金残高が当座預金残高（資産）で、もう一方の預金残高が当座借越残高（負債）である場合には、両者を相殺するのではなく、それぞれを資産と負債に総額で表示する。

■ 例題4　当座借越①（期中仕訳）　重要度 B

以下の資料に基づき、各問に答えなさい。

(1) 期首における当座預金の残高は220,000円であり、150,000円を限度額として取引銀行と当座借越契約を結んでいる。

(2) 期中取引

　① 買掛金の支払いのために300,000円の小切手を振り出した。

　② 商品を販売し、代金として400,000円の小切手を受け取り、即座に当座預金へ入金した。

問1　一勘定制によった場合の仕訳を示しなさい。

問2　二勘定制によった場合の仕訳を示しなさい。

■ 解答解説（単位：円）

問1　一勘定制

(1) 決済時

（借）買　　掛　　金	300,000	（貸）当　座　預　金	300,000

(2) 販売時

（借）当　座　預　金	400,000	（貸）売　　　　　上	400,000

問2　二勘定制

(1) 決済時

（借）買　　掛　　金	300,000	（貸）当　座　預　金	220,000
		当　座　借　越	80,000※1

　※1　当座借越：220,000（期首残高）－ 300,000 ＝△80,000（当座借越）

(2) 販売時

（借）当　座　借　越	80,000※1	（貸）売　　　　　上	400,000
当　座　預　金	320,000※2		

　※2　当座預金：△80,000（取引前残高）＋ 400,000 ＝ 320,000（当座預金）

■ 例題5　当座借越②（貸借対照表の表示）　　　重要度 B

以下の資料に基づき、貸借対照表を作成しなさい。

(1)　決算整理前残高試算表（一部）

残　高　試　算　表			（単位：円）
当　座　預　金	46,000	借　　入　　金	200,000

(2)　当社はA銀行及びB銀行と取引を行っており、当期末の各銀行の当座預金残高は以下のとおりである。なお、B銀行とは当座借越契約を結んでいる。

　　　A銀行　50,000円（借方残高）　　　B銀行　4,000円（貸方残高）

(3)　借入金勘定は、すべて翌期中に返済期日が到来するものである。

■ 解答解説（単位：円） ||||||||||||||||||||||||||||||||||||||||||||||||||||||||||||||||||

1．会計処理

　　当座預金勘定の決算整理前残高が46,000であり、B銀行の貸方残高4,000が当座預金勘定から控除されているため、一勘定制で処理していると判断する。一勘定制であっても、当座借越は負債として表示する点に留意すること。

2．解答の金額

貸　借　対　照　表			
現　金　及　び　預　金	50,000※1	短　期　借　入　金	204,000※2

（※1）　50,000（A銀行当座預金）

（※2）　200,000（借入金）＋4,000（B銀行当座借越）＝204,000

　※1　貸借対照表上、当座借越は短期借入金に含める。

　※2　一勘定制と二勘定制で貸借対照表の表示に差異はない。

　※3　A銀行の当座預金と、B銀行の当座借越は相殺しない。

4　銀行（当座）勘定調整表　　　　　　　　　　　　✓ 簿記3,2級

(1)　意義

　　「企業側における当座預金勘定および当座預金出納帳の残高」（企業側残高）と、「銀行側における当該企業の当座預金口座残高」（銀行側残高）は、同一時点において一致しているはずである。

　　しかし、決算日等の一定時点において一致しないことがあり、それらの原因を調査し、必要な調整を行うために作成する表を「銀行（当座）勘定調整表」という。

(2)　不一致の原因

①　企業側修正項目

　　不一致の原因が企業側にある場合には、企業側の修正項目となる。この場合、企業側残高、すなわち、当座預金残高を修正するため、修正仕訳を行う。

(a)　自己振出小切手を「現金」勘定の増加として処理している場合（企業側のプラス）

　　企業側で自己振出小切手を受け取った際に「現金」勘定の増加として処理してしまうと、小切手を振り出した際の当座預金の減少が取り消されないことになる。対して、銀行側では当座預金の入出金がなく何ら記帳はされていないため、両者の残高に不一致が生じる。

　　この場合は企業側の当座預金の減少の処理を取り消す必要があるため企業側でプラスの修正を行う。

　　したがって、修正仕訳により「現金」勘定を減少させ、「当座預金」勘定を増加させる。

(借) 当　座　預　金	×××	(貸) 現　　　　　金	×××

(b)　未渡小切手（企業側のプラス）

　　未渡小切手とは、支払いのための小切手が何らかの理由で相手方に未渡しである場合の小切手をいう。この場合、企業側で当座預金の減少として扱っているが、銀行側では記帳を行っていないため、両者の残高は一致しない。

　　ここで、未渡小切手は、支払いが未了であることを意味するため、企業側でプラスの修正を行う。

　　したがって、修正仕訳により、企業側における当座預金の減少の処理を取り消す。

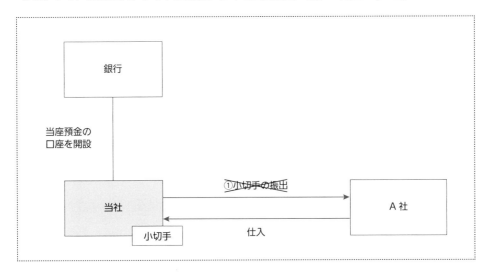

具体例 仕入債務を支払うために小切手を振り出していた場合の修正仕訳

〔振出時の仕訳〕

(借) 買　　掛　　金	×××	(貸) 当　座　預　金	×××

〔修正仕訳〕

(借) 当　座　預　金	×××	(貸) 買　　掛　　金	×××

具体例 仕入債務以外の債務を支払うために小切手を振り出していた場合の修正仕訳

〔費用発生時〕

(借) 費　　　　　用	×××	(貸) 未　　払　　金	×××

〔振出時の仕訳〕

(借) 未　　払　　金	×××	(貸) 当　座　預　金	×××

〔修正仕訳〕

(借) 当　座　預　金	×××	(貸) 未　　払　　金	×××

(c) 連絡の未通知（企業側のプラスまたはマイナス）

　　銀行側では当座預金の入出金を行い、これを記帳したにも関わらず、その連絡が企業側に行われておらず、企業側が当座預金を増減させていない場合、両者の残高は一致しない。

　　連絡の未通知は企業側で未処理であるため、企業側でプラスまたはマイナスの修正を行う。

(d) 企業側の誤記入（企業側のプラスまたはマイナス）

　　企業側で誤った金額で当座預金勘定の記入をしている場合、両者の残高は一致しない。したがって、企業側の処理を正しい金額にするために修正仕訳を行う。

② 銀行側修正項目

　不一致の原因が企業側にない場合には、銀行側の修正項目となる。不一致の原因が企業側にない場合とは、不一致の原因が**時の経過により必ず解決する場合**をいう。この場合、企業側残高（当座預金残高）に誤りはないため、修正仕訳を行う必要はない。

(a)　未取付小切手（銀行側のマイナス）

　未取付小切手とは、当社が小切手の振出処理を行ったが、受取人が未だ銀行に提出していないため、銀行側の残高からは減少していないものをいう。この場合、企業側で当座預金の減少として扱っているが、銀行側では記帳を行っていないため、両者の残高は一致しない。

　未取付小切手は、時の経過により不一致が解消するため、銀行側のマイナスの修正として扱い、当社側では何ら処理しない。

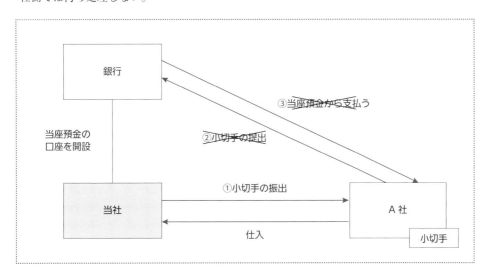

(b)　未取立小切手（銀行側のプラス）

　未取立小切手とは、他銀行等の小切手を手形交換所に換金の申し出を行っているが、**未だ換金されていない**ため、銀行側の残高が増加していない場合の当該小切手をいう。この場合、企業側で当座預金の増加として扱っているが、銀行側では記帳を行っていないため、両者の残高は一致しない。

　未取立小切手は、時の経過により不一致が解消するため、銀行側のプラスの修正として扱い、当社側では何ら処理しない。

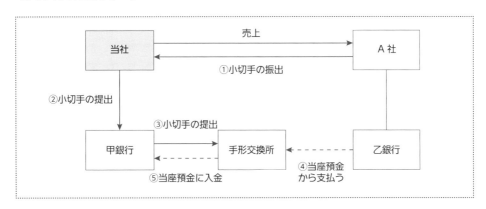

(c) 時間外預入（銀行側のプラス）

　　時間外預入とは、銀行の営業時間外に預け入れたために、銀行側では入金処理がされていないものをいう。この場合、企業側で当座預金の増加として扱っているが、銀行側では記帳を行っていないため、両者の残高は一致しない。時間外預入は、時の経過により不一致が解消するため、銀行側のプラスの修正として扱い、当社側では何ら処理しない。

(3)　銀行勘定調整表の様式

銀行勘定調整表			
Ⅰ　企業側残高　　　　　　×××　　Ⅰ　銀行側残高　　　　　　××× Ⅱ　増　加　高　　　　　　　　　　Ⅱ　増　加　高 　　1 ○　○　○　　×××　　　　　　1 ○　○　○　　××× 　　2 ○　○　○　　×××　×××　　2 ○　○　○　　×××　××× Ⅲ　減　少　高　　　　　　　　　　Ⅲ　減　少　高 　　1 ○　○　○　　×××　　　　　　1 ○　○　○　　××× 　　2 ○　○　○　　×××　×××　　2 ○　○　○　　×××　××× 　　　修正後残高　　　　　　×××　　　　　修正後残高　　　　　　×××			

　※　企業側残高から始まる欄には、企業側の修正項目のみ記入し、銀行側残高から始まる欄には、銀行側の修正項目のみ記入する。
　　　修正後残高が貸借対照表に計上される当座預金を示している。
　※　銀行勘定調整表における増加高及び減少高の内訳の記入方法に決まった書き方はなく、取引内容が明確であればよい。

5　勘定科目及び財務諸表の表示　　　　　　　✓ 簿記3,2級

	勘定科目	表示科目	表示区分
貸借対照表	「当座預金」	「現金及び預金」	流動資産

■ 例題6　銀行勘定調整表①　　　　　　　　　　　　　　　　　重要度 A

以下の資料に基づき、貸借対照表の当座預金の金額を答えなさい。

(1) 決算整理前残高試算表（一部）

残 高 試 算 表　　　　　　　　（単位：円）

当　座　預　金	191,000	

(2) 決算における当座預金勘定の残高191,000円と取引銀行から取り寄せた残高証明書の残高234,000円を照合した結果、次に示す項目が不一致の原因として判明した。

① 仕入先A社へ買掛代金50,000円を支払うため小切手を振り出したが未取付である。

② 得意先B社より売掛代金80,000円が直接当座に振り込まれたが、企業側では未処理である。

③ 広告宣伝費12,000円の支払いのため小切手を用意したが、未渡しである。

④ 得意先C社より受入れた約束手形20,000円が満期となり、取引銀行に取立委任裏書を行い当座に入金されたが、企業側では未処理である。

⑤ 電話料18,000円が当座から自動引落しされたが、企業側では未処理である。

⑥ 仕入先D社へ振り出した約束手形35,000円が満期となり、当座で決済されたが、企業側では未処理である。

⑦ 時間外預入42,000円がある。

⑧ 得意先E社より受入れた小切手24,000円が未取立である。

■ 解答解説（単位：円）||||||||||||||||||||||||||||||||||||||||||||||||||||||||||||||||||||||||||

1．決算整理仕訳

(1) 未取付小切手（銀行側の減少項目）

企業側の修正仕訳は行われない。

(2) 企業側に未達の入金（企業側の増加項目）

（借）当　座　預　金	80,000	（貸）売　　掛　　金	80,000

(3) 未渡小切手（企業側の増加項目）

（借）当　座　預　金	12,000	（貸）未　　払　　金	12,000

(4) 企業側に未達の入金（企業側の増加項目）

（借）当　座　預　金	20,000	（貸）受　取　手　形	20,000

(5) 企業側に未達の自動引落し（企業側の減少項目）

（借）通　　信　　費	18,000	（貸）当　座　預　金	18,000

(6) 企業側の未処理（企業側の減少項目）

（借）支 払 手 形	35,000	（貸）当 座 預 金	35,000

(7) 時間外預入（銀行側の増加項目）

　　企業側の修正仕訳は行われない。

(8) 未取立小切手（銀行側の増加項目）

　　企業側の修正仕訳は行われない。

2．銀行勘定調整表

銀行勘定調整表

企業側				銀行側			
Ⅰ 企 業 側 残 高			191,000	Ⅰ 銀 行 側 残 高			234,000
Ⅱ 増　　加　　高				Ⅱ 増　　加　　高			
1 売 掛 金 の 振 込 高	②	80,000		1 時 間 外 預 入 高	⑦	42,000	
2 未 渡 小 切 手	③	12,000		2 未 取 立 小 切 手	⑧	24,000	66,000
3 約 手 の 満 期 取 立	④	20,000	112,000	Ⅲ 減　　少　　高			
Ⅲ 減　　少　　高				1 未 取 付 小 切 手	①	50,000	
1 電 話 料 自 動 振 替	⑤	18,000					
2 約 手 の 満 期 決 済	⑥	35,000	53,000				
修 正 後 残 高			250,000	修 正 後 残 高			250,000

3．解答の金額

　　当座預金：250,000（修正後残高）

■ 例題 7　　銀行勘定調整表②　　　　　　　　　　　　　　　　　　　　重要度 **A**

以下の資料に基づき、貸借対照表の当座預金及び買掛金の金額を答えなさい。

(1) 決算整理前残高試算表（一部）

<table>
<tr><td colspan="4" align="center">残 高 試 算 表</td><td align="right">（単位：円）</td></tr>
<tr><td>当 座 預 金</td><td align="right">128,000</td><td>買 掛 金</td><td align="right">70,000</td></tr>
</table>

(2) 決算における当座預金勘定の残高128,000円と取引銀行から取り寄せた残高証明書の残高120,000円を照合した結果、次に示す項目が不一致の原因として判明した。

①　仕入先A社へ買掛代金20,000円を支払うため小切手を振り出したが未取付である。

②　仕入先A社へ買掛代金（　　？　　）円の支払いのため小切手を用意したが、未渡しである。

③　時間外預入42,000円がある。

■ 解答解説（単位：円）||||||||||||||||||||||||||||||||||||||||||||||||||||||||||||||||||||||||

1．銀行勘定調整表

<table>
<tr><td colspan="5" align="center">銀行勘定調整表</td></tr>
<tr><td>Ⅰ 企 業 側 残 高</td><td align="right">128,000</td><td>Ⅰ 銀 行 側 残 高</td><td></td><td align="right">120,000</td></tr>
<tr><td>Ⅱ 増　　加　　高</td><td></td><td>Ⅱ 増　　加　　高</td><td></td><td></td></tr>
<tr><td>　1 未 渡 小 切 手</td><td align="right">② 14,000※</td><td>　1 時 間 外 預 入 高</td><td>③</td><td align="right">42,000</td></tr>
<tr><td></td><td></td><td>Ⅲ 減　　少　　高</td><td></td><td></td></tr>
<tr><td></td><td></td><td>　1 未 取 付 小 切 手</td><td>①</td><td align="right">20,000</td></tr>
<tr><td>　修 正 後 残 高</td><td align="right">142,000</td><td>　修 正 後 残 高</td><td></td><td align="right">142,000</td></tr>
</table>

※　未渡小切手：修正後残高は142,000で一致するため、銀行側残高の修正後残高を求め、差額で未渡小切手の金額を求めることができる。

2．決算整理仕訳

(1) 未取付小切手（銀行側の減少項目）

　　企業側の修正仕訳は行われない。

(2) 未渡小切手（企業側の増加項目）

<table>
<tr><td>（借）当 座 預 金</td><td align="right">14,000</td><td>（貸）買 掛 金</td><td align="right">14,000</td></tr>
</table>

(3) 時間外預入（銀行側の増加項目）

　　企業側の修正仕訳は行われない。

3．解答の金額

当座預金：142,000（修正後残高）

買掛金：70,000（前T/B）＋14,000（未渡小切手）＝84,000

第3節　定期預金

1　意義

一定期間拘束される銀行預金のことを定期預金という。

2　長短分類

定期預金は**一年基準**に基づき、長短分類を行う。

決算日の翌日から起算して1年以内に満期が到来する額	流動資産
決算日の翌日から起算して1年を超えて満期が到来する額	固定資産

3　経過勘定（未収利息の計上）

利払日と決算日が異なる場合には、決算整理仕訳により「未収利息」勘定を計上する。

〔決算整理仕訳〕

(借) 未 収 利 息	×××　　(貸) 受 取 利 息	×××

※　決算日の直前の利払日から決算日までの利息

4　勘定科目及び財務諸表の表示

	勘定科目	表示科目	表示区分
貸借対照表	「定期預金」	「現金及び預金」	流動資産
	「長期定期預金」	「長期性預金」	固定資産 （投資その他の資産）
	「未収利息」	「未収収益」	流動資産
損益計算書	「受取利息」	「受取利息」又は 「受取利息及び配当金」	営業外収益

■ 例題8　定期預金

以下の資料に基づき、貸借対照表及び損益計算書を作成しなさい。

(1) 決算整理前残高試算表（一部）

<table>
<tr><td colspan="4" style="text-align:center">残　高　試　算　表</td></tr>
<tr><td colspan="2" style="text-align:center">×9年3月31日</td><td colspan="2" style="text-align:center">（単位：円）</td></tr>
<tr><td>現　　金　　預　　金</td><td>600,000</td><td>受　　取　　利　　息</td><td>12,500</td></tr>
</table>

(2) 現金預金勘定に含まれる定期預金は、以下のとおりである。

預入日	預入期間	預入金額	年利率	利払日
×8年4月1日	×8年4月1日～ ×10年3月31日	100,000円	2％	年2回（3月末、9月末）
×8年4月1日	×8年4月1日～ ×11年3月31日	300,000円	3％	年2回（3月末、9月末）
×8年7月1日	×8年7月1日～ ×9年6月30日	150,000円	2％	年2回（6月末、12月末）

(3) 現金預金勘定の定期預金以外は、すべて現金である。

■ 解答解説（単位：円）||||||||||||||||||||||||||||||||||||||||||||||||||||||||||||||||||||||||||||||||

1．前Ｔ／Ｂの現金預金勘定の分析

```
前T/B現金預金 ─┬─ 現金50,000（差額）・・・現金及び預金
   600,000      │
                │
                └─ 定期預金550,000 ─┬─ 流動250,000・・・現金及び預金
                                     │
                                     │
                                     └─ 固定300,000・・・長期性預金
```

2．定期預金の分析

(1) 長短分類

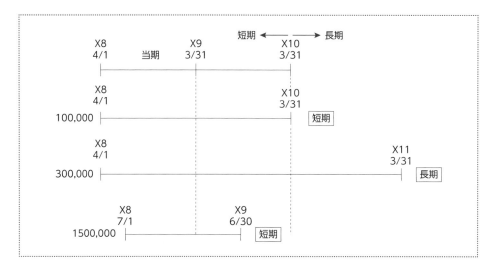

(2) 経過勘定

※　当期分750以外の受取利息は、期中仕訳で既に計上されている点に留意すること。なお、利払日が3月末日の場合、3月31日の
　期中仕訳で処理されるため、決算整理仕訳は不要である。

3．決算整理仕訳

(1) 振替

（借）長 期 定 期 預 金	300,000	（貸）現 金 預 金	300,000

(2) 未収利息の計上

（借）未 収 利 息	750	（貸）受 取 利 息	750

※　150,000（預入日 X8.7.1 定期預金）× 2 ％（利率）× 3 ヶ月（X9.1 ～ X9.3）／ 12 ヶ月 = 750

4．財務諸表

貸　借　対　照　表

×9年 3 月 31 日

現　金　及　び　預　金	300,000※	
未　収　収　益	750	
長　期　性　預　金	300,000	

（※）　600,000（前 T / B）－ 300,000（振替）＝ 300,000
　　　　　　　又は
　　　　50,000（現金）＋ 250,000（流動・定期預金）＝ 300,000

損　益　計　算　書

×8年 4 月 1 日〜×9年 3 月 31 日

	受　取　利　息	13,250※

（※）　12,500（前 T / B）＋ 750（未収利息）＝ 13,250
　　　　　　又は
　　　　100,000 × 2 ％＋ 300,000 × 3 ％＋ 150,000 × 2 ％× 9 ヶ月（X8.7 〜 X9.3）／ 12 ヶ月 ＝ 13,250

第 4 章

有形固定資産

第1節　総論

1　意義　　✓ 簿記3,2級

　企業が長期にわたって利用する目的で保有し、かつ実体がある資産を**有形固定資産**という。なお、1年以内に消耗してしまう実態のある資産は、消耗品として処理される。

2　有形固定資産の勘定科目　　✓ 簿記3,2級

① 建物	営業用の家屋、店舗、工場用の家屋のほか、冷暖房、照明設備などの建物付属設備をいう。
② 構築物	塀などの土地に定着した工作物をいう。
③ 車両運搬具（車両）	各種自動車、索引車、自転車等をいう。
④ 備品	計器類、一般器具、机、椅子及び事務用什器等をいう。
⑤ 機械装置（機械）	電動機、工作機械、作業機械等をいう。
⑥ 土地※	店舗、営業所、事務所、工場の敷地などの営業用の土地や資源を埋蔵する土地のほか社宅用土地、運動場なども含まれる。
⑦ 建設仮勘定※	現在建設中の有形固定資産に対して支出した金額を処理する勘定である。

　※　「土地」及び「建設仮勘定」は、減価償却を実施しない非償却性資産である。

3　財務諸表上の表示

項目	貸借対照表の表示	減価償却費の損益計算書の表示
営業の用に供しているもの	有形固定資産 「建物」など	販売費及び一般管理費 「減価償却費」※
現在建設中の有形固定資産に対して支出した金額	有形固定資産 「建設仮勘定」	減価償却を実施しない
投資の目的で所有する土地、建物その他の不動産	投資その他の資産 「投資不動産」	営業外費用 「投資不動産減価償却費」
休止固定資産	有形固定資産 「備品」など	営業外費用 「減価償却費」

　※　営業の用に供しているもので、製品の製造に関する減価償却費は、製品の製造原価として売上原価の区分に表示される。

第2節 取得の形態及び取得原価

1 通常の購入 ✓ 簿記3,2級

(1) 取得原価

取得原価 ＝ 購入代価 ＋ 付随費用

(2) 付随費用の具体例

付随費用とは当該資産が使用可能となるまでに生じる金額のことであり、具体的には以下のようなものがある。付随費用は有形固定資産の取得原価に含めて処理を行う。

① 建物	不動産取得税、登記料、仲介手数料等
② 車両	運送費、重量税、登録税等
③ 機械装置	運送費、据付費、試運転費等
④ 土地	不動産取得税、仲介手数料、地盛り費用、整地費用、登記料等

2 建設仮勘定 ✓ 簿記3,2級

他社に有形固定資産の建設を請け負わせた場合に、その契約時から完成、引渡しまでの当社支出額を計上しておく勘定を「建設仮勘定」（資産）という。

「建設仮勘定」は、完成後引渡時に他の適当な有形固定資産の勘定に振り替える。

〔手付金支払時〕

(借) 建 設 仮 勘 定	×××	(貸) 現 金 預 金	×××

〔完成引渡時〕

(借) 有 形 固 定 資 産	×××	(貸) 建 設 仮 勘 定	×××
		未 払 金	×××

■ 例題1　通常の購入・建設仮勘定

重要度 A

以下の取引について、必要な仕訳を示しなさい。

⑴　当社はA社より本社ビル用の土地を70,000千円で購入し、代金は小切手で支払った。なお、不動産取得税、登記料及び仲介手数料2,500千円を小切手で支払った。

⑵　当社はB社に本社ビルの建設を依頼した。なお、請負金額は40,000千円であり、着手金として10,000千円を小切手で支払った。

⑶　B社に建設を依頼した本社ビルが完成したため、当社は工事代金の残額30,000千円を小切手で支払い、引渡後、直ちに営業の用に供した。

⑷　当社は、C社から投資（賃貸借）目的で建物5,000千円を購入し、代金は小切手で支払った。

■ 解答解説（単位：千円）

⑴　土地の取得

（借）土 地	72,500※	（貸）当 座 預 金	72,500

※　70,000（購入代価）＋2,500（付随費用）＝72,500

⑵　手付金支払時

（借）建 設 仮 勘 定	10,000※	（貸）当 座 預 金	10,000

※　建設中の建物の工事代金の支払額は「建設仮勘定」で処理する。

⑶　完成引渡時

（借）建 物	40,000	（貸）建 設 仮 勘 定	10,000
		当 座 預 金	30,000

⑷　投資不動産の取得

（借）投 資 不 動 産	5,000※	（貸）当 座 預 金	5,000

※　投資目的で保有する建物は「投資不動産」勘定で処理する。

3 値引

（1）　取得原価

固定資産の購入に際して値引を受けた場合には、**取得原価がその分減額**される。

> 取得原価 ＝ 購入代価 ＋ 付随費用 － 値引額

（2）　値引後の減価償却

値引を受けた場合、固定資産の取得原価から控除し、**値引控除後の取得原価に基づいて減価償却を実施**する。

（3）　買換えの場合

①　買換えの意義

買換えとは、新しい固定資産を購入する際に、古い固定資産を下取りし、当該固定資産の**下取代金を新しい固定資産の購入代金に充てる**ことをいう。買換えは、「旧固定資産の売却」と「新固定資産の購入」が同時に行われたと考える。

②　新固定資産の購入の会計処理

旧固定資産の公正な評価額（時価）よりも下取価額が高い場合、その差額は**新固定資産の値引**と考える。

なお、下取価格と公正な評価額のどちらか一方しか明示されていない場合には、下取価額と公正な評価額との間に差額は生じていないものと捉え、値引はなされていないと考える。

> 値引額 ＝ 下取価額 － 公正な評価額（時価）
> 新固定資産の取得原価 ＝ 本来の購入価額 － 値引額
> 新固定資産の減価償却は、値引控除後の取得原価に基づいて実施する

③　旧固定資産の売却損益の計算

> 固定資産売却損益（特別損益）＝ 売却時の帳簿価額 － 公正な評価額（時価）

※　売却損益の算定において、下取価額を用いない点に留意すること。

■ 例題2　値引（買換え）

重要度 **A**

以下の資料に基づき、買換時の仕訳を示しなさい。

　当社は乗用車の買換えを行い、旧車両（取得原価4,000千円、減価償却累計額2,400千円）を下取りに出し、新車両を5,000千円で購入し、代金は下取価額2,000千円（評価額1,500千円）との差額を支払った。

■ 解答解説 （単位：千円）||||||||||||||||||||||||||||||||||||||||||||||||||||||||||||||||||||||||||||||||||

（借）車　　　　　　　両	4,500※1	（貸）車　　　　　　　両	4,000
減価償却累計額	2,400	現　金　預　金	3,000※4
固定資産売却損	100※3		

※1　新車両の取得価額：5,000 − 500（値引額※2）＝ 4,500
※2　新車両の値引額：2,000（下取価額）− 1,500（公正な評価額）＝ 500
※3　固定資産売却損：1,600（旧車両帳簿価額）− 1,500（公正な評価額）＝ 100
※4　支払額：4,500（値引後の取得価額）− 1,500（公正な評価額）＝ 3,000
　　　なお、支払方法が明示されていないため、勘定科目は便宜上、「現金預金」を用いている。

　　上記仕訳は、「旧車両の売却」の仕訳と「新車両の購入」の仕訳に分けることができる。

〔旧車両の売却〕

（借）減価償却累計額	2,400	（貸）車　　　　　　　両	4,000
現　金　預　金	1,500		
固定資産売却損	100		

〔新車両の購入〕

（借）車　　　　　　　両	4,500	（貸）現　金　預　金	4,500

※　なお、新車両の減価償却は値引控除後の取得原価4,500に基づいて実施する。

4　一括購入

(1)　取得原価

　　異なる固定資産（建物付土地等）を一括購入した場合は、時価等の適当な評価基準を用いて按分計算を行い、各有形固定資産の取得原価を決定する。

(2)　建物を新築する目的で建物付土地を取得した場合

　　建物を新築する目的で建物付土地を取得した場合には、建物には利用価値がないので、購入価額はすべて土地の取得原価となる。

　　また、その場合の建物の取壊費用及び整地費用等は、土地取得の付随費用であるため、取得原価に含める。

■ 例題3　一括購入
重要度B

以下の取引について、必要な仕訳を示しなさい。

(1)　当社はA社より、建物付土地を60,000千円で購入し、代金は小切手を振出して支払った。なお、それぞれの時価は建物12,600千円、土地50,400千円である。

(2)　当社はB社より、本社ビル建設のために建物付土地を54,000千円で購入し、代金は小切手で支払った。

(3)　当社はC社へ上記(2)の建物の取壊費用2,300千円と土地の整地費用1,800千円を小切手で支払った。

■ 解答解説（単位：千円）

(1)　一括購入

（借）建　　　　　物	12,000※	（貸）当　座　預　金	60,000
土　　　　　地	48,000※		

　　※　購入価額を時価の割合で按分する。
　　　　建物：60,000（購入価額）×12,600（建物時価）／63,000（時価合計）＝12,000
　　　　土地：60,000（購入価額）×50,400（土地時価）／63,000（時価合計）＝48,000

(2)　一括購入（新築目的）

（借）土　　　　　地	54,000	（貸）当　座　預　金	54,000

　　※　新築目的で建物付土地を取得したので、すべて土地の取得原価として計上する。

(3)　付随費用

（借）土　　　　　地	4,100	（貸）当　座　預　金	4,100

　　※　建物の取壊費用及び整地費用は、土地を利用するための支出額であるため、土地取得の付随費用として取得原価に含める。

第4章　有形固定資産

5 交換

(1) 意義

交換とは、当社の保有する資産（譲渡資産）と他社の保有する資産（取得資産）を交換することをいう。
なお、交換は時価が等しいもの同士を交換する等価交換が前提である。

(2) 交換により受け入れた固定資産の取得原価

	同種資産の交換	異種資産の交換
考え方	〔投資の継続〕 有形固定資産に対する投資が継続しているため、売却損益は認識しない。	〔投資の清算〕 いったん譲渡資産を時価で売却し、売却損益を認識するとともに、その対価で有形固定資産を新たに購入したと考える。
取得資産の取得原価	譲渡資産の帳簿価額	譲渡資産の時価

■ 例題4 交換　　　　　　　　　　　　　　　　　　　　　　　重要度C

以下の取引について、必要な仕訳を示しなさい。

(1) 当社は自社保有の土地（取得原価42,000千円、時価50,000千円）とA社の土地（時価50,000千円）を交換した。

(2) 当社は自社保有の売買目的有価証券（帳簿価額42,000千円、時価50,000千円）とB社の土地（時価50,000千円）を交換した。

■ 解答解説（単位：千円）||||||||||||||||||||||||||||||||||||||||||||||||||||||||||||||||||||||||||

(1) 同種資産の交換

（借）土　　　　　　　地	42,000※	（貸）土　　　　　　　地	42,000

※　同種資産の交換であるため、譲渡資産の帳簿価額をもって取得原価とする。

(2) 異種資産の交換

（借）土　　　　　　　地	50,000	（貸）有　価　証　券	42,000
		有価証券売却損益	8,000

※　異種資産の交換であるため、譲渡資産の時価をもって土地の取得原価とし、有価証券の帳簿価額との差額を有価証券売却損益として計上する。

　　　有価証券売却損益：50,000（時価）− 42,000（帳簿価額）＝ 8,000（益）

6　贈与

贈与された固定資産の時価等を基準として**公正に評価した額**をもって取得原価とし、「**固定資産受贈益**」勘定（収益）に計上する。なお、損益計算書上、「固定資産受贈益」は**特別利益**の区分に計上する。

■ 例題5　贈与　重要度C

以下の取引について、必要な仕訳を示しなさい。

当社は株主より土地（株主の取得原価15,000千円、時価13,500千円）を贈与された。

■ 解答解説（単位：千円）

（借）土　　地	13,500	（貸）固定資産受贈益	13,500

7　現物出資

株式を発行する対価として、金銭以外の財産の出資を受ける場合があり、これを現物出資という。現物出資により固定資産を取得した場合には、固定資産の時価等を基準として**公正に評価した額**をもって**取得原価**とする。

■ 例題6　現物出資　重要度C

以下の取引について、必要な仕訳を示しなさい。

当社は土地（時価13,500千円）の現物出資を受け、新株を交付し、払込金額の全額を資本金に計上した。

■ 解答解説（単位：千円）

（借）土　　地	13,500	（貸）資　本　金	13,500

8 自家建設

　固定資産の自家建設を行った場合、原価計算基準に従って計算した適正な**製造原価をもって取得原価と**する。なお、**自家建設に要する借入資本利子のうち稼働前の期間に属するものは、取得原価に算入する**ことができる。

	稼動前の借入資本利子の取扱い
原則	「支払利息」勘定（費用）として計上
容認	固定資産の取得原価に算入する

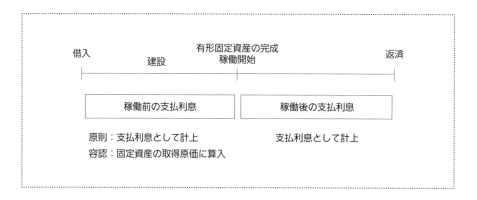

■ 例題7　自家建設

重要度 C

以下の資料に基づき、各問の金額を答えなさい。

(1)　×1年4月1日に本社ビルを自家建設するため、取引銀行から20,000千円を借入れた。借入条件は利率年3％、利払年1回（3月末）、返済期限は×4年3月31日である。

(2)　×2年3月31日（利払日）

(3)　×2年3月31日に本社ビルが完成した。

(4)　本社ビル建設のためにかかった費用は以下のとおりである。

　　　材 料 費　24,000千円　　労 務 費　12,600千円　　経　　費　7,600千円

問1　原則法によった場合の建物の取得原価
問2　容認法によった場合の建物の取得原価

■ 解答解説（単位：千円）‖‖‖

問1　原則法

(1)　×1年4月1日（借入時）

（借）現　金　預　金	20,000	（貸）借　　入　　金	20,000

(2)　×2年3月31日（利息の支払）

（借）支　払　利　息	600	（貸）現　金　預　金	600

　　　※　20,000（借入金）× 3 ％（利率）＝ 600

(3)　×2年3月31日（建物の計上）

（借）建　　　　　物	44,200	（貸）材　　料　　費	24,000
		労　　務　　費	12,600
		経　　　　　費	7,600

　　　※　建物の取得原価に支払利息は含めない（支払利息は当期の費用となる）。

(4)　解答の金額

　　　建物の取得原価：44,200

問2　容認法

(1)　×1年4月1日（借入時）

（借）現　金　預　金	20,000	（貸）借　　入　　金	20,000

(2)　×2年3月31日（利息の支払）

（借）支　払　利　息	600	（貸）現　金　預　金	600

(3)　×2年3月31日（建物の計上）

（借）建　　　　　物	44,800※	（貸）材　　料　　費	24,000
		労　　務　　費	12,600
		経　　　　　費	7,600
		支　払　利　息	600

　　　※　稼働前の支払利息600を建物の取得原価に含める。

(4)　解答の金額

　　　建物の取得原価：44,800

第3節　減価償却方法

1　有形固定資産の貸借対照表価額

「企業会計原則」には、以下のように記述されている。

> 有形固定資産については、その取得原価から減価償却累計額を控除した価額をもって貸借対照表価額とする。有形固定資産の取得原価には、原則として当該資産の引取費用等の付随費用を含める。
>
> 費用配分の原則
> 　資産の取得原価は、資産の種類に応じた費用配分の原則によって、各事業年度に配分しなければならない。有形固定資産は、当該資産の耐用期間にわたり、定額法、定率法等の一定の減価償却の方法によって、その取得原価を各事業年度に配分する。

2　減価償却

(1)　正規の減価償却

有形固定資産は企業の営業活動のために使用され、使用とともに経済的価値が減少することは明らかである。しかし、一般的に有形固定資産が使用・利用される期間中に、当該有形固定資産の経済的価値がどれだけ減少したかを客観的・物量的に把握することはできない。

このため、(有形) 固定資産については、その減価の態様に一定の仮定をおいた減価償却により各期に費用配分されることになる。

さらに、この減価償却による費用配分に経営者の恣意性が介入することを防止するために、減価償却計算は「計画的・規則的 (※)」に行われる必要がある。

以上から、正規の減価償却 (制度上、認められた減価償却) とは、**費用配分の原則に基づいて固定資産の取得原価をその耐用期間における各事業年度に計画的・規則的に配分する手続**をいう。

　(※)　計画的・・減価償却は毎期行うこと　　　規則的・・減価償却は毎期同じ方法で実施すること

(2)　減価償却の目的

減価償却の最も重要な目的は、適正な費用配分を行うことによって、**期間損益を適正に算定すること**にある。

つまり、有形固定資産は一定の期間にわたり使用することで将来の収益獲得に貢献する以上、有形固定資産の取得に要した支出額は取得した期のみならず将来の収益とも対応させるべきである。

よって、減価償却により各期に費用配分することで、収益に合理的に対応する費用を適切に算定することができるのである。

(3) **減価償却の効果**

減価償却の効果（減価償却を行った結果、付随的にもたらされること）として、「固定資産の流動化」及び「自己金融効果」が挙げられる。

① 固定資産の流動化

固定資産の流動化とは、固定資産に投下された資金が貨幣性資産により回収されることにより、流動化することをいう。

つまり、商品等に投下された資金が、販売活動によって売掛金等の貨幣性資産として回収されるように、固定資産に投下された資金も減価償却を行うことで収益と対応することとなり、その結果、貨幣性資産が回収される。つまり、**固定資産の一部が減価償却手続によって流動資産に転化することになるの**である。

② 自己金融効果

減価償却費は、支出を伴わない費用（**非現金支出費用**）という性質を有している。このため、減価償却費を計上した場合、その分の資金が企業外部へ流出しないことになる。つまり、**減価償却費分だけ、資金的には増資又は借入をした場合と同一の効果をもつことになる。**この効果を「自己金融効果」という（なお、当該効果は減価償却費の分だけ企業内に資金が留保されるという意味で「資金留保効果」ともいわれる）。

(4) **物質的減価と機能的減価**

減価とは、固定資産の経済的価値の減少をいう。ここで、減価は「**物質的減価**」と「**機能的減価**」とに分類できる。

① 物質的減価

物質的減価とは、**利用ないし時の経過による固定資産の磨滅損耗を原因とする減価**をいう。この物質的減価には、天災・事故による固定資産の磨滅損耗を原因とするものも含まれる。

② 機能的減価

機能的減価とは、**物質的にはいまだ使用に耐えうるが、外的事情により固定資産が陳腐化したこと、あるいは不適応化したことを原因とする減価**をいう。

ここで、陳腐化とはまだ使用できる状態であっても、新発明・新発見などによって、より優れた製品が出現したために旧式化し、そのまま使用していたのではコスト高となり、経済的に引き合わなくなることをいう。

一方、不適応化とはまだ使用できる状態であっても、環境又は需要の変化などのために、その利用価値を著しく減じてしまうことをいう。

3 定額法 ✓ 簿記3,2級

定額法とは、**毎期均等額を減価償却費として計上する方法**である。

$$1年分の減価償却費 = (取得原価 - 残存価額) \div 耐用年数$$
$$= (取得原価 - 残存価額) \times 定額法の償却率※$$

※ 定額法の場合にも償却率という表現を用いることがある。

$$定額法の償却率 = 1 \div 耐用年数$$

定額法の償却率					
2年	3年	4年	5年	10年	20年
0.500	0.333	0.250	0.200	0.100	0.050

4 定率法 ✓ 簿記3,2級

(1) 基本的算定式

定率法とは、**固定資産の未償却残高（帳簿価額）に一定率を乗じて減価償却費を算定する方法**である。

$$1年分の減価償却費 = 未償却残高（帳簿価額） \times 償却率$$
$$1年分の減価償却費 = (取得原価 - 期首減価償却累計額) \times 償却率$$

(2) 旧定率法

旧定率法とは、固定資産の耐用年数到来時における帳簿価額が、当該固定資産の残存価額となるような償却率を用いて計算する方法である。なお、償却率は問題で与えられる。

(3) 新定率法（200%定率法）

① 新定率法とは

旧定率法は、耐用年数到来時に帳簿価額が残存価額となるように設定されている。しかし、法人税法において、残存価額の撤廃が行われ、**定額法の償却率の2倍の償却率を用いる200%定率法（新定率法）**が設けられた。

$$200\%定率法の償却率 = 1 \div 耐用年数 \times 200\%$$

※ なお、上記の200%定率法の他に従来は250%定率法が認められていた。250%定率法の場合には定額法の償却率の2.5倍が償却率となる。

② 新定率法における償却保証額

新定率法を採用した場合には、通常の償却率による償却計算を継続した場合、耐用年数到来時に帳簿価額がゼロにならない。よって、耐用年数到来時に残存価額がゼロになるように調整を行う必要がある。この場合、通常の減価償却額が、償却保証額（取得原価×保証率）を下回る場合には、当該年度以降の減価償却費は、改定取得価額に改定償却率を乗じることにより算定（定額法のように算定）する。

$$償却保証額 = 取得原価 \times 保証率$$
$$改定償却額 = 改定取得価額※ \times 改定償却率$$

※ 改定取得価額とは、通常の減価償却額が償却保証額を下回る年度の期首帳簿価額をいう。

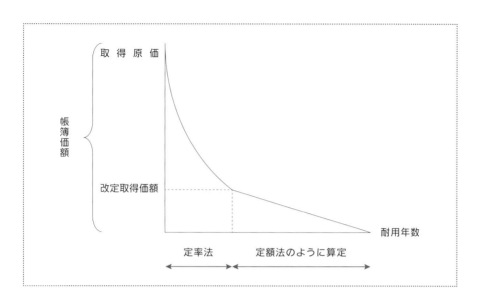

■ 例題8　旧定率法　　　　　　　　　　　　　　　　　　　重要度 A

　以下の資料に基づき、当期の減価償却費の金額を答えなさい。なお、計算の結果、端数が生じた場合には円未満を四捨五入すること。

（1）　当社は備品（取得原価500,000円、期首減価償却累計額184,500円）を保有している。

（2）　備品については耐用年数5年、残存価額10%、定率法（償却率：0.369）により減価償却を行う。

■ 解答解説 （単位：円） ||||||||||||||||||||||||||||||||||||||||||||||||||||||||||||||||||||||||||||||

〔解答の金額〕

　｛500,000（取得原価）－184,500（期首減価償却累計額）｝×0.369（償却率）≒116,420

　※　旧定率法の償却率は、耐用年数到来時に取得原価の10%が帳簿価額となる率として設定されているため、定額法と異なり0.9を乗じる必要はない。

■ 例題9　新定率法①

重要度 A

以下の資料に基づき、当期の減価償却費の金額を答えなさい。

(1)　当社は備品（取得原価500,000円、期首減価償却累計額125,000円）を保有している。

(2)　備品については耐用年数8年、200%定率法により減価償却を行う。

■ 解答解説（単位：円）

(1)　償却率の算定

1 ÷ 8年（耐用年数）× 200% = 0.25

(2)　減価償却費（解答の金額）

｜500,000（取得原価）－ 125,000（期首減価償却累計額）｜ × 0.25（償却率）= 93,750

■ 例題10　新定率法②（保証率及び改定償却率が与えられた場合）

重要度 B

以下の資料に基づき、第4期の減価償却費の金額を答えなさい。なお、計算の結果、端数が生じた場合は円未満を四捨五入する。また、最終年度は備忘価額1円まで償却を行う。

(1)　第1期期首に備品120,000円を購入した。

(2)　備品については下記の条件に基づき、200%定率法による減価償却を行う。

①　耐用年数　6年

②　償却率　0.333

③　保証率　0.09911

④　改定償却率　0.334

■ 解答解説（単位：円）

	第1期	第2期	第3期	第4期	第5期	第6期
期首帳簿価額	120,000	80,040	53,387	35,609	23,716	11,823
調整前償却額	39,960	26,653	17,778	11,858	—	—
償却保証額	11,893※1	11,893	11,893	11,893	11,893	11,893
改定取得価額 ×改定償却率	—	—	—	11,893※2	11,893	—
減価償却費	39,960	26,653	17,778	11,893	11,893	11,822※3
期末帳簿価額	80,040	53,387	35,609	23,716	11,823	1

※1　償却保証額：120,000（取得原価）× 0.09911（保証率）≒ 11,893

※2　改定取得価額は第4期期首簿価となる。
　　　35,609（第4期期首簿価）× 0.334（改定償却率）= 11,893

※3　最終年度は備忘価額（1円）まで償却するため、差額で減価償却費を算定する。
　　　11,823（第6期首帳簿価額）－ 1（備忘価額）= 11,822

〔解答の金額〕

第4期の減価償却費：11,893

参考 備忘価額とは

有形固定資産の減価償却を残存価額ゼロにより行う場合であっても、最終年度の帳簿価額はゼロとせず、1円だけ残すのが通常である。この金額のことを備忘価額という。

備忘価額を用いる理由は、会計帳簿上において資産が存在することを明確にするためである。耐用年数が到来したとしても、除却・売却をしない限り有形固定資産は存在することになるが、帳簿価額をゼロとしてしまうと、会計帳簿上では資産が存在しないこととなってしまい資産管理の観点から不便が生じてしまう。このような不便を解消するために、備忘価額を用いるのである。

5 生産高比例法　　　　✓ 簿記3,2級

生産高比例法とは、**毎期その資産の利用度合に比例して減価償却費を計上する方法**である。

なお、生産高比例法を適用できる固定資産は、当該固定資産の総利用可能量が予め判明しており、かつ、減価が主として当該資産の利用に比例して発生するものに限られる。具体的には、車両、航空機、鉱業用設備、鉱業権等が挙げられる。

$$1年分の減価償却費 ＝ （取得原価－残存価額）× \frac{当期利用量}{総利用可能量}$$

※　分子の当期利用量自体に当期の減価が反映されているため、月割計算は行わない。

■ 例題11　生産高比例法　　　　重要度B

以下の資料に基づき、当期の減価償却費の金額を答えなさい。

(1)　当期は×1年4月1日から×2年3月31日までの1年間である。

(2)　×1年7月1日に車両150,000千円を購入した。

(3)　車両については生産高比例法（残存価額10％）により減価償却を行う。なお、車両の総走行可能距離は10,000km、当期走行距離2,000kmであった。

■ 解答解説（単位：千円）||||||||||||||||||||||||||||||||||||||||||||||||||||||||||||||||||||||||||||||||||||||||||||||||||||||||||

〔解答の金額〕

150,000（取得原価）× 0.9 × 2,000km（当期走行距離）／ 10,000km（総走行可能距離）＝ 27,000

6 級数法

級数法とは、各期の項数に基づいて減価償却費を計上する方法である。級数法によると、毎期の減価償却費は算術級数的に逓減することとなる。

> 当期の減価償却費 ＝ １項当たりの減価償却費 × 当期の利用項数

※　１項当たりの減価償却費：(取得原価−残存価額) ÷ 総項数

■ **例題12　級数法**　　　　　　　　　　　　　　　　　　　　　重要度B

以下の資料に基づき、第２期の減価償却費及び第２期末時点の減価償却累計額の金額を答えなさい。

⑴　第１期期首に備品6,000円を購入した。

⑵　備品については耐用年数３年、級数法（残存価額10％）により減価償却を行う。

■ 解答解説（単位：円）||||||||||||||||||||||||||||||||||||||||||||||||||||||||||||||||||

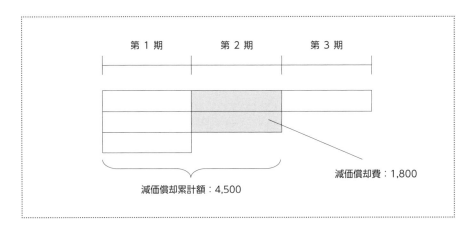

⑴　総項数と１項当たりの減価償却費

総項数：３項＋２項＋１項＝６項

１項当たりの減価償却費：6,000 × 0.9 ÷ 6 項 = 900

⑵　第１期と第２期の減価償却費

第１期：900 × 3 項 = 2,700

第２期：900 × 2 項 = 1,800

⑶　第２期末の減価償却累計額

2,700 + 1,800 = 4,500

または、900 × 5 項 = 4,500

〔解答の金額〕

減価償却費：1,800

減価償却累計額：4,500

7 総合償却

(1) 意義

総合償却とは、複数の固定資産を一つの償却単位として、**一括して減価償却費を計算する方法**をいう。

(2) 計算方法

① 償却単位全体の要償却額（取得原価合計－残存価額合計）を算定
② 各資産の毎年の減価償却費の合計額を算定
③ 平均耐用年数を算定
　償却単位全体の要償却額（①）÷ 各資産の毎年の減価償却費の合計額（②）＝ 平均耐用年数
④ 減価償却費を算定
　償却単位全体の要償却額（①）÷ 平均耐用年数（③）＝ 減価償却費

※　平均耐用年数の端数処理により②と④の減価償却費は異なる。よって、総合償却による減価償却費の計算は、必ず上記の順序で行うこと。

(3) 除却時の処理

除却した場合は、除却資産の要償却額（取得原価－残存価額）を「減価償却累計額」勘定から控除する。

〔除却時の仕訳〕

（借）減 価 償 却 累 計 額	×××	（貸）固　定　資　産	×××
貯　　蔵　　品	×××		

※　当初の残存価額と処分可能見込額が同じである場合には、「固定資産除却損」勘定を計上しない。

■ 例題13　総合償却

重要度 C

以下の資料に基づき、総合償却によった場合の減価償却費の金額を答えなさい。

(1) 総合償却の対象になる資産

償却資産	取得原価	残存価額	耐用年数
A機械	5,000千円	10%	5年
B機械	5,000千円	10%	6年
C機械	8,000千円	10%	12年
D機械	10,000千円	10%	9年

(2) 各資産の毎年の減価償却費は定額法によって算定すること。

(3) 平均耐用年数を算定するに当たり、1年未満の端数が生じる場合には小数点第1位を切り捨てる。

■ 解答解説（単位：千円）||||||||||||||||||||||||||||||||||||||||||||||||||||||||||||||||||||||||||||

① 要償却額の合計

$$(5,000 + 5,000 + 8,000 + 10,000) \times 0.9 = 25,200$$

② 年間償却額の合計

A機械	5,000	×	0.9	÷	5年	=	900
B機械	5,000	×	0.9	÷	6年	=	750
C機械	8,000	×	0.9	÷	12年	=	600
D機械	10,000	×	0.9	÷	9年	=	1,000
							3,250

③ 平均耐用年数

$$25,200 \div 3,250 = 7.75年 \cdots 7年（切り捨て）$$

④ 年間の減価償却費

$$25,200 \div 7年 = 3,600$$

参考　総合償却を実施してから数年経過後にB機械を除却した場合の仕訳

特定の資産について除却を行った場合においては、要償却額の減価償却累計額を全額取り消す。なお、除却後も平均耐用年数に応じて算定した減価償却費を毎期計上し続ける。

（借）減価償却累計額	4,500※	（貸）B　機　械	5,000
貯　蔵　品	500		

※　除却時には、要償却額の金額をすべて減価償却累計額から控除する。

第4節　減価償却の記帳方法

1　直接法　✓ 簿記3,2級

直接法の場合には、固定資産の金額を直接減額する。

（借）減 価 償 却 費	×××	（貸）固 定 資 産	×××

2　間接法　✓ 簿記3,2級

間接法の場合には、減価償却累計額に計上する。

（借）減 価 償 却 費	×××	（貸）減 価 償 却 累 計 額	×××

3　両者の比較　✓ 簿記3,2級

① 　減価償却費について直接法で記帳した場合は、「固定資産」勘定は未償却残高を表し、間接法で記帳した場合は、「固定資産」勘定は取得原価を表している。

② 　過去の減価償却費について直接法の場合は把握できないが、間接法の場合は「減価償却累計額」勘定に累積されている。

第5節　減価償却累計額の貸借対照表の表示

原則	各有形固定資産から個別に控除する。
容認①	有形固定資産の合計額から一括で控除する。
容認②	各有形固定資産は減価償却累計額を控除した帳簿価額で計上し、減価償却累計額の額を注記する。

〔原則〕

```
Ⅱ　固定資産

建物　　　　　　　　5,000

減価償却累計額　　△2,000　　　　3,000

備品　　　　　　　　2,400

減価償却累計額　　△ 600　　　　1,800
```

〔容認①〕

```
Ⅱ　固定資産

建物　　　　　　　　5,000

備品　　　　　　　　2,400

減価償却累計額　　△2,600　　　4,800
```

〔容認②〕

```
Ⅱ　固定資産

建物　　　　　　　　3,000

備品　　　　　　　　1,800
```

注記例①）建物について2,000、備品について600減価償却累計額が控除されている。
注記例②）建物及び備品について2,600減価償却累計額が控除されている。

1　期中売却

(1)　減価償却費の計算

　　期中売却した有形固定資産については、売却した会計年度において、期首から売却時までの減価償却費を月割で計上し、売却時の帳簿価額を算定する。なお、期中に売却した場合、1日でも使用している月は、月数に含める点に留意すること。

$$売却年度の減価償却費 = 1年分の減価償却費 \times \frac{当期使用月数}{12ヶ月}$$

(2)　売却損益の計算

売却価額 ＞ 売却時点の帳簿価額・・・固定資産売却益
売却価額 ＜ 売却時点の帳簿価額・・・固定資産売却損

　　※　売却時点の帳簿価額＝取得原価－売却時点の減価償却累計額

■ 例題14　期中売却

重要度 A

　　以下の資料に基づき、必要な仕訳を示しなさい。なお、当期は×4年4月1日～×5年3月31日の1年間である。

　　×4年9月30日に建物（取得原価200,000円、期首減価償却累計額54,000円）を140,000円で売却し、代金は現金で受け取った。なお、当該建物は、定額法、残存価額10％、耐用年数40年で減価償却を行う。

■ 解答解説（単位：円）

(1)　売却時までの減価償却

（借）減 価 償 却 費	2,250	（貸）減 価 償 却 累 計 額	2,250

　　※　200,000（取得原価）×0.9÷40年（耐用年数）×6ヶ月（X4.4～X4.9）／12ヶ月＝2,250

(2)　売却時

（借）減 価 償 却 累 計 額	56,250※1	（貸）建　　　　物	200,000
現　　　　金	140,000		
固 定 資 産 売 却 損	3,750※2		

　　※1　減価償却累計額：54,000（期首減価償却累計額）＋2,250（減価償却費）＝56,250

　　※2　固定資産売却損：140,000（売却価額）－143,750（売却時の帳簿価額※3）＝△3,750

　　※3　売却時の帳簿価額：200,000（取得原価）－54,000（期首減価償却累計額）－2,250（減価償却費）＝143,750

2 除却

(1) 意義

　　除却とは、固定資産が事業の用途から取り除かれることをいう。除却された資産に処分可能価額が見積もられる場合には、「貯蔵品」勘定（流動資産）に計上し、除却時の帳簿価額と見積処分可能価額との差額を「固定資産除却損」勘定（特別損失）に計上する。

(2) 減価償却費の計算

　　期中で除却した有形固定資産については、除却した会計年度において、**期首から除却時までの減価償却費を月割で計上**し、除却時の帳簿価額を算定する。なお、期中に除却した場合、**1日でも使用している月は、月数に含める**点に留意すること。

$$除却年度の減価償却費 ＝ 1年分の減価償却費 \times \frac{当期使用月数}{12ヶ月}$$

(3) 除却損益の計算

① 見積処分可能価額がゼロの場合

$$固定資産除却損 ＝ 除却時の帳簿価額$$

② 見積処分可能価額がある場合

$$固定資産除却損 ＝ 除却時の帳簿価額 － 見積処分可能価額$$
$$固定資産除却益 ＝ 見積処分可能価額 － 除却時の帳簿価額$$

(4) 財務諸表の表示

	勘定科目・表示科目	表示区分
損益計算書	「固定資産売却益」「固定資産売却損」	特別損益
	「固定資産除却益」「固定資産除却損」	特別損益

■ 例題15　期中除却

　以下の資料に基づき、必要な仕訳を示しなさい。なお、当期は×1年4月1日～×2年3月31日の1年間である。

　×1年12月31日に機械（取得原価200,000円、期首減価償却累計額126,000円、見積処分可能価額20,000円）を除却した。なお、当該機械は、定額法、残存価額10％、耐用年数10年で減価償却を行う。

■ 解答解説（単位：円）||||||||||||||||||||||||||||||||||||||||||||||||||||||||||||||||||||||

(1)　除却時までの減価償却

（借）減 価 償 却 費	13,500	（貸）減 価 償 却 累 計 額	13,500

　　※　200,000（取得原価）× 0.9 ÷ 10年（耐用年数）× 9ヶ月（X1.4 ～ X1.12）／ 12ヶ月 = 13,500

(2)　除却時

（借）減 価 償 却 累 計 額	139,500※1	（貸）機　　　　　械	200,000
貯　　蔵　　品	20,000		
固 定 資 産 除 却 損	40,500※2		

　　※1　減価償却累計額：126,000（期首減価償却累計額）＋ 13,500（減価償却費）= 139,500
　　※2　固定資産除却損：20,000（見積処分可能価額）－ 60,500（除却時の帳簿価額※3）= △40,500
　　※3　除却時の帳簿価額：200,000（取得原価）－ 126,000（期首減価償却累計額）－ 13,500（減価償却費）= 60,500

3 火災①

✓ 簿記3,2級

(1) 火災発生時の処理（火災未決算の計上）

火災が発生した場合、保険金が確定するまでの間、資産の火災発生時の帳簿価額を「火災未決算」勘定または「未決算」勘定（資産）で処理する。なお、保険契約の金額を帳簿価額が上回る場合は、保険契約の金額を火災未決算として計上し、当該差額を、「火災損失」勘定（費用）で処理する。

> 保険契約額 ＞ 帳簿価額・・・帳簿価額を「火災未決算」勘定（資産）
> 保険契約額 ＜ 帳簿価額・・・保険契約額を「火災未決算」勘定（資産）
> 差額を「火災損失」勘定（費用）

(2) 保険金確定時の処理

> 保険金確定額 ＞「火災未決算」勘定・・・「保険差益」勘定（収益）
> 保険金確定額 ＜「火災未決算」勘定・・・「火災損失」勘定（費用）

(3) 財務諸表の表示

	勘定科目・表示科目	表示区分
貸借対照表	「火災未決算」または「未決算」	流動資産
損益計算書	「火災損失」	特別損失
	「保険差益」	特別利益

■ 例題16　火災未決算①　　　　　　　　　　　　　　　　　　　重要度B

以下の取引について、必要な仕訳を示しなさい。

(1) 火災のため店舗（取得原価8,000千円、減価償却累計額3,840千円）を焼失したが、当社は火災保険5,000千円を掛けており、直ちに保険会社に保険金の請求を行った。

(2) 保険会社より査定の結果、保険金4,800千円の支払を受けた。

■ 解答解説（単位：千円）||||||||||||||||||||||||||||||||||||||||||||||||||||||||||||||||||||||||||||||||||||||||||||||

(1) 火災発生時

（借）減価償却累計額	3,840	（貸）建　　　　物	8,000
火災未決算	4,160		

(2) 保険金確定時

（借）現　金　預　金	4,800	（貸）火　災　未　決　算	4,160
		保　険　差　益	640

■ 例題17　火災未決算②　　　　　　　　　　　　　　　　　　　重要度B

以下の取引について、必要な仕訳を示しなさい。

(1) 火災のため倉庫（取得原価5,000千円、減価償却累計額2,400千円）を焼失したが、当社は火災保険2,000千円を掛けており、直ちに保険会社に保険金を請求した。

(2) 保険会社より査定の結果、保険金1,800千円の支払通知を受けた。

■ 解答解説（単位：千円）||||||||||||||||||||||||||||||||||||||||||||||||||||||||||||||||||||||||||||||||||||||||||||||

(1) 火災発生時

（借）減価償却累計額	2,400	（貸）建　　　　物	5,000
火災未決算	2,000※1		
火災損失	600※2		

※1　保険を掛けている部分は損失が確定していないため、仮勘定である「火災未決算」勘定を計上する。
　　　火災未決算：2,600（帳簿価額）＞ 2,000（保険契約額）　∴2,000
※2　帳簿価額が、保険契約額を上回る場合、その差額は損失が確定しているため、「火災損失」勘定を計上する。
　　　火災損失：2,600（帳簿価額）－ 2,000（保険契約額）＝ 600

(2) 保険金確定時

（借）未収金（または未収入金）	1,800	（貸）火　災　未　決　算	2,000
火災損失	200		

第4章　有形固定資産

4 火災② (後片付費用及び廃材の処理)

(1) 後片付費用

火災に伴って生じた後片付費用は、火災損失の増加要因であるため、当該支出額を「火災未決算」勘定（又は「火災損失」勘定）に含める。

(2) 廃材

火災に伴って生じた廃材は、火災損失の減少要因であるため、当該廃材の処分可能見込額を「貯蔵品」勘定（資産）に計上し、当該金額を「火災未決算」勘定（又は「火災損失」勘定）から減額する。

■ **例題18 火災未決算③**　　　　　　　　　　　　　重要度 C

以下の資料に基づき、必要な仕訳を示しなさい。

火災のため倉庫（取得原価5,000千円、減価償却累計額2,400千円）を焼失したが、当社は火災保険3,000千円を掛けており、直ちに保険会社に保険金を請求した。なお、後片付費用500千円を現金で支払った。また、廃材（処分可能見込額300千円）が生じた。

■ 解答解説 (単位：千円) ‖‖

（借）	減価償却累計額	2,400	（貸）	建 物	5,000
	貯 蔵 品	300		現 金	500
	火 災 未 決 算	2,800※			

※ 2,600（帳簿価額）＋500（後片付費用）－300（廃材）＝2,800

第7節　耐用年数の変更

1　意義

有形固定資産が機能的に著しく減価した場合に当初設定した見積耐用年数の変更（会計上の見積りの変更）を行う場合がある。この場合は、過年度の減価償却の修正は行わず、将来の期間の損益でその影響を認識する。そのため、耐用年数変更時の残存要償却額を変更後の残存耐用年数により減価償却を行う。

2　耐用年数変更後の減価償却費

①　定額法

減価償却費 ＝ 当期首の残存要償却額 ÷ 変更後の残存耐用年数

②　定率法

減価償却費 ＝ 当期首の未償却残高 × 変更後の償却率※

※　変更後の償却率は、問題に記載されている償却率を用いる。

■ **例題19　耐用年数の変更**　　　　　　　　　　　　　　　　　重要度 **A**

以下の資料に基づき、当期（×5年4月1日～×6年3月31日）の減価償却費の金額を答えなさい。

(1)　当社は、×1年4月1日に機械（取得原価1,000,000円、当期首減価償却累計額360,000円）を取得し、耐用年数10年、定額法、残存価額10％で減価償却を行っている。

(2)　当期に、機能的減価を原因として耐用年数を6年に変更した。

■ 解答解説 （単位：円） ||||||||||||||||||||||||||||||||||||||||||||||||||||||||||||||||||||||||||||||||||

(1)　減価償却費の計上

（借）減 価 償 却 費	270,000※1	（貸）減 価 償 却 累 計 額	270,000

※1　減価償却費：{1,000,000（取得原価）× 0.9 － 360,000（期首減価償却累計額）}

÷ 2年（変更後の残存耐用年数※2）＝ 270,000

※2　変更後の残存耐用年数：6年（耐用年数）－ 4年（変更時までの経過年数X1.4 ～ X5.3）＝ 2年

(2)　解答の金額

減価償却費：270,000

第8節 減価償却方法の変更

1 基本的な考え方

減価償却方法を変更した場合には、過年度に遡って修正を行わない。

2 定額法から定率法への変更

変更時の帳簿価額を、残存耐用年数に基づく定率法の償却率で償却を行う。

変更年度の減価償却費 ＝ 当期首における帳簿価額
　　　　　　　　　　　　　× 当該資産の残存耐用年数に基づく定率法の償却率※

※　残存耐用年数に基づく償却率ではなく、当初の耐用年数に基づく償却率を用いて算定することもあるため、問題文の指示に従うこと。

3 定率法から定額法への変更

変更時の要償却額を、残存耐用年数に基づき、定額法で償却を行う。

変更年度以後の減価償却費 ＝ （当期首における帳簿価額 － 残存価額）÷ 残存耐用年数

■ 例題20　減価償却方法の変更①（定額法から定率法）　　　　　重要度B

　以下の資料に基づき、当期の減価償却費の金額を答えなさい。なお、計算の結果、端数が生じた場合は円未満を四捨五入する。

(1)　当社は、備品（取得原価6,000,000円、当期首減価償却累計額2,160,000円）を保有している。

(2)　備品については耐用年数10年、定額法、残存価額10％で償却してきたが、当期より定率法（償却率0.319）に変更する。

■ 解答解説（単位：円）||||||||||||||||||||||||||||||||||||||||||||||||||||||||||||||||||||||||||||||||||||||||

(1)　減価償却費の計上

（借）減 価 償 却 費	1,224,960	（貸）減価償却累計額	1,224,960

　※　｜6,000,000（取得原価）－2,160,000（期首減価償却累計額）｜×0.319（償却率）＝1,224,960

(2)　解答の金額

　　　減価償却費：1,224,960

■ 例題21　減価償却方法の変更②（定率法から定額法）　　　　　重要度B

　以下の資料に基づき、当期の減価償却費の金額を答えなさい。なお、計算の結果、端数が生じた場合は円未満を四捨五入する。

(1)　当社は、建物（取得原価20,000,000円、当期首減価償却累計額6,382,890円）を保有している。

(2)　建物については耐用年数30年、定率法（償却率0.074）、残存価額10％により償却してきたが、当期より定額法に変更する。なお、建物の取得から当期首現在までに5年経過している。

■ 解答解説（単位：円）||||||||||||||||||||||||||||||||||||||||||||||||||||||||||||||||||||||||||||||||||||||||

(1)　減価償却費の計上

（借）減 価 償 却 費	464,684[※1]	（貸）減価償却累計額	464,684

　※1　減価償却費：｜20,000,000（取得原価）×0.9－6,382,890（変更時減価償却累計額）｜÷25年（残存耐用年数[※2]）≒464,684
　※2　残存耐用年数：30年（耐用年数）－5年（期首までの経過年数）＝25年

(2)　解答の金額

　　　減価償却費：464,684

第9節　資本的支出（改良）と収益的支出（修繕）

1 資本的支出（改良）と収益的支出（修繕）　　　✓ 簿記3,2級

(1) 意義

資本的支出（改良）	固定資産の価値を高めたり、耐用年数が延長するような支出 例）建物の避難階段の取付け、用途変更のための模様替え
収益的支出（修繕）	定期的に行う修繕のように、単に現状を維持するための支出 例）家屋又は壁の塗替え、家屋の床の損傷部分の取替え

(2) 資本的支出（改良）を行った場合

　資本的支出を行った場合、支出額を支出後の残存耐用年数に渡り費用計上する。そのため、支出額を**資産の増加**として処理し、それ以降の**減価償却費として費用計上する**。

（借）建　　　　物	×××	（貸）現　金　預　金	×××

(3) 収益的支出（修繕）を行った場合

　収益的支出を行った場合、支出した期の費用として計上する。そのため、「**修繕費**」勘定（費用）で処理する。

（借）修　　繕　　費	×××	（貸）現　金　預　金	×××

2 資本的支出の取扱い

(1) 資本的支出の金額の算定

　資本的支出と収益的支出を同時に行った場合、当該修繕に要した支出額について、資本的支出部分と収益的支出部分とに区分する必要がある。当該区分の方法は問題文の指示によるが、以下の算定式に従って、修繕に要した支出額のうち、修繕後の残存耐用年数に対する延長耐用年数の割合部分を資本的支出とすることが多い。なお、問題上、資本的支出の金額が明示されている場合には、当該金額を資本的支出とすること。

$$資本的支出 = 修繕に要した支出額 \times \frac{延長耐用年数}{修繕後の耐用年数}$$

(2) 減価償却費の計算

　資本的支出額を、資本的支出の対象となる固定資産の直前の帳簿価額とあわせて、残存年数で一括して減価償却を行う。

$$減価償却費 = \frac{修繕後の取得原価 - 減価償却累計額 - 残存価額}{修繕後の残存耐用年数}$$

※　残存価額が10%の場合における資本的支出後の残存価額は、通常、資本的支出の対象となった固定資産の取得原価と資本的支出額の合計の10%とする。

■ 例題22　資本的支出　　　　　　　　　　　　重要度 B

以下の資料に基づき、×6年3月期の減価償却費の金額を答えなさい。

⑴　当社は、×1年4月1日に建物を1,000,000円で取得し、耐用年数10年、定額法、残存価額10％で減価償却を行っている。

⑵　×5年4月1日に200,000円の修繕を行い、その結果、耐用年数が2年延長した。当該支出額のうち、耐用年数の延長に見合う部分を資本的支出の額として処理する。

⑶　資本的支出後の減価償却は、当初の取得原価に資本的支出の額を加算した金額に基づき、残存価額10％、資本的支出後残存耐用年数に渡って減価償却を行う。

■ 解答解説 （単位：円） |||||||||||||||||||||||||||||||||||||||||||||||||||||||||||||||||||||||||||||||||||

1．仕訳

⑴　資本的支出の算定

（借）建　　　　　物	50,000※1	（貸）現　金　預　金	200,000
修　　繕　　費	150,000		

> ※1　資本的支出：200,000（支出額）× 2年（延長耐用年数）／ ｜6年（残存耐用年数※2）＋ 2年（延長耐用年数）｜ ＝ 50,000
> ※2　残存耐用年数：10年（耐用年数）－ 4年（経過年数X1.4 ～ X5.3）＝ 6年

⑵　減価償却費の計上

（借）減　価　償　却　費	73,125	（貸）減価償却累計額	73,125

> ※　減価償却費：｜1,050,000（資本的支出後取得原価）× 0.9 － 360,000（減価償却累計額）｜
>
> 　　　　　　　　÷ ｜6年（残存耐用年数※2）＋ 2年（延長耐用年数）｜ ＝ 73,125

2．解答の金額

減価償却費：73,125

第10節　圧縮記帳

1　意義 ✓ 簿記3,2級

　　圧縮記帳とは、固定資産の取得に際して国庫補助金・保険金を受け入れた場合に、当該受入額等について固定資産の取得原価を減額し、かつ、同額を損金（費用）に計上する処理である。

　　圧縮記帳は国庫補助金等を受け入れたことにより生じる特別利益に対する課税の延期（繰延）を図る目的で行われる処理である。

2　直接減額方式 ✓ 簿記3,2級

　　圧縮記帳の会計処理には、「直接減額方式」と「積立金方式」がある。本章においては前者の直接減額方式のみを学習する。

　　直接減額方式とは、国庫補助金の受入時に「国庫補助金受贈益」勘定（収益）を計上し、固定資産の取得時に当該国庫補助金受贈益と同額を「固定資産圧縮損」勘定（費用）として計上し、固定資産の金額をその分減額する方法である。

(1)　会計処理

① 国庫補助金受入時

　　国庫補助金の受入額を「国庫補助金受贈益」勘定に計上する。

（借）現　金　預　金	×××	（貸）国庫補助金受贈益	×××

② 固定資産取得時

　　取得原価で「固定資産」勘定に計上する。

（借）固　定　資　産	×××	（貸）現　金　預　金	×××

③ 圧縮記帳

　　国庫補助金の受入額を「固定資産圧縮損」勘定に計上し、取得原価である「固定資産」勘定を減額させる。

（借）固 定 資 産 圧 縮 損	×××	（貸）固　定　資　産	×××

④ 決算時

　　取得原価から固定資産圧縮損を控除した後の帳簿価額を取得原価とみなして減価償却費を計上する。

（借）減 価 償 却 費	×××	（貸）減 価 償 却 累 計 額	×××

(2)　損益計算書の表示区分

勘定科目・表示科目	表示区分
「国庫補助金受贈益」	特別利益
「固定資産圧縮損」	特別損失

(3)　貸借対照表の表示

直接控除形式	固定資産から直接控除し、圧縮額を注記する。
間接控除形式	固定資産から間接控除する。

〔直接控除形式〕

貸借対照表

```
Ⅱ 固 定 資 産
  1 有 形 固 定 資 産
    建      物        ※×××
    減 価 償 却 累 計 額   △×××        ×××
```

（注記）　国庫補助金の圧縮額が×××ある。
※　国庫補助金控除後の取得原価

〔間接控除形式〕

貸借対照表

```
Ⅱ 固 定 資 産
  1 有 形 固 定 資 産
    建      物        ×××
    国 庫 補 助 金     △×××
    減 価 償 却 累 計 額   △×××        ×××
```

■ 例題23　国庫補助金受贈益の圧縮記帳（直接減額方式）　重要度 A

　以下の資料に基づき、×1年度と×2年度における必要な仕訳を示しなさい。なお、決算日は3月31日である。

(1)　×2年3月30日に国庫補助金6,000千円を受入れた。

(2)　×2年3月31日に国庫補助金を財源として建物を9,000千円で取得し、代金を支払った。なお、建物は取得した翌日から事業の用に供している。

(3)　上記建物について直接減額方式による圧縮記帳を行う。

(4)　上記建物は耐用年数3年、定額法、残存価額ゼロで減価償却を行う。

■ 解答解説 (単位：千円)

(1)　国庫補助金の受入（×2年3月30日）

（借）現　金　預　金	6,000	（貸）国庫補助金受贈益	6,000

(2)　建物の取得（×2年3月31日）

（借）建　　　　　物	9,000	（貸）現　金　預　金	9,000

(3)　圧縮記帳（×2年3月31日）

（借）固 定 資 産 圧 縮 損	6,000	（貸）建　　　　　物	6,000

(4)　減価償却費の計上（×3年3月31日）

（借）減 価 償 却 費	1,000	（貸）減 価 償 却 累 計 額	1,000

　　※　｜9,000（取得原価）－6,000（固定資産圧縮損）｜÷3年（耐用年数）＝1,000

(4)　圧縮記帳をしない場合と圧縮記帳（直接減額方式）をした場合の比較

表の数値は 例題23 の数値を前提としている。また、その他の収益を毎期5,000千円計上しており、税率は40%とする。

1．圧縮記帳をしない場合

各年度の損益計算書	×1年度	×2年度	×3年度	×4年度	合計
その他の収益		5,000	5,000	5,000	15,000
国庫補助金受贈益	6,000				6,000
減価償却費		△3,000	△3,000	△3,000	△9,000
税引前当期純利益	6,000	2,000	2,000	2,000	12,000
法人税等	2,400	800	800	800	4,800
当期純利益	3,600	1,200	1,200	1,200	7,200

※　圧縮記帳を行わないと、×1年度に国庫補助金を6,000千円受け入れたが、法人税が2,400千円課せられ、補助金の効果が減少してしまう。

2．圧縮記帳をした場合

各年度の損益計算書	×1年度	×2年度	×3年度	×4年度	合計
その他の収益		5,000	5,000	5,000	15,000
国庫補助金受贈益	6,000				6,000
固定資産圧縮損	△6,000				△6,000
減価償却費		△1,000	△1,000	△1,000	△3,000
税引前当期純利益	0	4,000	4,000	4,000	12,000
法人税等	0	1,600	1,600	1,600	4,800
当期純利益	0	2,400	2,400	2,400	7,200

※　圧縮記帳を行うことで、×1年度に国庫補助金受贈益と固定資産圧縮損が相殺され、法人税が課税されないため、補助金の効果は減少しない。その分、建物の取得原価が減少し、翌年以降の減価償却費が小さくなるため、翌年以降に徐々に課税されることになる。これが、課税の延期効果である。なお、費用の合計額は変化しないため、課税される総額は変わらない点に留意すること。

■ 例題24　保険差益の圧縮記帳 （直接減額方式）

重要度 B

以下の資料に基づき、必要な仕訳を示しなさい。

(1) 火災のため店舗（取得原価8,000千円、減価償却累計額3,840千円）を焼失し、保険金4,800千円の支払を受けた。

(2) 上記保険金を原資として新店舗10,000千円を取得した。

(3) 上記建物について直接減額方式による圧縮記帳を行う。

■ 解答解説 （単位：千円）

(1) 火災発生時

（借） 減 価 償 却 累 計 額	3,840	（貸） 建 　 　 物	8,000
現 　 金 　 預 　 金	4,800	保 　 険 　 差 　 益	640※1

※1　保険差益：4,800（保険金受取額）－ 4,160（建物帳簿価額※2） ＝ 640
※2　建物帳簿価額：8,000（取得原価）－ 3,840（減価償却累計額） ＝ 4,160

(2) 建物の取得

（借） 建 　 　 　 　 物	10,000	（貸） 現 　 金 　 預 　 金	10,000

(3) 圧縮記帳

（借） 固 定 資 産 圧 縮 損	640	（貸） 建 　 　 　 　 物	640

第11節　減耗償却と取替法

1　減耗償却

(1)　減耗償却と減耗性資産

　減耗償却とは、「減耗性資産」に適用される費用配分の方法である。

　減耗性資産とは、鉱山業における埋蔵資源あるいは林業における山林のように、採取されるにつれて漸次減耗し涸渇する「天然資源」を表す資産であり、（その全体としての用役をもって生産に役立つものではなく）採取されるに応じてその実体が部分的に製品化されるものである。

(2)　減耗償却の会計処理

　減耗償却においては、減耗性資産の取得原価は採取された数量に応じて償却し、材料・製品などの棚卸資産として振り替えられ、最終的には売上原価を構成することになる。

　減耗償却は減価償却とは異なる別個の費用配分の方法であるが、手続的には生産高比例法と同じである。

具体例　減耗償却の一連の会計処理

　X1年度において、取得原価550,000千円、採掘後の土地の価額（残存価額）50,000千円、推定埋蔵量1億トンの油田を購入した。X2年度において6,000千トン（0.06億トン）採掘し、その2/3を35,000千円で販売したとする。

＜取得時の仕訳＞

(借) 有 形 固 定 資 産	550,000	(貸) 現　　　　　金	550,000

＜減耗償却実施時の仕訳＞

(借) 棚 卸 資 産（資産）	30,000	(貸) 有 形 固 定 資 産	30,000

　※　（550,000千円 − 50,000千円）×6,000千トン／1億トン = 30,000千円
　※　採取された数量だけ償却するため、使用した分だけ償却する生産高比例法と類似している。

＜販売時の仕訳＞

(借) 売 上 原 価（費用）	20,000※	(貸) 棚　卸　資　産	20,000
(借) 現　　　　　金	35,000	(貸) 売　　　　　上	35,000

　※　売上原価：30,000（採掘額）×2／3 = 20,000

　このように、減耗性資産は有形固定資産から減耗償却による費用配分を行った分だけ、直接棚卸資産に振り替えられる。

---

2 取替法

⑴ 取替法と取替資産

　　取替法とは、減価償却とは全く異なり、減価償却の代わりに部分的取替に要する**取替費用を収益的支出（発生した期の費用）として処理する方法**である。取替法は、レール、信号機等の「取替資産」に適用される。

　　取替資産とは、同種の物品が多数集まって1つの全体を構成し、老朽品の部分的取替を繰り返すことによって全体が維持されるような有形固定資産をいう。

⑵ 取替法の会計処理

　　取替法とは、最初の取得原価を固定資産の価額として処理し、これ以後は当該固定資産の減価を無視して償却行わず、取得原価をそのまま帳簿価額としておき、実際に破損その他の理由で部分的な取り替えを行った時に、新たな資産を取得するために支出した額を、その期の費用とする方法である。

具体例 取替法の一連の会計処理

　　X1年期首において、取替資産を50,000千円（10,000千円×5個）で取得した。X2年度とX3年度に取替資産の一部（10,000千円相当額）を部分的に取り替え、それぞれ10,500千円、11,000千円を支払った。

＜取得時の仕訳＞

(借) 有 形 固 定 資 産	50,000	(貸) 現　　　　金	50,000

＜X1年度末の仕訳＞

仕訳なし

　　※　取替を行っていないため、費用化しない。

＜X2年度の仕訳＞

(借) 取 替 費 (費 用)	10,500	(貸) 現　　　　金	10,500

＜X3年度の仕訳＞

(借) 取 替 費 (費 用)	11,000	(貸) 現　　　　金	11,000

　　このように、取替法を採用すると、①最初に取得した取替資産の取得原価50,000千円は維持され続けることになる。また、②取替更新が行われなければ費用計上されることはなく、さらに③取替更新を行った場合には、その取替更新において要した支出額をもって費用計上する。

第 **5** 章

無形固定資産・
投資その他の資産・繰延資産

1 意義　　　　　　　　　　　　　　　　　　　　　　　　✓ 簿記3,2級

　　無形固定資産とは、**具体的な形態を持たないが利益を獲得する上で他企業に対する優位性をもたらす、**法律上の権利または経済的事実であり、**長期に渡り利用される**資産である。

2 種類及び内容

　　無形固定資産は、「法律上の権利」、「のれん」及び「ソフトウェア」に分類され、具体的には、以下のようなものがある。

分類	勘定科目	内容
法律上の権利	特許権	新発明を一定期間独占的・排他的に利用する権利
	実用新案権	物品の構造などの新考案について一定期間独占的に利用しうる権利
	意匠権	物品の模様や色彩などの新考案について一定期間独占的に利用しうる権利
	商標権	自己の営業にかかる商品であることを表す商標を一定期間独占的に利用しうる権利
	借地権	他人の所有する土地を使用するための地上権及び賃借権
	鉱業権	一定の鉱区において、登録を受けた鉱物の採取をする権利
	電話加入権	電話施設を利用する権利
のれん	のれん	ある企業が同業他社に比べて高い収益性（超過収益力）を有する要因のこと。超過収益力には、下記のようなものが挙げられる。 ・立地条件が優れていること ・従業員の技術や営業手腕が卓越していること ・製法上の秘伝や秘訣があること ・製品ブランドの知名度が高いこと
ソフトウェア	ソフトウェア	コンピューターを機能させるように指令を組み合わせて表現したプログラム等のこと

3 取得時の会計処理 　　　　　　　　　　　　　　✓ 簿記3,2級

(1) 法律上の権利を取得した場合

法律上の権利を取得したときは、取得に要した支出額を「特許権」勘定（資産）等として計上する。

（借）特 許 権	×××	（貸）当 座 預 金	×××

(2) のれんを取得した場合

他企業を買収（合併）する際に、受け入れた純資産額を上回る対価を支払うことがある。この純資産額を上回った対価は、買収（合併）された企業の有する超過収益力に対して支払われたものであり、「のれん」勘定（資産）として計上する。

なお、買収（合併）により引き継ぐ資産・負債は、買収（合併）時の時価で引き継ぐ。

（借）諸 資 産	×××	（貸）諸 負 債	×××
の れ ん	×××	現 金 預 金	×××

4 決算時の会計処理 　　　　　　　　　　　　　　✓ 簿記3,2級

(1) 償却方法

無形固定資産は、有形固定資産と同様に、決算時に償却を行う。無形固定資産の償却は通常、残存価額をゼロとする定額法によって行う。また、記帳方法は直接法による。

〔決算整理仕訳〕

（借）特 許 権 償 却	×××	（貸）特 許 権	×××

　※　無形固定資産を期中取得した場合は月割計算を行う。
　※　鉱業権の償却方法は、生産高比例法によることも認められている。
　※　借地権及び電話加入権は、時間の経過とともに価値が減少するものではないため償却しない。

(2) 償却年数

のれんについては、会計基準に「20年以内のその効果が及ぶ期間にわたって償却する」と定められている。なお、のれん以外の無形固定資産は、償却年数が問題上与えられるため、覚える必要はない。

5 無形固定資産の償却額の損益計算書の表示 　　　✓ 簿記3,2級

勘定科目・表示科目	表示区分
「のれん償却額」「特許権償却」等	販売費及び一般管理費

　※　製品の製造に関するものは、製造原価として売上原価の区分に表示される。

第 5 章　無形固定資産・投資その他の資産・繰延資産

■ 例題 1　買収 (のれん)

重要度 A

以下の資料に基づき、×5年3月期の貸借対照表に計上されるのれんの金額を答えなさい。

(1)　×5年3月1日に、以下のような財政状態の甲社を32,500千円で買収し、代金を支払った。

貸　借　対　照　表

×5年3月31日　　　　　　　　　　(単位：千円)

諸　　資　　産	30,000	諸　　負　　債	19,000
土　　　　　地	16,000	資　　本　　金	7,000
		利　益　準　備　金	1,000
		繰　越　利　益　剰　余　金	19,000
	46,000		46,000

(2)　買収時の甲社の土地の時価は20,000千円であった。なお、その他の資産・負債は簿価と時価が一致している。

(3)　のれんの償却期間は5年間とする。

■ 解答解説 (単位：千円) ‖‖

1．買収時の仕訳

(借) 諸　資　産	30,000	(貸) 諸　負　債	19,000
土　　地	20,000[※1]	現　金　預　金	32,500
の　れ　ん	1,500[※2]		

※1　土地：時価

※2　のれん：32,500 (買収額) − 31,000 (受入純資産額[※3]) = 1,500

※3　受入純資産額：30,000 (諸資産) + 20,000 (土地時価) − 19,000 (諸負債) = 31,000

2．のれんの償却

(借) の れ ん 償 却 額	25[※]	(貸) の　れ　ん	25

※　のれん償却額：1,500 (のれん) ÷ 5年 (償却期間) × 1ヶ月 (X5.3) ／ 12ヶ月 = 25

3．解答の金額

1,500 (買収時ののれん) − 25 (償却) = 1,475

参考　期末にのれんが生じた場合

仮に、期末に合併を行いのれんが生じた場合には、指示がない限り当期に償却は行わない (翌期から償却を開始する)。

第2節　投資その他の資産

1　意義

投資その他の資産とは、営業に供する目的以外で長期間に渡って保有する固定資産をいう。

2　種類及び内容

投資その他の資産には以下のようなものが含まれる。

種類	内容
関係会社株式	関係会社（子会社及び関連会社）の株式
投資有価証券	満期保有目的の債券・その他有価証券のうち、流動資産に属さない有価証券
投資不動産	賃貸収益・キャピタルゲインの獲得目的で保有する不動産（賃貸等不動産）
出資金	株式会社以外の会社や、協同組合・匿名組合等への出資持分
長期貸付金	貸付金のうち、返済期日が決算日から起算して1年超に到来するもの
繰延税金資産	税効果会計の適用により、将来の税負担の軽減額について計上するもの
長期前払費用	前払費用のうち1年以内に費用とならないもの

> ※　関連会社株式は、「投資有価証券」とすることもある。
> ※　投資不動産は時価評価は行わないが、時価情報を注記する。

3　長期前払費用

長期前払費用とは、前払費用のうち1年以内に費用とならないものをいう。なお、**経過勘定のうち、1年基準により分類するのは前払費用のみ**であり、その他の経過勘定についてはすべて流動項目の区分に計上する。

項目	勘定科目	表示科目	表示区分
費用の前払い	「前払利息」「前払保険料」等	「前払費用」	流動資産
		「長期前払費用」	投資その他の資産
収益の前受け	「前受利息」「前受家賃」等	「前受収益」	流動負債
費用の未払い	「未払利息」「未払保険料」等	「未払費用」	流動負債
収益の未収	「未収利息」「未収家賃」等	「未収収益」	流動資産

■ 例題 2　長期前払費用

重要度 A

以下の資料に基づき、×6年3月期の貸借対照表及び損益計算書を作成しなさい。

(1)　決算整理前残高試算表

残　高　試　算　表	（単位：円）
保　　険　　料　　24,000	

(2)　決算整理前残高試算表の保険料は×5年7月1日に2年分を前払いした際に計上したものである。

■ 解答　解説　（単位：円）

1．決算整理仕訳

（借）前 払 保 険 料	15,000	（貸）保　　険　　料	15,000

※　24,000（前 T / B）×15 ヶ月（X6.4 〜 X7.6）／24 ヶ月 = 15,000

2．貸借対照表及び損益計算書

貸借対照表

| 前　払　費　用 | 12,000※1 | |
| 長 期 前 払 費 用 | 3,000※2 | |

※1　24,000（前 T / B）×12 ヶ月（X6.4 〜 X7.3）／24 ヶ月 = 12,000
※2　24,000（前 T / B）×3 ヶ月（X7.4 〜 X7.6）／24 ヶ月 = 3,000

損益計算書

| 保　　険　　料 | 9,000※ | |

※　24,000（前 T / B）− 15,000 = 9,000
　　又は
　　24,000（前 T / B）×9 ヶ月（X5.7 〜 X6.3）／24 ヶ月 = 9,000

第3節　繰延資産

1　意義

　繰延資産とは、既に代価の支払いが完了し、または支払義務が確定し、これに対応する役務の提供を受けたにもかかわらず、**その効果が将来にわたって発現すると期待される費用**について、期間損益計算上、その効果が及ぶ期間に合理的に配分するために、**経過的に資産として計上されるもの**をいう。

　なお、繰延資産は財産的価値がないため、貸借対照表においては、他の資産（流動資産、固定資産）と区分して表示する。

2　種類及び内容

　繰延資産は以下の5項目に限定されている。

種類	内容
株式交付費	新株発行及び自己株式の処分のために要した費用
社債発行費等	社債等の発行のために要した費用
創立費	会社成立のために要した費用
開業費	会社成立後営業開始までに支払われた開業準備のための費用
開発費	①新技術または新経営組織の採用、②資源の開発、③市場の開拓などのために特別に支出した費用

※　会社の設立の際に生じる新株発行のための費用は、株式交付費ではなく、創立費として会計処理を行う。

3　支出時の会計処理

　繰延資産は、本来は費用であるため、支出時の原則的な会計処理は費用処理である。そのため、**問題上指示があった場合にのみ、繰延資産として計上する**こととなる。

〔原則〕

（借）株式交付費（費用）	×××	（貸）現　金　預　金	×××

〔容認〕

（借）株式交付費（資産）	×××	（貸）現　金　預　金	×××

> **参考** 繰延資産計上が認められない場合
>
> 　株式分割及び株式無償割当に伴う費用は、企業規模の拡大のために行う資金調達でないため、その効果が将来にわたって発現するとは期待されない。よって、そのような株式交付費は繰延資産として処理することは認められず、支出時に「株式交付費」勘定として費用処理しなければならない。
>
> 　同様に、自己株式の消却に伴う費用についても、その効果が将来にわたって発現するとは期待されないため、繰延資産として処理することは認められず、「支払手数料」勘定として費用処理しなければならない。

4 決算時の会計処理

繰延資産として計上した場合は、決算時に、**残存価額ゼロ・直接法**で償却を行う。

(借) 株 式 交 付 費 償 却	×××	(貸) 株式交付費 (資産)	×××

※ 繰延資産を期中取得した場合、**月割計算**を行う。

※ 支出の効果が期待されなくなった繰延資産は、その未償却残高を一時に償却しなければならない。

	償却開始時期	償却期間	償却方法	償却額の表示区分
株式交付費	株式交付時	３年以内	定額法	営業外費用
社債発行費等	社債発行時	社債の償還期間	原則：利息法 容認：定額法	営業外費用
	新株予約権発行時	３年以内	定額法	営業外費用
創立費	会社の成立時	５年以内	定額法	営業外費用
開業費	開業時	５年以内	定額法	原則：営業外費用 容認：販売費および一般管理費
開発費	支出時	５年以内	定額法その他合理的な方法	売上原価又は販売費及び一般管理費

■ 例題3　繰延資産　　　　重要度B

以下の資料に基づき、貸借対照表を作成しなさい。

(1)　決算整理前残高試算表（一部）

残　高　試　算　表

×5年3月31日　　　　（単位：円）

開　　発　　費	240,000	
株　式　交　付　費	495,000	

(2)　開発費は×1年4月1日に600,000円を特別に支出したものである。

(3)　株式交付費は×4年1月1日に支出したものである。

(4)　繰延資産として計上できるものは繰延資産として計上し、規定の最長期間にわたり定額法による償却を行う。

■ 解答解説（単位：円）||||||||||||||||||||||||||||||||||||||||||||||||||||||||||||||||||||||||||||||||||||||

1．決算整理仕訳

(1)　開発費の償却

（借）開 発 費 償 却	120,000	（貸）開　　発　　費	120,000

※　開発費償却：600,000（X1.4 支出額）÷5年（償却年数）＝ 120,000

(2)　株式交付費の償却

（借）株 式 交 付 費 償 却	180,000	（貸）株 式 交 付 費	180,000

※　株式交付費の償却期間は3年（36ヶ月）で、×4年3月31日に3ヶ月分（X4.1 ～ X4.3）償却が行われているので、残高試算表に計上されている金額は、33ヶ月分（X4.4 ～ X6.12）であると判断できる。
株式交付費償却：495,000（前T／B）×12ヶ月／33ヶ月（残存償却月数）＝ 180,000

2．貸借対照表

貸　借　対　照　表

×5年3月31日　　　　（単位：円）

開　　発　　費	120,000※1	
株　式　交　付　費	315,000※2	

（※1）　240,000（前T／B）－120,000（当期償却）＝ 120,000
（※2）　495,000（前T／B）－180,000（当期償却）＝ 315,000

第 6 章

引当金

第1節　総論

1　意義

　引当金とは、①将来の特定の費用又は損失であって、②その発生が当期以前の事象に起因し、③発生の可能性が高く、かつ、④その金額を合理的に見積もることができる場合に計上される貸方項目である。

---

①　将来の特定の費用又は損失に関するものであること
②　その費用又は損失の発生が、当期又はそれ以前の事象に起因していること
③　その費用又は損失の発生の可能性が高いこと
④　その金額を合理的に見積ることができること

　引当金の設定目的は、主として**適正な期間損益の算定**に求められる。つまり、引当金は財貨・用役の費消の事実は将来の期間にみられるが、その将来の費消の原因が当期に生じているものについて、費用として認識することによって、適正な期間損益を算定することができるのである。

2　引当金の分類　　　　　　　　　　　　　　　　　　　✓ 簿記3,2級

　貸借対照表の観点から、引当金は①**評価性引当金**、②**負債性引当金**に分類され、負債性引当金はさらに債務性のある引当金と債務性のない引当金に分類される。

引当金の分類	評価性引当金	
	負債性引当金	債務性のある引当金
		債務性のない引当金

(1)　評価性引当金

　評価性引当金とは、**資産の部に記載される引当金**をいい、企業が所有している資産の正しい価額を示すために設定される引当金である。具体的には、貸倒引当金が評価性引当金に該当する（貸倒引当金であれば、債権金額から貸倒引当金を控除した金額が回収可能な金額、すなわち資産の正しい価額となる）。

(2)　負債性引当金

　負債性引当金とは、**負債の部に記載される引当金**をいい、**債務性のあるものとないものに分類される。**
①　**負債性引当金のうち、債務性のある引当金**
　　負債性引当金のうち、債務性のある引当金は、企業が負っている条件付債務を示すために設定される引当金である。例えば、製品保証引当金及び退職給付引当金等がこれに該当する。
②　**負債性引当金のうち、債務性のない引当金**
　　負債性引当金のうち、債務性のない引当金は、法的な債務ではないものの、適正な期間損益計算を図る目的で設定される引当金である。例えば、修繕引当金等がこれに該当する。

貸借対照表の観点からの分類	名称	貸借対照表の表示	損益計算書の表示[※2]
評価性引当金	貸倒引当金	資産の控除項目	販売費及び一般管理費 または営業外費用
負債性引当金	製品保証引当金	流動負債[※1]	販売費及び一般管理費
	賞与引当金	流動負債[※1]	販売費及び一般管理費
	退職給付引当金	固定負債[※1]	販売費及び一般管理費
	役員賞与引当金	流動負債[※1]	販売費及び一般管理費
	修繕引当金	流動負債[※1]	販売費及び一般管理費
	特別修繕引当金	固定負債[※1]	販売費及び一般管理費
	工事損失引当金	流動負債	売上原価
	債務保証損失引当金	流動負債[※1]	営業外費用 または特別損失

※1　引当金の貸借対照表の表示は、正常営業循環基準に該当しないものは、一年基準に基づいて判断するが、一般的な表示区分を示している。

※2　製品の製造に係る費用は、製造原価として処理する。

第2節 各引当金の会計処理

1 修繕引当金 ✓ 簿記3,2級

　企業が所有する建物や機械装置等について、毎年行われる通常の修繕（収益的支出）が資金の都合等により行われなかった場合、その費用は当期に負担させるべきであることから、**決算時に当期の費用として計上されるが、修繕引当金とはこの場合の貸方科目をいう。**

■ 例題1　修繕引当金　重要度A

以下の資料に基づき、必要な仕訳を示しなさい。

(1) 決算に当たり、次期に予定されている修繕費5,000円について引当金を計上する。

(2) 翌期に修繕を行い、5,000円を支出した。

■ 解答解説（単位：円）

(1) 決算時

（借）修繕引当金繰入額	5,000	（貸）修 繕 引 当 金	5,000

(2) 支出時

（借）修 繕 引 当 金	5,000	（貸）現 金 預 金	5,000

2 賞与引当金 ✓ 簿記3,2級

　賞与とは、臨時的に支給される給与（ボーナス）のことをいう。賞与は一般的に夏の賞与（6月）、冬の賞与（12月）として年2回支給されることが多い。また、賞与の額は会社の業績等によって変動することが多い。

　賞与引当金とは、従業員賞与について、賞与の査定期間（支給対象期間）と決算日が異なる場合に、**来期に支給する賞与のうち、当期に帰属する額を見積って計上する引当金**である。

■ 例題2　賞与引当金 　　　　　　　　　　　　　　　重要度 A

以下の資料に基づき、必要な仕訳を示しなさい。

(1)　当社の会計期間は×1年4月1日～×2年3月31日の一年間である。

(2)　当社の賞与支給計算期間等は以下のとおりである。

賞与支給計算期間	賞与支給日
6月1日～11月30日	12月15日
12月1日～5月31日	6月15日

(3)　×1年3月31日における×1年6月15日の賞与支給予想額は300,000円である。

(4)　×1年6月15日に賞与300,000円を支給した。

(5)　×1年12月15日に賞与330,000円を支給した。

(6)　×2年3月31日における×2年6月15日の賞与支給予想額は360,000円である。

■ 解答解説 （単位：円）

(3)　×1年3月31日（決算時）

（借）賞与引当金繰入額	200,000	（貸）賞　与　引　当　金	200,000

※　300,000（X1.6支給予想額）× 4 ヶ月（X0.12 ～ X1.3）/ 6 ヶ月（X0.12 ～ X1.5）＝ 200,000

(4)　×1年6月15日（賞与支給時）

（借）賞　与　引　当　金	200,000	（貸）現　金　預　金	300,000
賞　　　　　与	100,000※		

※　賞与引当金を取り崩し、残額を当期の費用として「賞与」勘定で処理する。

(5)　×1年12月15日（賞与支給時）

（借）賞　　　　　与	330,000	（貸）現　金　預　金	330,000

(6)　×2年3月31日（決算時）

（借）賞与引当金繰入額	240,000	（貸）賞　与　引　当　金	240,000

※　360,000（X2.6支給予想額）× 4 ヶ月（X1.12 ～ X2.3）/ 6 ヶ月（X1.12 ～ X2.5）＝ 240,000

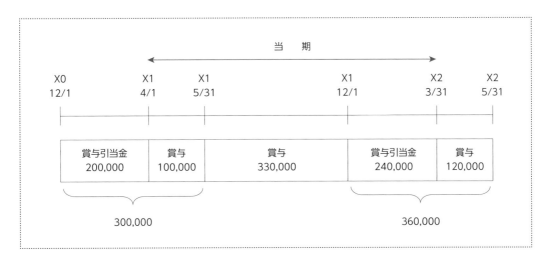

3 役員賞与引当金

役員賞与とは、取締役及び監査役など役員に支払う賞与をいう。通常、役員賞与の支給額は株主総会決議により決定する。

当事業年度の職務に係る役員賞与は当期の費用とすべきであるが、役員賞与の支給額を当期末後に開催される株主総会の決議事項とする場合、役員賞与の支給は当該株主総会の決議が前提となるので、**支給見込額を引当金として計上する。**

■ **例題3　役員賞与引当金**　　　　　　　　　　　　　　　　　　　　重要度 **A**

以下の資料に基づき、必要な仕訳を示しなさい。

(1) 当期の役員の職務に対する賞与につき、期末日以降に開催される定時株主総会でその支給が決議される予定であり、その見込額は200千円である。

(2) 決算日後の定時株主総会で、実際に役員らに200千円支給されることが決定し、支払った。。

■ **解答解説**（単位：千円）||||||||||||||||||||||||||||||||||||||||||||||||||||||||||||||||||||||||||||||||||||||

(1) **決算時**

（借）役員賞与引当金繰入額	200	（貸）役員賞与引当金	200

(2) **役員賞与支払時**

（借）役員賞与引当金	200	（貸）現　金　預　金	200

4 製品保証引当金

✓ 簿記3,2級

　製品保証引当金とは、**販売した製品について一定期間内は無償で修理する**という契約を行っている場合に、その費用を製品の販売した会計年度に計上する際に生ずる引当金をいう。

　なお、製品保証引当金の設定対象となるのは、合意された仕様に従った保証の場合である。顧客にサービスを提供する保証である場合は、履行義務として識別することから、製品保証引当金の対象とはならない（詳細は、「収益認識」の章で学習する）。

■ 例題4　製品保証引当金

重要度 A

以下の資料に基づき、必要な仕訳を示しなさい。

(1) 当期中に製品15,000,000円を販売している。なお、当該製品について、基本保証（製品が合意された仕様に従って機能するという保証）を付している。

(2) 決算にあたり、製品保証引当金を当期の売上高に対して2％設定する。

(3) 翌期に製品の修理代として300,000円を支払った。

■ 解答解説 （単位：円）

(1) 販売時

（借）売　掛　金	15,000,000	（貸）売　　　　上	15,000,000

(2) 決算時

（借）製品保証引当金繰入額	300,000	（貸）製品保証引当金	300,000

　　※　15,000,000（売上高）×2％（設定率）= 300,000

(3) 支払時

（借）製品保証引当金	300,000	（貸）現　金　預　金	300,000

5 債務保証損失引当金

他社の債務を保証している場合に、主たる債務者が期日に債務の弁済をすることを危うくするような事象が生じ、主たる債務者にかわって**弁済する可能性が高くなる**ことがある。この場合には、引当金の設定要件を満たすことになるため、**債務保証損失引当金**を設定する。

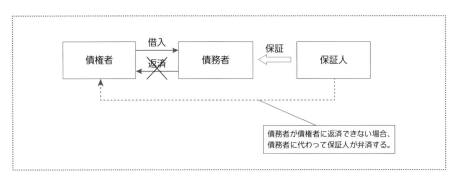

■ 例題5　債務保証損失引当金

重要度Ｃ

以下の資料に基づき、必要な決算整理仕訳を示しなさい。

当社は乙社の借入金12,000千円の連帯保証人となっているが、当期において乙社の財政状態が著しく悪化し、保証債務を履行する可能性が高くなった（履行の見込額は12,000千円）。

■ 解答解説 （単位：千円）

（借）債務保証損失引当金繰入額	12,000	（貸）債務保証損失引当金	12,000

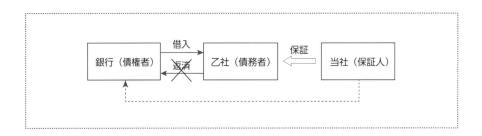

第 **7** 章

商品売買

第1節　売上総利益と売上原価の算定

1 売上総利益の算定　　　　　　　　　　　　　　　　　　　✓ 簿記3,2級

売上総利益は、売上高（純売上高）から売上原価を控除することにより算定する。

$$売上総利益 ＝ 売上高 － 売上原価$$

※　サービス業の場合、売上高は「役務収益」、売上原価は「役務原価」となる。

2 売上原価の算定　　　　　　　　　　　　　　　　　　　　✓ 簿記3,2級

売上原価とは売上に対して直接要した費用であり、以下のように算定する。

$$売上原価 ＝ 期首商品棚卸高 ＋ 当期商品純仕入高^{※1} － 期末商品棚卸高^{※2}$$

※1　当期商品純仕入高とは、総仕入高から仕入戻し、仕入値引及び仕入割戻等を控除したものである。
※2　期末商品棚卸高は、期末帳簿棚卸高を意味する。

上記計算式を、ボックス図で示すと下記のとおりになる。

商品

期首商品棚卸高	売上原価 （差額で算定）
当期商品純仕入高	期末商品棚卸高

1 意義 ✓ 簿記3,2級

　　三分法とは、商品売買について、「繰越商品」勘定（資産）、「仕入」勘定（費用）、「売上」勘定（収益）の３つの勘定を用いて記入する方法である。なお、商品売買の会計処理は他にもあるが、本章においては三分法のみを学習する。

「繰越商品」勘定	期首在庫及び期末在庫を示す資産勘定
「仕入」勘定	当期の仕入高を表す費用勘定
「売上」勘定	当期の売上高を表す収益勘定

2 売上原価の算定 ✓ 簿記3,2級

　　決算整理前残高試算表の「繰越商品」勘定は期首在庫を意味し、「仕入」勘定は当期商品純仕入高を意味しているため、下記の決算整理仕訳を行うことで、期末に一括して売上原価を算定できる。

（借）仕	入	×××	（貸）繰 越 商 品	×××※1
（借）繰 越 商 品	×××※2	（貸）仕	入	×××

※1　期首在庫
※2　期末在庫

■ 例題1　売上原価の算定

重要度 A

以下の資料に基づき、損益計算書（売上総利益まで）を作成しなさい。

(1)　決算整理前残高試算表（一部）

<table>
<tr><th colspan="3">残　高　試　算　表</th><th>（単位：円）</th></tr>
<tr><td>繰　越　商　品</td><td>20,000</td><td>売　　　　　　　上</td><td>200,000</td></tr>
<tr><td>仕　　　　　　　入</td><td>120,000</td><td></td><td></td></tr>
</table>

(2)　期末帳簿棚卸高は10,000円である。

(3)　棚卸減耗及び商品評価損は生じていないものとする。

■ 解答解説 （単位：円）||||||||||||||||||||||||||||||||||||||||||||||||||||||||||||||||||||||||||||||||

<table>
<tr><th colspan="4">損　益　計　算　書</th></tr>
<tr><td>Ⅰ　売　　　上　　　高</td><td></td><td></td><td>200,000</td></tr>
<tr><td>Ⅱ　売　　上　　原　　価</td><td></td><td></td><td></td></tr>
<tr><td>　1　期首商品棚卸高</td><td></td><td>20,000</td><td></td></tr>
<tr><td>　2　当期商品仕入高</td><td></td><td>120,000</td><td></td></tr>
<tr><td>　　　　　計</td><td></td><td>140,000</td><td></td></tr>
<tr><td>　3　期末商品棚卸高</td><td></td><td>10,000</td><td>130,000※</td></tr>
<tr><td>　　売　上　総　利　益</td><td></td><td></td><td>70,000</td></tr>
</table>

※　売上原価：20,000（期首商品棚卸高）＋120,000（当期商品仕入高）－10,000（期末商品棚卸高）＝130,000

〔決算整理仕訳〕

<table>
<tr><td>（借）仕　　　　　　　入</td><td>20,000</td><td>（貸）繰　越　商　品</td><td>20,000</td></tr>
<tr><td>（借）繰　越　商　品</td><td>10,000</td><td>（貸）仕　　　　　　　入</td><td>10,000</td></tr>
</table>

第3節　商品売買に係る付随費用

1　意義　　　　✓ 簿記3,2級

　商品の購入に係る付随費用（仕入諸掛）とは、引取費等の費用である。付随費用（仕入諸掛）は、商品の取得原価に含める。

> 商品の取得原価（購入原価）＝ 購入代価 ＋ 付随費用（仕入諸掛）

2　期中の会計処理　　　　✓ 簿記3,2級

　購入代価と付随費用を合計した取得原価を「仕入」勘定に計上する。

〔購入時の仕訳〕

（借）仕 入	（取得原価）	（貸）買 掛 金	（購入代価）
		現 金 預 金	（付随費用）

3　商品の販売（売上）に係る諸費用の取扱い　　　　✓ 簿記3,2級

　販売に係る諸費用は、費用として処理する。

〔販売時の仕訳〕

（借）売 掛 金	×××	（貸）売 上	×××
（借）○ ○ 費	（付随費用）	（貸）現 金 預 金	（付随費用）

第4節　仕入戻し・仕入値引・仕入割戻

1 意義　✓ 簿記3,2級

仕入戻し	不良品又は品違いなどを理由に、仕入れた商品を返品すること。
仕入値引	不良品又は量目不足などを理由に、仕入れた商品の代金を減額してもらうこと。
仕入割戻（リベート）	一定期間に多額又は多量の商品を取引した場合に、商品代金の一部を控除してもらうこと。

2 会計処理　✓ 簿記3,2級

仕入戻し・仕入値引・仕入割戻のいずれも**仕入時の逆仕訳を行う**。

（借）買　　掛　　金	×××	（貸）仕　　　　　入	×××

3 独立の勘定を用いて処理する場合

仕入戻し・仕入値引・仕入割戻を期中では「仕入」から控除せず、「仕入戻し」勘定等を用いて独立に計上することがある。この場合、**決算整理仕訳により仕入から控除する**。

〔期中仕訳〕

（借）買　　掛　　金	×××	（貸）仕　入　戻　し	×××
（借）買　　掛　　金	×××	（貸）仕　入　値　引	×××
（借）買　　掛　　金	×××	（貸）仕　入　割　戻	×××

〔決算整理仕訳〕

（借）仕　入　戻　し	×××	（貸）仕　　　　　入	×××
（借）仕　入　値　引	×××	（貸）仕　　　　　入	×××
（借）仕　入　割　戻	×××	（貸）仕　　　　　入	×××

※　「仕入戻し」と「仕入値引」を区別せず、「仕入値引戻し」とする場合もある。

第5節　仕入割引

1 意義　　　　　　　　　　　　　　　　　　　　　　　　　✓ 簿記3,2級

仕入割引とは、買掛金を支払期日より前に決済することによる、掛代金の一部免除額をいう。

2 会計処理　　　　　　　　　　　　　　　　　　　　　　　✓ 簿記3,2級

割引額は、本質が利息であり、財務損益として扱われるため、仕入からは控除せず、「仕入割引」勘定（収益）として計上する。なお、仕入割引の損益計算書における表示区分は営業外収益である。

（借）買　　掛　　金	×××　　（貸）現　金　預　金	×××
	仕　入　割　引	×××

■ 例題2　仕入戻し・仕入値引・仕入割戻・仕入割引

重要度 A

以下の資料に基づき、売上総利益の金額を答えなさい。

(1)　決算整理前残高試算表（一部）

残 高 試 算 表　　　　　　（単位：円）

繰 越 商 品	20,000	売　　　　　　　上	200,000
仕　　　　　入	120,000	仕 入 戻 し	3,000
		仕 入 値 引	2,000
		仕 入 割 戻	2,000
		仕 入 割 引	600

(2)　期末帳簿棚卸高は10,000円である。

(3)　棚卸減耗及び商品評価損は生じていないものとする。

■ 解答解説（単位：円）||||||||||||||||||||||||||||||||||||||||||||||||||||||||||||||||||||||||||||||||||||||||||||

1．決算整理仕訳

(1)　返品・値引・割戻

（借）仕 入 戻 し	3,000	（貸）仕　　　　　入	7,000
仕 入 値 引	2,000		
仕 入 割 戻	2,000		

(2)　売上原価の算定

（借）仕　　　　　入	20,000	（貸）繰 越 商 品	20,000
（借）繰 越 商 品	10,000	（貸）仕　　　　　入	10,000

2．売上総利益の算定

損 益 計 算 書

Ⅰ 売　　上　　高		200,000
Ⅱ 売　上　原　価		
1 期 首 商 品 棚 卸 高	20,000	
2 当 期 商 品 仕 入 高	113,000 ※1	
計	133,000	
3 期 末 商 品 棚 卸 高	10,000	123,000 ※2
売 上 総 利 益		77,000
Ⅲ 営 業 外 収 益		
仕 入 割 引		600 ※3

※1　当期商品仕入高：120,000（総仕入高）－7,000（仕入戻し・仕入値引・仕入割戻）＝113,000（純仕入高）

※2　売上原価：20,000（期首商品棚卸高）＋113,000（純仕入高）－10,000（期末商品棚卸高）＝123,000

※3　仕入割引は営業外収益の区分に計上する。

第6節　原価率

1　前提

　　原価率は一会計期間、固定されていると仮定して計算される。ただし、特に指示のない限り、**前期と当期では、異なるもの**として計算すること。

2　原価率等の計算

✓ 簿記3,2級

(1)　原価率

売価に対する原価の割合を原価率という。

$$\frac{原価}{売価} = 原価率$$

(2)　売上総利益率（利益率）

売価に対する売上総利益の割合を売上総利益率という。

$$\frac{利益}{売価} = 売上総利益率$$

　※　原価率と売上総利益率の合計は100％になる。

(3)　利益加算率（加算率・付加率）

原価に対する売上総利益の割合を利益加算率という。

$$\frac{利益}{原価} = 利益加算率$$

具体例　利益率と利益加算（付加）率

　　@80円で仕入れた商品を、@100円で販売している

　　原価率　　：原価80円÷売価100円＝80％

　　利益率　　：利益20円÷売価100円＝20％

　　利益加算率：利益20円÷原価80円＝25％

第7章　商品売買

第7節　三分法以外の記帳方法

1　総記法

(1)　意味

　　総記法とは、購入、販売、売上原価の算定、期末在庫等をすべて混合勘定である「商品」勘定で処理する方法である。

　　※　混合勘定とは、複式簿記の複数の要素を一つの勘定で示す場合の勘定をいう。

(2)　期中仕訳

① 　購入時の仕訳

　　購入した商品の購入原価を「商品」勘定の借方に計上する。

(借) 商　品（ 原　価)	×××	(貸) 買　　掛　　金	×××

② 　販売時の仕訳

　　販売した商品の売価を「商品」勘定の貸方に計上する。

(借) 売　　掛　　金	×××	(貸) 商　品（ 売　価)	×××

(3)　決算整理前残高試算表における「商品」勘定

　　決算整理前残高試算表の「商品」勘定の残高は、通常「貸方」残高になる。ただし、期末在庫を多く保有している場合には、借方残となる可能性がある。

　　決算整理前残高試算表の「商品」勘定の残高は、**期首商品棚卸高と当期商品仕入高の合計である原価の総額と売上高の差額**として計上されており、特に意味のある金額ではないことに留意すること。

> 決算整理前残高試算表の商品 ＝ 売上高 −原価の総額（期首＋仕入）

⑷　**決算における処理**

①　売上総利益の算定

総記法では、期末在庫の金額に前Ｔ／Ｂの商品勘定の金額を加減算することで、売上総利益を算定することができる。

> ＜総記法の場合の売上総利益の算定方法＞
> 　　売上総利益 ＝ 前Ｔ／Ｂの商品（貸方残高）＋ 期末在庫
> 　　　　　　　　　　　または
> 　　　　　　　　　期末在庫 － 前Ｔ／Ｂの商品（借方残高）

②　会計処理

総記法は、三分法のように、収益（売上）と費用（売上原価）を両建し、差引で利益を算定する総額法ではなく、売上総利益を直接算定しようとする純額法である。そのため、決算においては、**売上総利益を「商品」勘定から「損益」勘定へ振り替える決算振替仕訳が行われる**のみである。

＜決算整理仕訳＞

　　仕訳なし

＜決算振替仕訳＞

（借）商　　　　品	×××	（貸）損　　　　益	×××

※　損益勘定には、売上総利益が「商品」という名称で計上される。

⑸　**損益計算書の表示**

外部公表用の損益計算書では、売上高と売上原価を両建表示することになるがその場合の各項目の計算式は、以下のとおりである。

> 　　　　　売　上　高 ＝ 売上総利益 ÷ 売上総利益率
> 　　　　　当期商品仕入高 ＝「商品」勘定の貸借差額

■ 例題3　総記法の会計処理

重要度C

以下の取引について、総記法を採用した場合の下記の設問に答えなさい。

(1)　前期繰越高　27,000円

(2)　商品55,900円を掛けで仕入した。

(3)　商品91,200円を掛けで販売した（利益率30％）。

(4)　期末帳簿棚卸高　19,060円

問1　期中仕訳、決算整理仕訳及び決算振替仕訳を示しなさい。

問2　商品勘定の勘定記入を示しなさい。

■ 解答解説（単位：円）

問1

＜期中仕訳＞

（借）商	品	55,900	（貸）買	掛	金	55,900
（借）売	掛 金	91,200	（貸）商		品	91,200

```
                          商　品
┌───────────────────────┬────────────────────────┐
│ 前 期 繰 越    27,000  │                         │
├───────────────────────┤ 売 掛 金      91,200    │
│ 買 掛 金      55,900   │                         │
│       決算整理前T/Bの  │                         │
│       金額 8,300       │                         │
└───────────────────────┴────────────────────────┘
```

```
                     前T／B
          ┌──────────────────────────────┐
          │ 商           品       8,300  │
          └──────────────────────────────┘
```

※　本来、売掛金勘定や買掛金勘定も前T/Bに計上されるが、本例題の主要論点とは関係がないため、便宜上省略している（これ以降の例題でも同様の趣旨で、省略することがある）。

＜決算整理仕訳＞

仕訳なし

＜決算振替仕訳＞

（借）商	品	27,360	（貸）損	益	27,360

※　売上総利益：8,300（前T／Bの商品）＋ 19,060（期末在庫）＝ 27,360

問2

		商		品		
前 期 繰 越	27,000		売 掛 金	91,200		
買 掛 金	55,900		次 期 繰 越	19,060		
損 益	27,360					
	110,260			110,260		

※　なお、損益計算書を示すと以下のようになる。

損　益　計　算　書

Ⅰ 売　　上　　高			91,200
Ⅱ 売　上　原　価			
1 期 首 商 品 棚 卸 高	27,000		
2 当 期 商 品 仕 入 高	55,900		
計	82,900		
3 期 末 商 品 棚 卸 高	19,060	63,840	
売 上 総 利 益		27,360	

参考 分記法

商品売買の記帳方法として、分記法がある。分記法は土地の取得・売却と同様に、商品の仕入時に「商品」勘定（資産）を計上し、商品販売時に「商品」勘定を減額し、受取対価の金額との差額について「商品売買益」勘定（収益）を計上する方法である。

2 売上原価対立法

(1) 意味

売上原価対立法とは、「商品」勘定（資産）、「売上」勘定（収益）及び「売上原価」勘定（費用）で処理する方法である。

(2) 勘定科目

「商品」勘定	期首在庫及び期末在庫を示す資産勘定
「売上原価」勘定	当期の売上原価を表す費用勘定
「売上」勘定	当期の売上高を表す収益勘定

(3) 期中仕訳

① 購入時の仕訳

購入した商品の購入原価を「商品」勘定の借方に記入する。

（借）商 品	×××	（貸）買 掛 金	×××

② 販売時の仕訳

販売した商品の売価を「売上」勘定の貸方に記入し、「売掛金」勘定などを借方に記入する。また、販売した商品の原価を「商品」勘定の貸方に記入し、「売上原価」勘定の借方に記入する。

（借）売 掛 金（売価）	×××	（貸）売 上（売価）	×××
（借）売 上 原 価	×××	（貸）商 品（原価）	×××

(4) 決算整理前残高試算表における各勘定

決算整理前残高試算表の「商品」勘定は商品の未売却残高を示し、「売上」勘定と「売上原価」勘定は、それぞれ当期に販売した商品の売上高と売上原価を示す。

(5) 決算時の会計処理

売上原価対立法は、売上原価の算定は期中において算定済みであるため、決算整理仕訳は不要である。

そのため、決算においては、「売上」勘定と「売上原価」勘定から「損益」勘定へ振り替える決算振替仕訳が行われるのみである。

＜決算整理仕訳＞

仕訳なし

＜決算振替仕訳＞

（借）売 上	×××	（貸）損 益	×××
（借）損 益	×××	（貸）売 上 原 価	×××

■ 例題4　売上原価対立法の会計処理　　　　　　　　重要度B

以下の取引について、売上原価対立法を採用した場合の下記の設問に答えなさい。

(1)　前期繰越高　27,000円

(2)　商品55,900円を掛けで仕入れた。

(3)　商品91,200円（原価66,380円）を掛けで売り上げた。

(4)　期末帳簿棚卸高　16,520円

問1　期中仕訳、決算整理仕訳及び決算振替仕訳を示しなさい。

問2　商品勘定の勘定記入を示しなさい。

■ 解答解説（単位：円）

問1

＜期中仕訳＞

（借）商　　　　品	55,900	（貸）買　　掛　　金	55,900
（借）売　　掛　　金	91,200	（貸）売　　　　上	91,200
（借）売　上　原　価	66,380	（貸）商　　　　品	66,380

前T／B

商　　　　　品	16,520	売　　　　　上	91,200
売　上　原　価	66,380		

＜決算整理仕訳＞

仕訳なし

＜決算振替仕訳＞

（借）売　　　　上	91,200	（貸）損　　　　益	91,200
（借）損　　　　益	66,380	（貸）売　上　原　価	66,380

問2

商　　品

前　期　繰　越	27,000	売　上　原　価	66,380
買　　掛　　金	55,900	次　期　繰　越	16,520
	82,900		82,900

第8節　他勘定振替高

1 意義

　　見本品の提供や自家消費、火災など、**販売以外の原因により商品が減少する**ことがある。この場合、当該減少額は売上原価から除外し、他勘定に振り替える。

2 会計処理

　　商品の減少時に、「仕入」勘定から新たな費用の勘定に振り替える。なお、損益計算書においては、仕入の下で、「他勘定振替高」として控除し、他の表示区分に振り替える。

〔商品を見本品に使用した場合〕

(借) 見 本 品 費	×××	(貸) 仕　　　　入	×××

〔商品を自家消費した場合〕

(借) 消 耗 品 費	×××	(貸) 仕　　　　入	×××

〔商品を火災で焼失した場合〕

(借) 火 災 損 失	×××	(貸) 仕　　　　入	×××

3 損益計算書の表示

損 益 計 算 書

Ⅰ 売　　上　　高		×××
Ⅱ 売　上　原　価		
1 期首商品棚卸高	×××	
2 当期商品仕入高	×××	
計	×××	
3 期末商品棚卸高	×××	
4 他 勘 定 振 替 高	×××	×××
売 上 総 利 益		×××

■ 例題5　他勘定振替　　　　　　　　　　　　　　　　　　　　　　　重要度 B

以下の資料に基づき、売上総利益の金額を答えなさい。

① 　期首商品棚卸高3,000円

② 　当期商品掛け仕入高30,000円

③ 　当期商品掛け売上高50,000円

④ 　当期中に商品1,000円（原価）を営業用の見本品として消費した。

⑤ 　期末商品棚卸高2,000円

■ 解答解説 （単位：円） ‖‖

1．期中仕訳

(1)　仕入時

（借）仕	入	30,000	（貸）買	掛	金	30,000

(2)　見本品使用時

（借）見	本	品	費	1,000	（貸）仕	入	1,000

(3)　販売時

（借）売	掛	金	50,000	（貸）売	上	50,000

2．決算整理仕訳

（借）仕	入	3,000	（貸）繰	越	商	品	3,000
（借）繰	越	商	品	2,000	（貸）仕	入	2,000

3．売上総利益の算定

損　益　計　算　書

Ⅰ 売　　　上　　　高		50,000
Ⅱ 売　　上　　原　　価		
1 期 首 商 品 棚 卸 高	3,000	
2 当 期 商 品 仕 入 高	30,000	
計	33,000	
3 期 末 商 品 棚 卸 高	2,000	
4 他 勘 定 振 替 高	1,000	30,000
売　　上　　総　　利　　益		20,000
Ⅲ 販売費及び一般管理費		
1 見　　本　　品　　費		1,000
営　　業　　利　　益		19,000

第7章　商品売買

第 8 章

棚卸資産

第1節　期末商品の評価

✓ 簿記3,2級

1　総論

　企業は保有する期末商品の数量や単価を商品有高帳に記録している。しかし、「商品有高帳における記録上の在庫数量」よりも、「実際に企業が保有している在庫」が減少している場合がある。また、商品の「取得原価」よりも、「時価」が下落している場合がある。

　その場合に、決算整理仕訳において、期末帳簿棚卸高の金額を修正し、貸借対照表に計上する期末商品の金額を決定することを**商品の期末評価**という。商品の期末評価は、**数量面における評価（棚卸減耗）**と**価格面における評価（商品評価損）**がある。

　商品の評価は、下記の順序で行う。

① 期末帳簿棚卸高の算定 → ② 棚卸減耗 → ③ 商品評価損

❷　期末帳簿棚卸高の算定

　期末帳簿棚卸高とは、「商品有高帳における記録上の在庫数量（＝帳簿棚卸数量）」に、「商品の取得単価」を乗じたものである。

$$期末帳簿棚卸高 ＝ 帳簿棚卸数量 × @取得単価$$

　なお、期末商品の取得単価は、以下のいずれかの方法により算定される（問題によっては予め取得単価が明示されている場合もある）。

(1)　先入先出法　　　　　　　　　　　　　✓ 簿記3,2級

　先に取得したものから先に払出しが行われ、期末商品は最も新しく取得されたものからなると仮定して期末商品の価額（期末帳簿棚卸高）を算定する方法

(2)　移動平均法　　　　　　　　　　　　　✓ 簿記3,2級

　商品を取得する都度、平均単価を算出し、その単価に基づいて期末商品の価額（期末帳簿棚卸高）を算定する方法

(3)　総平均法　　　　　　　　　　　　　✓ 簿記3,2級

　一定期間の期首繰越高と当該期間の仕入高の合計額を、期首繰越数量と仕入数量の合計数量で除して平均単価を計算し、その単価に基づいて期末商品の価額（期末帳簿棚卸高）を算定する方法

$$平均単価 ＝ \frac{期首繰越高 ＋ 当期純仕入高}{期首棚卸数量 ＋ 当期純仕入数量}$$

　　※　総平均法の平均単価の算定は、**当期純仕入高**と**当期純仕入数量**を用いる点に留意すること。

(4)　個別法

　取得単価の異なる商品を区別して記録し、その個々の単価に基づいて、期末商品の価額（期末帳簿棚卸高）を算定する方法

(5)　売価還元法

　第2節で詳しく説明する。

第8章　棚卸資産

■ 例題1　期末帳簿棚卸高の算定

重要度 A

　以下の資料に基づき、先入先出法、移動平均法、総平均法によった場合の期末帳簿棚卸高及び売上総利益の金額を答えなさい。

(1)　当期（×2年4月1日～×3年3月31日）に行われた商品売買取引は以下のとおりであった。なお、全て掛取引によっている。

×2年4月1日	前　期　繰　越	200個	@ 90円（原価）
×2年6月1日	仕　　　　　入	200個	@100円（原価）
×2年7月1日	売　　　　　上	300個	@200円（売価）
×2年10月1日	仕　　　　　入	400個	@120円（原価）
×3年3月1日	売　　　　　上	300個	@220円（売価）

(2)　期末帳簿棚卸数量は200個であった。

(3)　棚卸減耗及び商品評価損は生じていないものとする。

■ 解答解説（単位：円）||||||||||||||||||||||||||||||||||||||||||||||||||||||||||||||||||||||||||||||||||||||

〔先入先出法〕

損　益　計　算　書

Ⅰ　売　　上　　高		126,000※1
Ⅱ　売　上　原　価		
1　期首商品棚卸高	18,000※2	
2　当期商品仕入高	68,000※3	
計	86,000	
3　期末商品棚卸高	24,000※6	62,000※5
売　上　総　利　益		64,000※6

※1　売上高：300個×@200 + 300個×@220 = 126,000

※2　期首商品棚卸高：200個×@90 = 18,000

※3　当期商品仕入高：200個×@100 + 400個×@120 = 68,000

※4　期末商品棚卸高：200個×@120（10/1仕入）= 24,000

※5　売上原価：18,000（期首商品棚卸高※2）+ 68,000（当期商品仕入高※3）- 24,000（期末商品棚卸高※4）= 62,000

※6　売上総利益：126,000（売上高※1）- 62,000（売上原価※5）= 64,000

〔移動平均法〕

損 益 計 算 書

Ⅰ 売 上 高			126,000
Ⅱ 売 上 原 価			
1 期 首 商 品 棚 卸 高		18,000	
2 当 期 商 品 仕 入 高		68,000	
計		86,000	
3 期 末 商 品 棚 卸 高		23,000※1	63,000※3
売 上 総 利 益			63,000※4

※1　期末商品棚卸高：200個×@115（移動平均単価※2）＝23,000

※2　移動平均単価

×2年4月1日	前 期 繰 越	200個	×	@ 90	=	18,000
×2年6月1日	仕　　入	200個	×	@100	=	20,000
	合　　計	400個	×	@ 95	=	38,000
×2年7月1日	売　　上	△300個				
	残　　高	100個	×	@ 95	=	9,500
×2年10月1日	仕　　入	400個	×	@120	=	48,000
	合　　計	500個	×	@115	=	57,500
×3年3月1日	売　　上	△300個				
×3年3月31日	残　　高	200個	×	@ 115	=	23,000

※3　売上原価：18,000（期首商品棚卸高）＋68,000（当期商品仕入高）－23,000（期末商品棚卸高※1）＝63,000

※4　売上総利益：126,000（売上高）－63,000（売上原価※3）＝63,000

〔総平均法〕

損 益 計 算 書

Ⅰ 売 上 高			126,000
Ⅱ 売 上 原 価			
1 期 首 商 品 棚 卸 高		18,000	
2 当 期 商 品 仕 入 高		68,000	
計		86,000	
3 期 末 商 品 棚 卸 高		21,500※1	64,500※3
売 上 総 利 益			61,500※4

※1　期末商品棚卸高：200個×@107.5（総平均単価※2）＝21,500

※2　総平均単価

×2年4月1日	前 期 繰 越	200個	×	@ 90	=	18,000
×2年6月1日	仕　　入	200個	×	@100	=	20,000
×2年10月1日	仕　　入	400個	×	@120	=	48,000
	合　　計	800個	×	@107.5	=	86,000

※3　売上原価：18,000（期首商品棚卸高）＋68,000（当期商品仕入高）－21,500（期末商品棚卸高※1）＝64,500

※4　売上総利益：126,000（売上高）－64,500（売上原価※3）＝61,500

3 棚卸減耗及び商品評価損の算定

 ✓ 簿記3,2級

(1) 棚卸減耗

① 意義

企業は、期末に**実地棚卸**を行う。この実地棚卸による**実地棚卸数量**は、紛失・盗難等を原因として、帳簿棚卸数量より減少している場合がある。当該減少を「**棚卸減耗**」という。

② 決算整理仕訳

棚卸減耗が生じている場合は、決算整理仕訳により、「**繰越商品**」勘定を減少させ、「**棚卸減耗費**」勘定（費用）を計上する。

（借）棚 卸 減 耗 費	×××	（貸）繰 越 商 品	×××

③ 棚卸減耗費の計算

> 棚卸減耗費 ＝（帳簿棚卸数量－実地棚卸数量）× ＠取得単価

④ 各種計算方法における棚卸減耗費

先入先出法	期末在庫の中で最も先に仕入れたものから減耗が生じていると仮定する
総平均法・移動平均法	平均単価により減耗が生じていると仮定する

■ 例題2　棚卸減耗の算定　　　　　　　重要度A

以下の資料に基づき、先入先出法、移動平均法、総平均法によった場合の棚卸減耗費の金額を答えなさい。

(1) 期末帳簿棚卸高20個であり、その内訳は以下のとおりである。

仕入日	個数	取得単価
3月10日	10個	＠100円
3月25日	10個	＠110円

(2) 決算日（3月31日）に棚卸を行った結果、期末実地棚卸高は18個であった。

(3) 総平均単価は108円、移動平均単価は107円とする。

■ 解答解説（単位：円）

先入先出法：＠100（3.10取得単価）× ｛20個（帳簿）－18個（実地）｝ ＝ 200

移動平均法：＠107（移動平均単価）× ｛20個（帳簿）－18個（実地）｝ ＝ 214

総平均法：＠108（総平均単価）× ｛20個（帳簿）－18個（実地）｝ ＝ 216

⑵　**商品評価損**

①　意義

　　通常の販売目的で保有する棚卸資産は、**取得原価をもって貸借対照表価額**とするが、期末における正味売却価額が取得原価よりも**下落している場合**には、収益性が低下しているとみて、当該**正味売却価額**をもって貸借対照表価額とする。

　　なお、この場合において、取得原価と当該正味売却価額との差額を**商品評価損**という。

②　決算整理仕訳

　　商品評価損が生じている場合は、決算整理仕訳により、「**繰越商品**」勘定を減らすとともに、「**商品評価損**」勘定（費用）を計上する。

（借）商　品　評　価　損	×××	（貸）繰　越　商　品	×××

③　商品評価損の計算

> 商品評価損 ＝（@取得単価 － @正味売却価額）× 期末実地棚卸数量
> 正味売却価額 ＝ 売価 － 見積追加製造原価及び見積販売直接経費

※　正味売却価額が取得単価を上回っている場合、商品評価益を計上しない点に留意すること。

※　正味売却価額の算定に当たり、間接経費は控除しない点に留意すること。

※　営業循環過程から外れ滞留している、又は処分が見込まれるという場合には、正味売却価額をゼロ（又は備忘価額1円）として、帳簿価額を切り下げることがある。

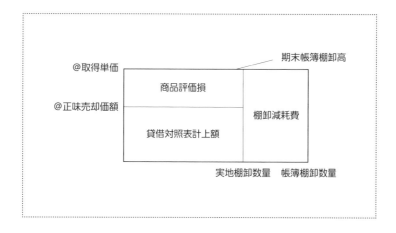

(3) 損益計算書における表示

① 棚卸減耗

棚卸減耗費は原価性のあるものについては「売上原価」又は「販売費及び一般管理費」の区分に表示し、原価性のないものについては「営業外費用」又は「特別損失」の区分に表示する。ここでいう原価性の有無とは、正常な営業活動のもとでの不可避性の有無を意味する。よって、「原価性のあるもの」とは、毎期経常的に発生する程度の正常である棚卸減耗を指し、「原価性のないもの」とは、経常的に起こり得ない異常な棚卸減耗を指す。

勘定科目・表示科目	原価性の有無	損益計算書の表示区分
「棚卸減耗費」	あり	売上原価又は販売費及び一般管理費
	なし	営業外費用又は特別損失

※ 棚減耗費の表示区分は原則・容認という関係にないため、問題文の指示に従うこと。
※ 問題文に特段の指示が無ければ原価性ありと判断する。
※ 本テキストでは「棚卸減耗費」としているが、検定試験では「棚卸減耗損」とすることが多い。

② 商品評価損

通常の販売目的で保有する棚卸資産について、収益性の低下による簿価切下額（商品評価損）は「売上原価」の区分に表示する。ただし、臨時の事象に起因し、かつ、多額である場合は「特別損失」の区分に表示し、棚卸資産の製造に関連して不可避的に発生する場合は「製造原価」の区分に表示する。

勘定科目・表示科目	損益計算書の表示区分	
「商品評価損」	原則	売上原価
	例外	製造原価又は特別損失

■ 例題 3　商品の評価①　　　　　　　　　　　　　　　　　　　　重要度 A

以下の資料に基づき、売上総利益及び商品（貸借対照表計上額）の金額を答えなさい。

(1)　決算整理前残高試算表（一部）

残　高　試　算　表				（単位：円）
繰　越　商　品	23,400	売	上	215,000
仕　　　　　入	151,600			

(2)　期末商品棚卸高

　　　帳簿棚卸高　250個　原価 @ 98円

　　　実地棚卸高　240個　売価 @130円　（見積販売直接経費@34円、間接経費@16円）

　　　※　棚卸減耗は売上原価の区分に表示する。

■ 解答解説 （単位：円） ||||||||||||||||||||||||||||||||||||||||||||||||||||||||||||||||||||||

1. 決算整理仕訳

(1)　売上原価の算定

（借）仕	入	23,400	（貸）繰　越　商　品	23,400
（借）繰　越　商　品		24,500※	（貸）仕 入	24,500

　　　※　期末帳簿棚卸高：250個（帳簿数量）×@98（取得単価）＝24,500

(2)　期末商品の評価

（借）棚　卸　減　耗　費	980※1	（貸）繰　越　商　品	1,460
商　品　評　価　損	480※2		

　　　※1　棚卸減耗費：｛250個（帳簿数量）－240個（実地数量）｝×@98（取得単価）＝980
　　　※2　商品評価損：｛@98（取得単価）－@96（正味売却価額※3）｝×240個（実地数量）＝480
　　　※3　正味売却価額：@130（売価）－@34（見積販売直接経費）＝@96　※ 間接経費は控除しない。

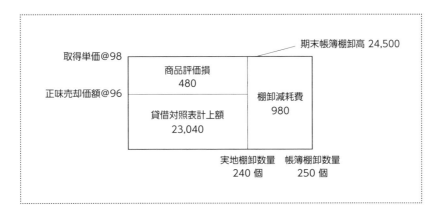

2. 売上総利益の算定

損　益　計　算　書

Ⅰ 売 上 高			215,000
Ⅱ 売 上 原 価			
	1 期首商品棚卸高	23,400	
	2 当期商品仕入高	151,600	
	計	175,000	
	3 期末商品棚卸高	24,500	
	差　　　引	150,500	
	4 棚 卸 減 耗 費	980	
	5 商 品 評 価 損	480	151,960
	売 上 総 利 益		63,040

3. 商品（貸借対照表価額）の算定

@96（正味売却価額）×240個（期末実地棚卸高）＝23,040

■ 例題4　商品の評価②　　　　　　　　　　　　　　　　　重要度B

以下の資料に基づき、売上総利益及び商品（貸借対照表計上額）の金額を答えなさい。

(1)　決算整理前残高試算表（一部）

残　高　試　算　表				（単位：円）
繰　越　商　品	5,400	売　　　　　上		55,800
仕　　　入	39,000			

(2)　期末商品棚卸高

　　帳 簿 棚 卸 高　　120個　取得原価 @60円

　　実 地 棚 卸 高　　105個　正味売却価額 @57円

　　※1　実地棚卸のうち5個は品質が低下したため、1個あたり20円に評価替を行う。

　　※2　棚卸減耗は毎期10個程度発生し、原価性のあるものは販売費とし、原価性のないものは特別損失とする。なお、勘定科目は前者を棚卸減耗費、後者を棚卸減耗損とすること。

■ 解答解説（単位：円）||||||||||||||||||||||||||||||||||||||||||||||||||||||||||||||||||||||||||||||||||||||||||||||||||||

1．決算整理仕訳

(1)　売上原価の算定

（借）仕　　　入	5,400	（貸）繰　越　商　品	5,400
（借）繰　越　商　品	7,200※	（貸）仕　　　入	7,200

　　※　期末帳簿棚卸高：120個（帳簿数量）×@60（取得原価）＝ 7,200

(2)　期末商品の評価

（借）棚 卸 減 耗 費	600※1	（貸）繰　越　商　品	1,400
棚 卸 減 耗 損	300※2		
商 品 評 価 損	500※3		

　　※1　棚卸減耗費：10個×@60 = 600

　　※2　棚卸減耗損：（120個 − 105個 − 10個）×@60 = 300

　　※3　商品評価損：（105個 − 5個）×（@60 − @57）＋ 5個×（@60 − @20）= 500

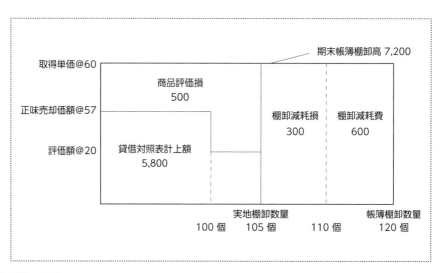

図内のラベル:

- 期末帳簿棚卸高 7,200
- 取得単価@60
- 商品評価損 500
- 正味売却価額@57
- 評価額@20
- 貸借対照表計上額 5,800
- 棚卸減耗損 300
- 棚卸減耗費 600
- 実地棚卸数量 100個 105個 110個
- 帳簿棚卸数量 120個

2．売上総利益の算定

損 益 計 算 書

Ⅰ 売　　上　　高			55,800
Ⅱ 売　上　原　価			
	1 期 首 商 品 棚 卸 高	5,400	
	2 当 期 商 品 仕 入 高	39,000	
	計	44,400	
	3 期 末 商 品 棚 卸 高	7,200	
	差　　　　　引	37,200	
	4 商 品 評 価 損	500	37,700
	売　上　総　利　益		18,100

3．商品（貸借対照表価額）の算定

@57 × 100個 ＋ @20 × 5個 ＝ 5,800

4　商品の評価のその他の論点

(1)　適用基準

商品の評価の適用基準には、「種類別」と「グループ別」の2つがある。

原則：種類別	個々の商品の種類別に原価と正味売却価額の比較を行う方法
容認：グループ別	数種類の商品をグループとし、グループごとの原価の合計額と正味売却価額の合計額との比較を行う方法

■ 例題5　商品の評価の適用基準　　　　　　　　　　　　　重要度 C

以下の資料に基づき、各問における商品評価損及び商品（貸借対照表計上額）の金額を答えなさい。

〔期末商品棚卸高〕

	種類	原価	正味売却価額
甲グループ	A商品	100円	70円
	B商品	110円	115円
乙グループ	C商品	80円	70円
	D商品	75円	90円
合計		365円	345円

問1　商品の評価について、種類別を採用した場合
問2　商品の評価について、グループ別を採用した場合

■ 解答解説（単位：円）||||||||||||||||||||||||||||||||||||||||||||||||||||||||||||||||||||||||||||||||||||||||

問1

1．問題の分析

	種類	原価	正味売却価額	商品評価損
甲グループ	A商品	100	70	30
	B商品	110	115	0
乙グループ	C商品	80	70	10
	D商品	75	90	0

2．解答の金額

商品評価損：30（A商品）＋10（C商品）＝40

商品：365（原価合計）－40（商品評価損）＝325

第8章 棚卸資産

問2

1．問題の分析

	種類	原価	正味売却価額	商品評価損
甲グループ	A商品	100	70	
	B商品	110	115	
	合計	210	185	25
乙グループ	C商品	80	70	
	D商品	75	90	
	合計	155	160	0

2．解答の金額

商品評価損：25（甲グループ）

商品：365（原価合計）－25（商品評価損）＝340

※　グループ別の商品評価損は、同一グループ内の評価益と評価損が相殺されるため、種類別の商品評価損と比較した場合、通常はグループ別の方が少なくなる。

(2)　切放法と洗替法

商品評価損を計上した翌期の会計処理には、切放法と洗替法の2つの方法がある。切放法と洗替法の考え方は有価証券と同様である。

会計処理	説明
切放法	評価損の戻入れを行わない方法
洗替法	評価損の戻入れを行う方法

※　商品の評価の適用基準としてグループ別を採用した場合、簿価切り下げ後の金額を品目ごとに把握できないため、切放法を採用することはできない。

なお、洗替法を採用した場合、「繰越商品」勘定を直接減額せず、「商品低価切下額」勘定（資産の控除項目）を用いることが一般的である。

〔洗替法における商品評価損の計上〕

（借）商品評価損	×××	（貸）商品低価切下額	×××

〔翌期の戻入れ〕

（借）商品低価切下額	×××	（貸）商品低価切下額戻入	×××

※　商品低価切下額戻入は、商品評価損と相殺して表示する。

(3)　トレーディング目的の棚卸資産

トレーディング目的の棚卸資産については、時価をもって貸借対照表価額とし評価差額は当期の損益（営業外損益）とする（売買目的有価証券と同様の会計処理）。

第2節　売価還元法

1 意義

　売価還元法は、期末棚卸資産について原価率を用いて算定する商品の評価方法であり、取扱商品数が多数あり、個別の原価を把握することが困難な場合に用いられる。

2 売価還元平均原価法

(1) 原価率の算定

　「期首商品の原価と当期純仕入原価」の合計を「期首商品の売価と当期純仕入売価の合計」で除して原価率を算定する。

$$原価率 = \frac{期首商品原価 + 当期純仕入原価}{期首商品売価 + 当期純仕入原価 + 原始値入額 + 値上額 - 値上取消額 - 値下額 + 値下取消額}$$

　※　原始値入額：商品の仕入原価に最初に付加した利益額
　※　値上額・値上取消額・値下額・値下取消額：市場の変化などに起因した販売前の売価修正

(2) 期末帳簿棚卸高の算定

　売価の合計（売価還元平均原価法の分母）から、当期に計上した売上高を控除した金額が、期末帳簿棚卸高に対応する売価になる。その金額に売価還元平均原価法の原価率を乗じた金額が、期末帳簿棚卸高となる。

$$期末帳簿棚卸高（原価）＝ 期末帳簿棚卸高（売価）\times 売価還元平均原価法の原価率$$

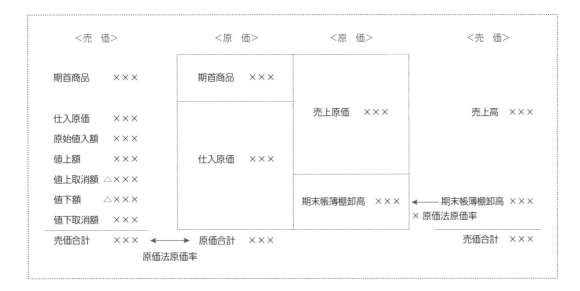

⑶　**棚卸減耗費の算定**

　　期末の実地棚卸高に対応する売価に、売価還元平均原価法の原価率を乗じた金額と、期末帳簿棚卸高の金額の差額が棚卸減耗費となる。

> 棚卸減耗費 ＝ ｛期末帳簿棚卸高（売価）－ 期末実地棚卸高（売価）｝× 売価還元平均原価法の原価率

⑷　**商品評価損の算定**

　　売価還元平均原価法を採用しており、正味売却価額が帳簿価額より下落している場合には、当該正味売却価額をもって、貸借対照表価額とし、当該差額を商品評価損として計上する。

> 商品評価損 ＝ 期末実地棚卸高（原価）－ 正味売却価額

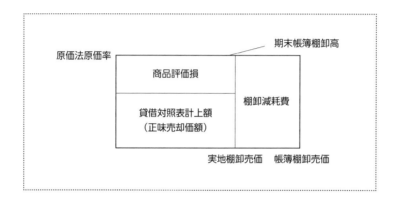

■ 例題6　売価還元平均原価法　　　　　　　　　　　　　　　重要度B

　以下の資料に基づき、売価還元平均原価法を適用した場合における売上総利益、商品（貸借対照表計上額）の金額を答えなさい。

(1)　決算整理前残高試算表（一部）

残　高　試　算　表　　　　　　　（単位：円）

繰　　越　　商　　品	72,000	売	上	954,000
仕　　　　　　　　入	684,000			

(2)　売価還元平均原価法の適用に当たって必要な資料は、次のとおりである。

期首商品売価	100,500 円
原始値入額	261,000 円
値上額	58,500 円
値上取消額	24,000 円
値下額	42,000 円
値下取消額	12,000 円
期末商品実地売価	91,500 円

(3)　期末商品の正味売却価額は64,000円であった。

(4)　棚卸減耗費及び商品評価損は、売上原価の内訳項目とする。

■ 解答解説（単位：円）||||||||||||||||||||||||||||||||||||||||||||||||||||||||||||||||||||||||

1．売価還元平均原価法による原価率の算定

$$\frac{72,000\,(\text{期首原価}) + 684,000\,(\text{当期仕入原価})}{100,500\,(\text{期首売価}) + 684,000\,(\text{当期仕入原価}) + 261,000\,(\text{原始値入額}) + 58,500\,(\text{値上}) - 24,000\,(\text{値上取消}) - 42,000\,(\text{値下}) + 12,000\,(\text{値入取消})} = 72\,\%$$

2．決算整理仕訳

(1)　売上原価の算定

（借）仕　　　　　　　　　入	72,000	（貸）繰　　越　　商　　品	72,000
（借）繰　　越　　商　　品	69,120[※1]	（貸）仕　　　　　　　　　入	69,120

　　※1　期末帳簿棚卸高：96,000（期末帳簿売価[※2]）×72%（原価法原価率）= 69,120
　　※2　期末帳簿売価：1,050,000（売価合計）− 954,000（売上高）= 96,000

(2)　期末商品の評価

（借）棚　卸　減　耗　費	3,240[※1]	（貸）繰　　越　　商　　品	5,120
商　品　評　価　損	1,880[※2]		

　　※1　棚卸減耗費：｜96,000（期末帳簿売価）− 91,500（期末実地売価）｜×72%（原価法原価率）= 3,240
　　※2　商品評価損：65,880（期末実地原価[※3]）− 64,000（正味売却価額）= 1,880
　　※3　実地棚卸高：91,500（期末実地売価）×72%（原価法原価率）= 65,880

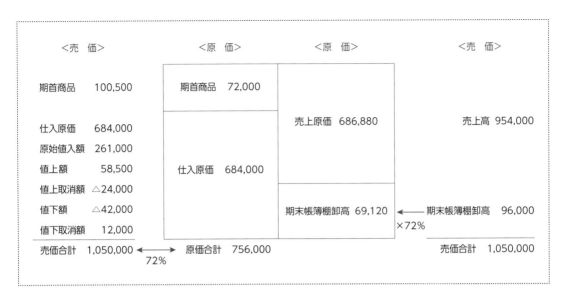

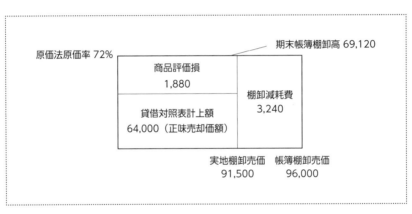

3. 売上総利益の算定

損　益　計　算　書

Ⅰ 売 上 高			954,000
Ⅱ 売 上 原 価			
1 期 首 商 品 棚 卸 高		72,000	
2 当 期 商 品 仕 入 高		684,000	
計		756,000	
3 期 末 商 品 棚 卸 高		69,120	
差 引		686,880	
4 棚 卸 減 耗 費		3,240	
5 商 品 評 価 損		1,880	692,000
売 上 総 利 益			262,000

4. 商品（貸借対照表価額）の算定

64,000（正味売却価額）

3 売価還元低価法

　売価還元法を採用している場合において、期末における正味売却価額が帳簿価額よりも下落している場合には、正味売却価額をもって貸借対照表価額とする。しかし、値下額等が売価合計額に適切に反映されている場合には、売価還元低価法の原価率により求めた期末棚卸資産の帳簿価額を収益性の低下による簿価切下額を反映したもの（正味売却価額）とみなすことができる。

　売価還元低価法に基づいて算定された商品評価損は、会計数値としての信頼性に欠けるため、会計上は商品評価損を認識する方法、商品評価損を認識しない方法のいずれかの適用が認められている。

(1) 売価還元低価法の原価率の算定

$$原価率 = \frac{期首商品原価 + 当期純仕入原価}{期首商品売価 + 当期純仕入原価 + 原始値入額 + 値上額 - 値上取消額}$$

　※　売価還元低価法は、分母から値下額及び値下取消額を除いて原価率を算定するため、分母の売価が大きくなり、売価還元平均原価法の原価率よりも低い原価率が算定される。

(2) 商品評価損を認識する場合

① 期末帳簿棚卸高の算定

$$期末帳簿棚卸高（原価）＝期末帳簿棚卸高（売価）× 売価還元平均原価法の原価率$$

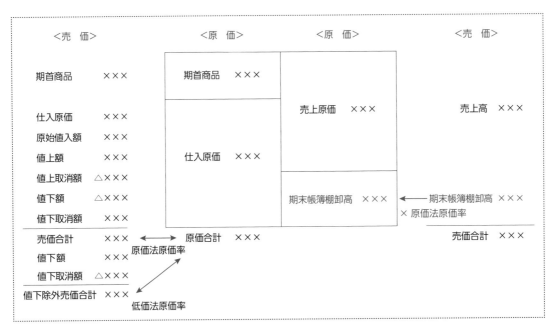

② 棚卸減耗費の算定

$$棚卸減耗費 ＝ ｛期末帳簿棚卸高（売価）－期末実地棚卸高（売価）｝× 売価還元平均原価法の原価率$$

③ 商品評価損の算定

期末実地棚卸高に対応する売価に、売価還元平均原価法の原価率と売価還元低価法の原価率とを乗じた金額の差額が、商品評価損となる。

$$商品評価損 ＝（売価還元平均原価法の原価率 － 売価還元低価法の原価率）× 期末実地棚卸高（売価）$$

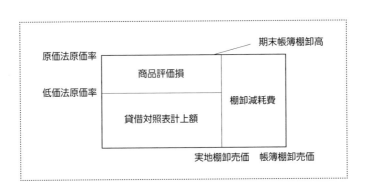

(3)　商品評価損を認識しない場合

①　期末帳簿棚卸高の算定

商品評価損を認識しないため、期末帳簿棚卸高に対応する売価に、売価還元低価法の原価率を乗じた金額を期末帳簿棚卸高とする。

$$期末帳簿棚卸高 ＝ 期末帳簿棚卸高（売価）× 売価還元低価法の原価率$$

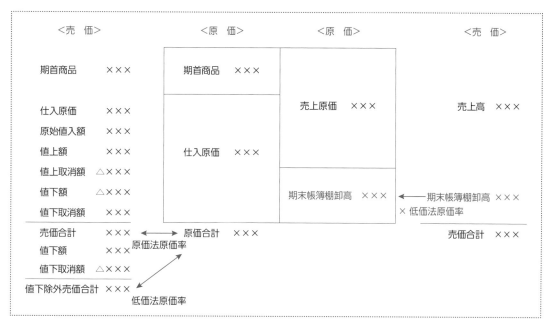

②　棚卸減耗費の算定

$$棚卸減耗費 ＝ ｛期末帳簿棚卸高（売価）－ 期末実地棚卸高（売価）｝× 売価還元低価法の原価率$$

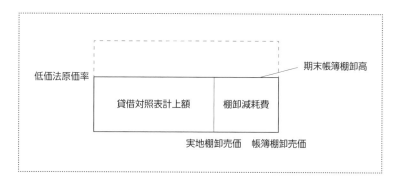

第8章　棚卸資産

■ 例題7　売価還元低価法（商品評価損を認識する場合）　重要度 B

　以下の資料に基づき、売価還元低価法（商品評価損を認識する）を適用した場合における売上総利益、商品（貸借対照表計上額）の金額を答えなさい。

(1)　決算整理前残高試算表（一部）

残　高　試　算　表				（単位：円）
繰　越　商　品	72,000	売　　　　　上		954,000
仕　　　　　入	684,000			

(2)　売価還元低価法の適用に当たって必要な資料は、次のとおりである。

期首商品売価	100,500円
原始値入額	261,000円
値上額	58,500円
値上取消額	24,000円
値下額	42,000円
値下取消額	12,000円
期末商品実地売価	91,500円

(3)　棚卸減耗費及び商品評価損は、売上原価の内訳項目とする。

■ 解答解説（単位：円）||||||||||||||||||||||||||||||||||||||||||||||||||||||||||||||||||||||||||||||||||||||||||||||||||||||||||||||||||||||||||

1．原価率の算定

〔売価還元平均原価法による原価率〕

$$\frac{72,000（期首原価）＋684,000（当期仕入原価）}{100,500（期首売価）＋684,000（当期仕入原価）＋261,000（原始値入額）＋58,500（値上）－24,000（値上取消）－42,000（値下）＋12,000（値下取消）} = 72\%$$

〔売価還元低価法による原価率〕

$$\frac{72,000（期首原価）＋684,000（当期仕入原価）}{100,500（期首売価）＋684,000（当期仕入原価）＋261,000（原始値入額）＋58,500（値上）－24,000（値上取消）} = 70\%$$

2．決算整理仕訳

(1)　売上原価の算定

（借）仕　　　　　入	72,000	（貸）繰　越　商　品	72,000
（借）繰　越　商　品	69,120※1	（貸）仕　　　　　入	69,120

　　※1　期末帳簿棚卸高：96,000（期末帳簿売価※2）×72%（原価法原価率）＝69,120
　　※2　期末帳簿売価：1,050,000（売価合計）－954,000（売上高）＝96,000

(2)　期末商品の評価

（借）棚　卸　減　耗　費	3,240※1	（貸）繰　越　商　品	5,070
商　品　評　価　損	1,830※2		

　　※1　棚卸減耗費：｜96,000（期末帳簿売価）－91,500（期末実地売価）｜×72%（原価法原価率）＝3,240
　　※2　商品評価損：91,500（期末実地売価）×｜72%（原価法原価率）－70%（低価法原価率）｜＝1,830

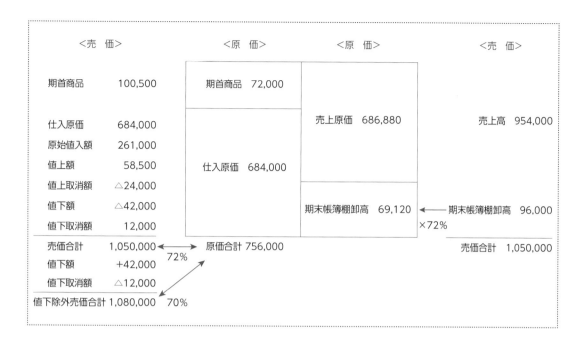

3. 売上総利益の算定

損 益 計 算 書

Ⅰ 売　　　　　上　　　　　高			954,000
Ⅱ 売　　上　　原　　価			
1 期 首 商 品 棚 卸 高		72,000	
2 当 期 商 品 仕 入 高		684,000	
計		756,000	
3 期 末 商 品 棚 卸 高		69,120	
差　　　　　引		686,880	
4 棚 卸 減 耗 費		3,240	
5 商 品 評 価 損		1,830	691,950
売 上 総 利 益			262,050

4. 商品（貸借対照表価額）の算定

91,500（期末実地売価）× 70%（低価法原価率）＝ 64,050

第8章 棚卸資産

■ 例題 8　売価還元低価法（商品評価損を認識しない場合）

　以下の資料に基づき、売価還元低価法（商品評価損を認識しない）を適用した場合における売上総利益、商品（貸借対照表計上額）の金額を答えなさい。

(1)　決算整理前残高試算表（一部）

残 高 試 算 表

（単位：円）

繰 越 商 品	72,000	売		上	954,000
仕 　 　 入	684,000				

(2)　売価還元低価法の適用に当たって必要な資料は、次のとおりである。

期首商品売価	100,500円
原始値入額	261,000円
値上額	58,500円
値上取消額	24,000円
値下額	42,000円
値下取消額	12,000円
期末商品実地売価	91,500円

(3)　棚卸減耗費は売上原価の内訳項目とする。

■ 解答解説（単位：円）

1．原価率の算定

〔売価還元平均原価法による原価率〕

商品評価損を認識しない売価還元低価法の場合、原価法原価率は算定不要である。

〔売価還元低価法による原価率〕

$$\frac{72,000\,（期首原価）+ 684,000\,（当期仕入原価）}{100,500\,（期首売価）+ 684,000\,（当期仕入原価）+ 261,000\,（原始値入額）+ 58,500\,（値上）- 24,000\,（値上取消）} = 70\,\%$$

2．決算整理仕訳

(1)　売上原価の算定

（借）仕		入	72,000	（貸）繰 越 商 品				72,000
（借）繰 越 商 品			67,200[※1]	（貸）仕		入		67,200

　　※1　期末帳簿棚卸高：96,000（期末帳簿売価[※2]）× 70%（低価法原価率）= 67,200
　　※2　期末帳簿売価：1,050,000（売価合計）- 954,000（売上高）= 96,000

(2)　期末商品の評価

（借）棚 卸 減 耗 費	3,150[※]	（貸）繰 越 商 品	3,150

　　※　｜96,000（期末帳簿売価）- 91,500（期末実地売価）｜× 70%（低価法原価率）= 3,150

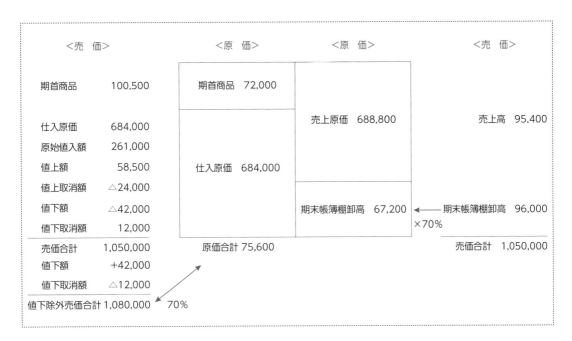

3．売上総利益の算定

損　益　計　算　書

Ⅰ　売　　上　　高		954,000
Ⅱ　売　上　原　価		
1　期首商品棚卸高	72,000	
2　当期商品仕入高	684,000	
計	756,000	
3　期末商品棚卸高	67,200	
差　　　　引	688,800	
4　棚　卸　減　耗　費	3,150	691,950
売　上　総　利　益		262,050

4．商品（貸借対照表価額）の算定

91,500（期末実地売価）×70%（低価法原価率）＝64,050

第8章　棚卸資産

第 **9** 章

経過勘定

第1節　経過勘定

1 概要 ✓ 簿記3,2級

　家賃、地代、保険料、利息など時の経過により金額が決定される費用及び収益項目がある（継続的役務提供契約）。このような費用・収益の財務諸表計上額は、現金の支出・収入に関係なく、時が経過した分に対応する額（発生額）となる。

　しかし、期中仕訳における費用・収益の計上は、現金の支出・収入に基づいて行われる。そのため、当期の発生額と現金の支出・収入額がずれている場合に決算手続きが必要になる。

2 会計処理 ✓ 簿記3,2級

項目	決算整理仕訳	経過勘定の意味
費用の前払い（費用の繰延）	前払費用××／費　　用××	当期中に支払済みだが、まだ役務提供を受けていない金額（役務の提供を受ける権利→資産）
収益の前受け（収益の繰延）	収　　益××／前受収益××	当期中に代金を受領済みだが、まだ役務提供をしていない金額（役務を提供する義務→負債）
費用の未払い（費用の見越）	費　　用××／未払費用××	当期中に役務提供を受けたが、支払期日が到来していない金額（代金を支払う義務→負債）
収益の未収（収益の見越）	未収収益××／収　　益××	当期中に役務提供をしたが、支払期日が到来していない金額（代金を受け取る権利→資産）

※　上記決算整理仕訳は、翌期に再振替仕訳（決算整理仕訳の逆仕訳）を行う。

3 勘定科目及び財務諸表の表示 ✓ 簿記3,2級

項目	勘定科目	表示科目	表示区分
費用の前払い	「前払利息」「前払保険料」等	「前払費用」	流動資産又は固定資産
収益の前受け	「前受利息」「前受家賃」等	「前受収益」	流動負債
費用の未払い	「未払利息」「未払保険料」等	「未払費用」	流動負債
収益の未収	「未収利息」「未収家賃」等	「未収収益」	流動資産

※　前払費用は1年基準により表示区分を決定し、その他の経過勘定項目については流動区分に計上される。

■ 例題 1　経過勘定①　　　　　　　　　　　　　　　　　　　　重要度 A

以下の資料に基づき、×6年3月期の貸借対照表及び損益計算書を作成しなさい。

(1)　決算整理前残高試算表

残 高 試 算 表　　　　　　　　（単位：円）

保　　険　　料	12,000	

(2)　決算整理前残高試算表の保険料は×5年7月1日に1年分を前払いした際に計上したものである。

■ 解答解説（単位：円）||||||||||||||||||||||||||||||||||||||||||||||||||||||||||||||||||||

1．決算整理仕訳

（借）前 払 保 険 料	3,000	（貸）保　　険　　料	3,000

※　12,000（前T／B）× 3ヶ月（X6.4 〜 X6.6）／ 12ヶ月 = 3,000

2．貸借対照表及び損益計算書

貸 借 対 照 表

前　払　費　用	3,000※	

※　3,000（前払保険料）

損 益 計 算 書

保　　険　　料	9,000※	

※　12,000（前T／B）− 3,000 = 9,000
　　　　又は
　　12,000（前T／B）× 9ヶ月（X5.7 〜 X6.3）／ 12ヶ月 = 9,000

■ 例題2　経過勘定②

重要度 A

以下の資料に基づき、×6年3月期の貸借対照表及び損益計算書を作成しなさい。

(1)　決算整理前残高試算表

<table>
<tr><td colspan="3" align="center">残 高 試 算 表</td><td align="right">（単位：円）</td></tr>
<tr><td>受　取　地　代</td><td align="right">9,000</td></tr>
</table>

(2)　決算整理前残高試算表の受取地代は×6年2月1日に向こう6ヶ月分を受け取ったものである。

■ 解答解説（単位：円） |||||||||||||||||||||||||||||||||||||||||||||||||||||||||||||||||||||||||||||||||||||||||||

1．決算整理仕訳

| （借）受　取　地　代 | 6,000 | （貸）前　受　地　代 | 6,000 |

※　9,000（前T／B）× 4ヶ月（X6.4 ～ X6.7）／ 6ヶ月 = 6,000

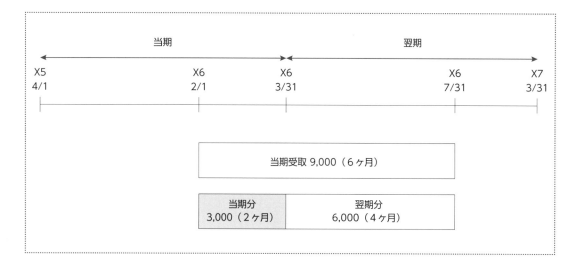

2．貸借対照表及び損益計算書

<table>
<tr><td colspan="3" align="center">貸 借 対 照 表</td></tr>
<tr><td>前　受　収　益</td><td align="right">6,000※</td></tr>
</table>

（※）　6,000（前受地代）

<table>
<tr><td colspan="3" align="center">損 益 計 算 書</td></tr>
<tr><td>受　取　地　代</td><td align="right">3,000※</td></tr>
</table>

（※）　9,000（前T／B）－ 6,000 = 3,000
又は
9,000（前T／B）× 2ヶ月（X6.2 ～ X6.3）／ 6ヶ月 = 3,000

■ 例題3　経過勘定③ 　　　　　　　　　　　　　重要度 A

以下の資料に基づき、×6年3月期の貸借対照表及び損益計算書を作成しなさい。

×5年12月1日に建物の賃貸借契約（期間1年間、月額5,000円）を結び、家賃は契約期間終了時に現金で支払うことにした。

■ 解答解説（単位：円）|||||||||||||||||||||||||||||||||||||||||||||||||||||||||||||||||||||||||||||||||||||||||||||

1. 決算整理仕訳

（借）支　払　家　賃	20,000	（貸）未　払　家　賃	20,000

　　　※　5,000（月額）×4ヶ月（X5.12〜X6.3）= 20,000

2. 貸借対照表及び損益計算書

貸　借　対　照　表

	未　払　費　用	20,000※

　（※）　20,000（未払家賃）

損　益　計　算　書

支　払　家　賃	20,000	

■ 例題 4　経過勘定④

重要度 A

以下の資料に基づき、×6年3月期の貸借対照表及び損益計算書を作成しなさい。

(1)　決算整理前残高試算表

	残 高 試 算 表	（単位：円）
貸　　付　　金	500,000	

(2)　貸付金は×5年12月1日に貸し付けたものである。なお、当該貸付金の貸付期間は1年間、利率年6％であり、利息は元金返済時に受け取ることとなっている。

■ 解答解説（単位：円） ||||||||||||||||||||||||||||||||||||||||||||||||||||||||||||||||||||||||||||||||||||||||

1．決算整理仕訳

（借）未　収　利　息	10,000	（貸）受　取　利　息	10,000

　　　※　500,000（貸付金）×6％（利率）×4ヶ月（X5.12〜X6.3）／12ヶ月 = 10,000

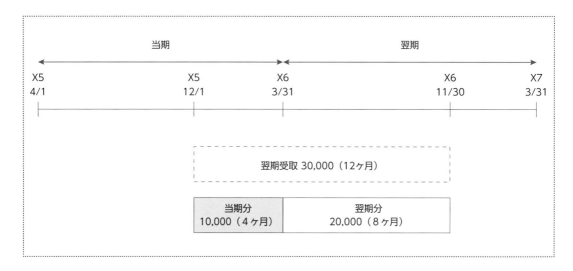

2．貸借対照表及び損益計算書

	貸 借 対 照 表	
貸　　付　　金	500,000	
未　収　収　益	10,000※	

（※）　10,000（未収利息）

	損 益 計 算 書	
	受　取　利　息	10,000

有価証券

第1節 有価証券の分類

1 会計上の有価証券の意義 ✓ 簿記3,2級

有価証券とは、法律上の財産権を表した証券をいい、具体的には下記の項目が挙げられる。

> 株式、公社債、新株予約権、譲渡性預金（ＣＤ）、コマーシャル・ペーパー（ＣＰ）
> 貸付信託・証券投資信託等

2 株式と社債 ✓ 簿記3,2級

(1) 株式

株式とは、株式会社に資金を出資することで発行される証券をいい、株式の所有者を株主という。株主は株主総会を通じて、株式会社の経営方針などに対して決議をすることができる。また、株式会社の獲得した利益の分配として、配当金を受けることができる。

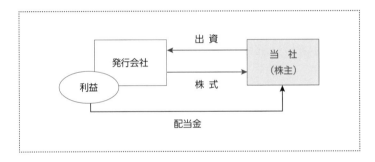

(2) 社債

社債とは、会社が不特定多数の者から資金調達を行う際に発行される証券である。資金を貸し付けた社債権者は、利息を受け取ることができ、一定期間経過後に元本の返済を受けることができる。

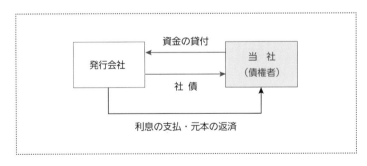

3 保有目的

✓ 簿記3,2級

有価証券は以下の4つの保有目的ごとに会計処理が定められている。

〔有価証券の保有目的〕

保有目的	意　義
売買目的有価証券	時価の変動により利益を得ることを目的として保有する有価証券
満期保有目的の債券	企業が満期まで保有することを目的としていると認められる社債その他債券
子会社株式及び関連会社株式	支配目的及び影響力を行使する目的で保有する株式
その他有価証券	売買目的有価証券、満期保有目的の債券、子会社株式及び関連会社株式のいずれにも分類されない有価証券

〔有価証券の種類と保有目的の関係〕

保有目的	株式	公社債
売買目的有価証券	○	○
満期保有目的の債券	─ ※1	○
子会社株式及び関連会社株式	○	─ ※2
その他有価証券	○	○

※1　株式には満期という概念がないため、満期保有目的の債券として保有することができない。
※2　公社債は株式と異なり議決権がないため、子会社株式及び関連会社株式として保有することができない。

第2節　有価証券の取得

1　取得原価の算定　　　　　　　　　　　　　　　✓ 簿記3,2級

　　有価証券は他の資産と同様に、**購入代価に付随費用を加えた金額を取得原価**とする。なお、一般的に、有価証券の付随費用は証券会社へ支払う購入手数料である。

> 取得原価 ＝ 購入代価 ＋ 付随費用

■ 例題1　有価証券の取得①（付随費用）　　　　　　　　重要度 A

以下の取引について、必要な仕訳を示しなさい。

　　A社株式（売買目的有価証券）を10,000円で取得した。なお、取得の際に証券会社へ500円の手数料を支払っている。

■ 解答解説（単位：円） ||||||||||||||||||||||||||||||||||||||||||||||||||||||||||||||||||||

| （借）有　価　証　券 | 10,500 | （貸）現　金　預　金 | 10,500 |

　　※　10,000（購入代価）＋500（付随費用）＝10,500

2　約定日基準と修正受渡日基準

　　有価証券の認識方法は、「約定日基準」と「修正受渡日基準」の2種類がある。

(1)　約定日基準（原則）

　　約定日基準とは、有価証券を購入の契約締結時点（約定日）で認識する方法である。有価証券は契約を締結した段階から時価の変動のリスクを負うため、原則として約定日基準により計上する。

(2)　修正受渡日基準（容認）

　　修正受渡日基準とは、有価証券を購入の契約締結時点（約定日）で認識せずに、**受渡時に認識する方法**である。受渡時以前に決算日が到来した場合には、**有価証券に係る評価差額の会計処理のみ決算日に行い**、その他の部分の会計処理は受渡日に行うことになる。

■ 例題2　有価証券の取得②（約定日基準、修正受渡日基準）　重要度C

以下の資料に基づき、各問に答えなさい。

〔有価証券に関する取引〕

①　契約時：×1年3月30日に50,000円でA社株式（売買目的有価証券）を購入する契約を結んだ。

②　決算時：×1年3月31日のA社株式の時価は51,000円であった。

③　受渡時：×1年4月2日にA社株式が引き渡された。

④　支払時：×1年4月5日に代金50,000円を支払った。

問1　約定日基準を適用した場合の①～④に係る仕訳を示しなさい。

問2　修正受渡日基準を適用した場合の①～④に係る仕訳を示しなさい。

■ 解答解説（単位：円）

問1　約定日基準

①契約時	（借）有　価　証　券	50,000	（貸）未　　払　　金	50,000
②決算時	（借）有　価　証　券	1,000	（貸）有価証券評価損益	1,000
③受渡時	仕　訳　な　し			
④支払時	（借）未　　払　　金	50,000	（貸）現　金　預　金	50,000

問2　修正受渡日基準

①契約時	仕　訳　な　し			
②決算時	（借）有　価　証　券	1,000	（貸）有価証券評価損益	1,000
③受渡時	（借）有　価　証　券	50,000	（貸）未　　払　　金	50,000
④支払時	（借）未　　払　　金	50,000	（貸）現　金　預　金	50,000

第3節　有価証券の売却

1　売却損益の算定 ✓ 簿記3,2級

売却損益 ＝ 売却価額 － 売却原価※

※　同一銘柄について、2回以上に渡って取得した場合には、平均原価法（移動平均法又は総平均法）により、売却原価を算定する。

■ 例題3　有価証券の売却①（売却原価の算定） 重要度 A

以下の資料に基づき、売却時の仕訳を示しなさい。

〔A社株式（売買目的有価証券）に関する取引〕

　①　×1年4月15日にA社株式20株を@1,200円で取得した。

　②　×1年5月10日にA社株式10株を@1,800円で取得した。

　③　×1年7月20日にA社株式10株を@2,000円で売却した。

■ 解答解説（単位：円）

（借）現　金　預　金	20,000	（貸）有　価　証　券	14,000※1
		有 価 証 券 売 却 益	6,000※3

　　※1　売却原価：@1,400（平均単価※2）×10株＝14,000
　　※2　平均単価：（20株×@1,200＋10株×@1,800）÷（20株＋10株）＝@1,400
　　※3　有価証券売却益：@2,000（売却価格）×10株－14,000（売却原価）＝6,000

2　売却手数料 ✓ 簿記3,2級

　有価証券を売却する際の手数料は「有価証券売却損益」に含めるか、又は「支払手数料」勘定（費用）を計上することになる。

■ 例題4　有価証券の売却②（売却手数料が生じる場合）　重要度 B

以下の取引について、必要な仕訳を示しなさい。

A社株式（売買目的有価証券、帳簿価額48,000円）を50,000円で売却した。なお、売却手数料が500円生じている。

| 問1 | 売却手数料を「有価証券売却損益」に含める場合 |
| 問2 | 売却手数料を「支払手数料」勘定で処理する場合 |

■ 解答解説（単位：円）||||||||||||||||||||||||||||||||||||||||||||||||||||||||||||||||||||||||||||||||||

問1　売却手数料を「有価証券売却損益」に含める場合

| （借）現　金　預　金 | 49,500※1 | （貸）有　価　証　券 | 48,000 |
| | | 有価証券売却損益 | 1,500※2 |

　　※1　現金預金：50,000（売却価額）− 500（売却手数料）＝ 49,500
　　※2　有価証券売却損益：50,000（売却価額）− 48,000（売却原価）− 500（売却手数料）＝ 1,500

上記の仕訳は「有価証券の売却」の仕訳と「売却手数料の支払」の仕訳に分けることができる。

〔有価証券の売却〕

| （借）現　金　預　金 | 50,000 | （貸）有　価　証　券 | 48,000 |
| | | 有価証券売却損益 | 2,000 |

〔売却手数料の支払〕

| （借）有価証券売却損益 | 500 | （貸）現　金　預　金 | 500 |

問2　売却手数料を「支払手数料」勘定で処理する場合

| （借）現　金　預　金 | 49,500※1 | （貸）有　価　証　券 | 48,000 |
| 　　　支　払　手　数　料 | 500 | 有価証券売却損益 | 2,000※2 |

　　※1　現金預金：50,000（売却価額）− 500（売却手数料）＝ 49,500
　　※2　有価証券売却損益：50,000（売却価額）− 48,000（売却原価）＝ 2,000

上記の仕訳は「有価証券の売却」の仕訳と「売却手数料の支払」の仕訳に分けることができる。

〔有価証券の売却〕

| （借）現　金　預　金 | 50,000 | （貸）有　価　証　券 | 48,000 |
| | | 有価証券売却損益 | 2,000 |

〔売却手数料の支払〕

| （借）支　払　手　数　料 | 500 | （貸）現　金　預　金 | 500 |

第4節　有価証券の保有に伴う収益

1　受取配当金　　　　　　　　　　　　　　　　　　　　✓ 簿記3,2級

　　株式を保有している場合には、株式会社より配当金を受け取ることができる。配当金を受け取った場合には、「受取配当金」勘定（収益）で処理する。

■ 例題5　有価証券の保有に伴う収益①（配当金）　　　　　　　重要度 A

以下の取引について、必要な仕訳を示しなさい。

配当金領収証10,000円を受け取った。

■ 解答解説（単位：円）‖‖‖‖‖‖‖‖‖‖‖‖‖‖‖‖‖‖‖‖‖‖‖‖‖‖‖‖‖‖‖‖‖‖‖‖‖‖

（借）現　　　　　　　金	10,000	（貸）受　取　配　当　金	10,000

2　有価証券利息　　　　　　　　　　　　　　　　　　　✓ 簿記3,2級

　　公社債を保有している場合には、資金を貸し付けていることになり、会社から利息を受け取ることができる。利息を受け取った場合には、「有価証券利息」勘定（収益）で処理する。

■ 例題6　有価証券の保有に伴う収益②（有価証券利息）　　　　重要度 A

以下の資料に基づき、利払日（×1年9月30日）の仕訳を示しなさい。

　当社はA社社債（額面金額10,000円）を満期保有目的の債券として保有している。当該社債は利率年2％、利払日年2回（3月末、9月末）である。

■ 解答解説（単位：円）‖‖‖‖‖‖‖‖‖‖‖‖‖‖‖‖‖‖‖‖‖‖‖‖‖‖‖‖‖‖‖‖‖‖‖‖‖‖

（借）現　　　　　　　金	100	（貸）有　価　証　券　利　息	100

※　10,000（額面金額）× 2 ％（クーポン利率）× 6 ヶ月（X1.4 ～ X1.9）／ 12 ヶ月 = 100

3　勘定科目及び財務諸表の表示

	勘定科目	表示科目	表示区分
損益計算書	「受取配当金」	「受取配当金」又は「受取利息及び配当金」	営業外収益
	「有価証券利息」	「有価証券利息」	

第5節　有価証券の期末評価

1　売買目的有価証券

(1)　評価　　　　　　　　　　　　　　　　　　　　　　　　　　　　✓ 簿記3,2級

　　売買目的有価証券は、短期的な売買を目的として保有するため、時価情報が重要となる。よって、決算時に時価評価を行い、時価をもって貸借対照表価額とする。また、評価差額は当期の損益として処理する。

(2)　評価差額の会計処理　　　　　　　　　　　　　　　　　　　　　✓ 簿記3,2級

評価差額の会計処理として、**洗替方式（洗替法）**と**切放方式（切放法）**が認められている。

会計処理	説明
洗替方式	当期末の時価評価額を翌期首の再振替仕訳において、取得原価に振り戻して処理する方法
切放方式	当期末の時価評価額を翌期以降の帳簿価額として処理する方法

　　洗替方式と切放方式の違いをまとめると以下のようになる。

会計処理	売却原価	時価評価を行う帳簿価額	利益への影響額
洗替方式	取得原価	取得原価	同一
切放方式	前期末の時価	前期末の時価	

(3)　勘定科目及び財務諸表の表示

①　損益計算書

方法	勘定科目	表示科目	表示区分
第一法	「有価証券評価損益」	「有価証券評価益」又は「有価証券評価損」	営業外損益
第二法	「有価証券運用損益」	「有価証券運用益」又は「有価証券運用損」	

　※　損益計算書上は、純額で表示する。
　※　第二法を採用している場合、売買目的有価証券に係る損益（有価証券売却益（又は損）、受取配当金、有価証券利息）を一括して「有価証券運用益（又は損）」に含めて表示することができる。

②　貸借対照表　　　　　　　　　　　　　　　　　　　　　　　　✓ 簿記3,2級

	勘定科目	表示科目	表示区分
貸借対照表	「有価証券」	「有価証券」	流動資産

■ 例題7　売買目的有価証券①

以下の資料に基づき、前期及び当期の仕訳を示しなさい。

当社が前期に取得し、当期末時点で保有している有価証券は以下のとおりである。

銘柄	取得原価	前期末時価	当期末時価	保有目的
A社株式	10,000 円	12,000 円	13,000 円	売買目的有価証券

問1　洗替方式によった場合
問2　切放方式によった場合

■ 解答解説（単位：円）

問1　洗替方式によった場合

1．前期仕訳

(1) 期中仕訳

（借）有　価　証　券	10,000	（貸）現　金　預　金	10,000

前 T／B

有　価　証　券	10,000	

(2) 決算整理仕訳

（借）有　価　証　券	2,000	（貸）有価証券評価損益	2,000

※　12,000（前期末時価）－ 10,000（取得原価）＝ 2,000

後 T／B

有　価　証　券	12,000	有価証券評価損益	2,000

2．当期仕訳

(1) 再振替仕訳

（借）有価証券評価損益	2,000	（貸）有　価　証　券	2,000

(2) 期中仕訳

仕　訳　な　し

前 T／B

有　価　証　券	10,000	
有価証券評価損益	2,000	

(3) 決算整理仕訳

（借）有　価　証　券	3,000	（貸）有価証券評価損益	3,000

※　13,000（当期末時価）－ 10,000（取得原価）＝ 3,000

後 T／B

有　価　証　券	13,000	有価証券評価損益	1,000

問2　切放方式によった場合

1．前期仕訳

(1) 期中仕訳

（借）有　価　証　券	10,000	（貸）現　金　預　金	10,000

前 T／B

有　価　証　券	10,000	

(2) 決算整理仕訳

（借）有　価　証　券	2,000	（貸）有価証券評価損益	2,000

※　12,000（前期末時価）－ 10,000（取得原価）＝ 2,000

後 T／B

有　価　証　券	12,000	有価証券評価損益	2,000

2．当期仕訳

(1) 再振替仕訳

仕　訳　な　し

(2) 期中仕訳

仕　訳　な　し

前 T／B

有　価　証　券	12,000	

(3) 決算整理仕訳

（借）有　価　証　券	1,000	（貸）有価証券評価損益	1,000

※　13,000（当期末時価）－ 12,000（前期末時価）＝ 1,000

後 T／B

有　価　証　券	13,000	有価証券評価損益	1,000

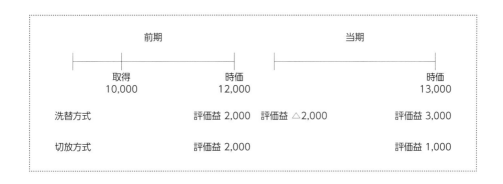

■ 例題8　売買目的有価証券②

以下の資料に基づき、前期及び当期の仕訳を示しなさい。

当社が前期に取得し、当期に売却している有価証券は以下のとおりである。

銘柄	取得原価	前期末時価	売却価額	保有目的
A社株式	10,000円	12,000円	13,000円	売買目的有価証券

問1　洗替方式によった場合

問2　切放方式によった場合

■ 解答解説（単位：円）||||||||||||||||||||||||||||||||||||||||||||||||||||||||||||||||||||||

問1　洗替方式によった場合

1．前期仕訳

（1）期中仕訳

（借）有 価 証 券	10,000	（貸）現 金 預 金	10,000

前T / B

有 価 証 券	10,000	

（2）決算整理仕訳

（借）有 価 証 券	2,000	（貸）有価証券評価損益	2,000

※　12,000（前期末時価）－ 10,000（取得原価）= 2,000

後T / B

有 価 証 券	12,000	有価証券評価損益	2,000

2．当期仕訳

（1）再振替仕訳

（借）有価証券評価損益	2,000	（貸）有 価 証 券	2,000

（2）期中仕訳

（借）現 金 預 金	13,000	（貸）有 価 証 券	10,000
		有価証券売却損益	3,000

※　有価証券売却損益：13,000（売却価額）－ 10,000（取得原価）
　　= 3,000

前T / B

有価証券評価損益	2,000	有価証券売却損益	3,000

（3）決算整理仕訳

仕 訳 な し

後T / B

有価証券評価損益	2,000	有価証券売却損益	3,000

問2　切放方式によった場合

1．前期仕訳

（1）期中仕訳

（借）有 価 証 券	10,000	（貸）現 金 預 金	10,000

前T / B

有 価 証 券	10,000	

（2）決算整理仕訳

（借）有 価 証 券	2,000	（貸）有価証券評価損益	2,000

※　12,000（前期末時価）－ 10,000（取得原価）= 2,000

後T / B

有 価 証 券	12,000	有価証券評価損益	2,000

2．当期仕訳

（1）再振替仕訳

仕 訳 な し

（2）期中仕訳

（借）現 金 預 金	13,000	（貸）有 価 証 券	12,000
		有価証券売却損益	1,000

※　有価証券売却損益：13,000（売却価額）－ 12,000（前期末時価）
　　= 1,000

前T / B

		有価証券売却損益	1,000

（3）決算整理仕訳

仕 訳 な し

後T / B

		有価証券売却損益	1,000

時価とは

「時価の算定に関する会計基準」において、時価は以下のように定義されている。

> 時価とは、算定日において市場参加者間で秩序ある取引が行われると想定した場合の、当該取引における資産の売却によって受け取る価格又は負債の移転のために支払う価格をいう。

この定義のポイントは4つである。
① 算定日におけるものを使用（期末直前1ヶ月の平均値等は使用できない）
② 市場参加者の視点で算定（企業の意図など、企業固有の視点は反映させない）
③ 秩序ある取引に基づき算定（損をする前提の投げ売り価格は時価ではない）
④ 資産の売却価格（出口価格）に基づき算定（資産の取得価格といった入口価格ではない）

2 満期保有目的の債券

(1) 評価
✓ 簿記3,2級

満期保有目的の債券は、満期まで保有することを目的としており、売却することを想定していない。したがって、時価評価は行わず、**取得原価をもって貸借対照表価額とする**。

ただし、額面（債券）金額と取得原価の差額が金利の調整と認められる時は、償却原価法に基づいて算定された価額（償却原価）をもって、貸借対照表価額としなければならない。

(2) 償却原価法
✓ 簿記3,2級

① 意義

償却原価法とは、債券を額面金額より低い価額（又は高い価額）で取得した場合において、当該差額に相当する金額を償還期に至るまで毎期一定の方法で貸借対照表価額に加減する方法をいう。また、当該加減額（償却額）は「有価証券利息」勘定（収益）に計上する。

なお、当該差額が金利の調整として認められない場合（信用リスク等）は適用しない。

取得差額なし		償却原価法の適用はない
取得差額あり	金利の調整と認められる	償却原価法を適用する
	金利の調整と認められない	償却原価法の適用はない

※ 償却原価法は帳簿価額の修正であり、時価評価ではない。そのため、洗替処理は行わない。
※ 売買目的有価証券として保有する債券については、償却原価法を適用しない。

② 会計処理

償却原価法は原則として「利息法」によるが、継続適用を条件に「定額法」を適用することができる。

〔利息法〕

利息法とは、債券のクーポン利息総額と金利調整差額の合計額を債券の帳簿価額に対して、一定率（実効利子率）となるように、複利計算によって各期の損益に配分する方法をいう。

※ 実効利子率は、社債の額面と取得原価の差額（金利の調整差額）に、償還日までに受け取ることができるクーポン利息を加算した、正味の利息を複利計算した場合の利子率である。

〔償却額計上の仕訳〕

(借) 現　　　　　　　金	×××※2	(貸) 有 価 証 券 利 息	×××※1
投 資 有 価 証 券	×××※3		

※1　有価証券利息総額 ＝ 帳簿価額（取得価額＋償却額）× 実効利子率× 当期の月数/12 ヶ月
※2　クーポン利息 ＝ 額面金額 × クーポン利子率 × 当期の月数/12 ヶ月
※3　償却額 ＝ 有価証券利息総額 － クーポン利息

〔定額法〕　　　　　　　　　　　　　　　　　　　　　　　　　　　　　　✓ 簿記3,2級

定額法とは、債券の金利調整差額を取得日から償還日までの期間で除して各期の損益に均等額を配分する方法をいう。

〔償却額計上の仕訳〕

| （借）投 資 有 価 証 券 | ××× | （貸）有 価 証 券 利 息 | ××× |

> クーポン利息 ＝ 額面金額 × クーポン利子率 × 当期の月数/12 ヶ月
> 償却額 ＝ （額面価額－取得価額）÷ 償還期間 × 当期の月数/12 ヶ月
> 有価証券利息総額 ＝ 償却額 ＋ クーポン利息

③　適用時期

利息法（原則）	利払日ごとに期中仕訳として償却原価法を適用する。
定額法（容認）	決算日ごとに決算整理仕訳として償却原価法を適用する。

※　なお、決算日と利払日が異なる場合、利息法においても決算日に償却原価法を適用する。この場合、現金勘定の部分を未収有価証券利息勘定とし、また、決算整理仕訳の全部を翌期首の再振替仕訳の対象とする。

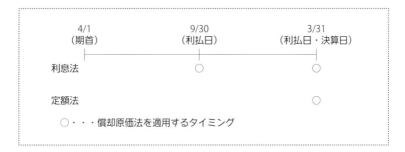

(3)　勘定科目及び財務諸表の表示

〔満期日が決算日の翌日から起算して1年以内〕

	勘定科目	表示科目	表示区分
貸借対照表	「有価証券」	「有価証券」	流動資産

〔満期日が決算日の翌日から起算して1年超〕

	勘定科目	表示科目	表示区分
貸借対照表	「投資有価証券」	「投資有価証券」	固定資産 （投資その他の資産）

具体例 利息法と定額法の比較

　×1年4月1日（第1期期首）に社債（額面10,000円）を9,400円で取得し、満期保有目的の債券として保有している。当該社債は利率年2％、利払日年2回（3月末、9月末）、償還期間2年である。なお、取得原価と額面金額の差額は金利の調整と認められるため、償却原価法を適用する。

定額法による場合

〔第1期の期中仕訳〕

(1) ×1年4月1日（取得時）

（借）投資有価証券	9,400	（貸）現金預金	9,400

(2) ×1年9月30日（利払日）

（借）現金預金	100	（貸）有価証券利息	100

※　10,000（額面金額）×2％×6/12 = 100

(3) ×2年3月31日（利払日）

（借）現金預金	100	（貸）有価証券利息	100

前T/B

投資有価証券	9,400	有価証券利息	200

〔第1期の決算整理仕訳〕

（借）投資有価証券	300	（貸）有価証券利息	300

※　（10,000 − 9,400）÷ 2年 = 300

後T/B

投資有価証券	9,700	有価証券利息	500

〔第2期の期中仕訳〕

(1) ×2年9月30日（利払日）

（借）現金預金	100	（貸）有価証券利息	100

(2) ×3年3月31日（利払日）

（借）現金預金	100	（貸）有価証券利息	100

(3) ×3年3月31日（償還時）

（借）投資有価証券	300	（貸）有価証券利息	300
（借）現金預金	10,000	（貸）投資有価証券	10,000

利息法による場合（実効利子率：年5.2％）

〔第1期の期中仕訳〕

(1) ×1年4月1日（取得時）

（借）投資有価証券	9,400	（貸）現金預金	9,400

(2) ×1年9月30日（利払日）

（借）現金預金	100	（貸）有価証券利息	244
投資有価証券	144		

※　有価証券利息：9,400 × 5.2％ × 6/12 ≒ 244
※　投資有価証券：244（有価証券利息）− 100（クーポン利息）= 144

(3) ×2年3月31日（利払日）

（借）現金預金	100	（貸）有価証券利息	248
投資有価証券	148		

※　有価証券利息：(9,400 + 144) × 5.2％ × 6/12 ≒ 248
※　投資有価証券：248（有価証券利息）− 100（クーポン利息）= 148

前T/B

投資有価証券	9,692	有価証券利息	492

〔第1期の決算整理仕訳〕

仕　訳　な　し

後T/B

投資有価証券	9,692	有価証券利息	492

〔第2期の期中仕訳〕

(1) ×2年9月30日（利払日）

（借）現金預金	100	（貸）有価証券利息	252
投資有価証券	152		

※　有価証券利息：9,692 × 5.2％ × 6/12 ≒ 252
※　投資有価証券：252（有価証券利息）− 100（クーポン利息）= 152

(2) ×3年3月31日（利払日）

（借）現金預金	100	（貸）有価証券利息	256
投資有価証券	156		

※　有価証券利息：(9,692 + 152) × 5.2％ × 6/12 ≒ 256
※　投資有価証券：256（有価証券利息）− 100（クーポン利息）= 156

(3) ×3年3月31日（償還時）

（借）現金預金	10,000	（貸）投資有価証券	10,000

■ 例題9　満期保有目的の債券

　以下の資料に基づき、×1年度（×1年4月1日～×2年3月31日）の財務諸表に計上される有価証券利息及び投資有価証券の金額を答えなさい。

(1)　×1年4月1日に社債（額面100,000円）を95,000円で取得し、満期保有目的の債券として保有している。当該社債は利率年3％、利払年2回（3月末、9月末）、償還期間5年である。なお、取得原価と額面金額の差額は、金利の調整と認められるため、償却原価法を適用する。

(2)　計算上、円未満の端数については四捨五入する。

問1　償却原価法を利息法で実施した場合（実効利子率：年4.1％）
問2　償却原価法を定額法で実施した場合

■ 解答解説（単位：円）

問1　利息法

1．期中仕訳

(1)　×1年4月1日（取得時）

（借）投資有価証券	95,000	（貸）現金預金	95,000

(2)　×1年9月30日（利払日）

（借）現金預金	1,500※2	（貸）有価証券利息	1,948※1
投資有価証券	448※3		

※1　有価証券利息：95,000（取得原価）× 4.1％（実効利子率）× 6ヶ月（X1.4～X1.9）/12ヶ月 ≒ 1,948
※2　クーポン利息：100,000（額面金額）× 3％（クーポン利率）× 6ヶ月（X1.4～X1.9）/12ヶ月 = 1,500
※3　償却原価法：448（差額）

(3)　×2年3月31日（利払日）

（借）現金預金	1,500※2	（貸）有価証券利息	1,957※1
投資有価証券	457※3		

※1　有価証券利息：｜95,000（取得原価）+ 448（償却額）｜× 4.1％（実効利子率）× 6ヶ月（X1.10～X2.3）／ 12ヶ月 ≒ 1,957
※2　クーポン利息：100,000（額面金額）× 3％（クーポン利率）× 6ヶ月（X1.10～X2.3）／ 12ヶ月 = 1,500
※3　償却原価法：457（差額）

前T／B

投資有価証券	95,905	有価証券利息	3,905

2．決算整理仕訳

仕訳なし

後T／B

投資有価証券	95,905	有価証券利息	3,905

3．解答の金額

有価証券利息：1,948 ＋ 1,957 ＝ 3,905

投資有価証券：95,000（取得原価）＋ 448（X1.9償却額）＋ 457（X2.3償却額）＝ 95,905

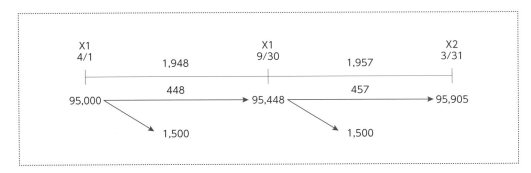

問2 定額法

1．期中仕訳

(1)　×1年4月1日（取得時）

（借）投 資 有 価 証 券	95,000	（貸）現 金 預 金	95,000

(2)　×1年9月30日（利払日）

（借）現 金 預 金	1,500	（貸）有 価 証 券 利 息	1,500

※　100,000（額面金額）× 3 ％（クーポン利率）× 6 ヶ月（X1.4 〜 X1.9）／ 12 ヶ月 = 1,500

(3)　×2年3月31日（利払日）

（借）現 金 預 金	1,500	（貸）有 価 証 券 利 息	1,500

前 T ／ B

投 資 有 価 証 券	95,000	有 価 証 券 利 息	3,000

2．決算整理仕訳

（借）投 資 有 価 証 券	1,000	（貸）有 価 証 券 利 息	1,000

※　｜100,000（額面金額）－ 95,000（取得原価）｜ ÷ 5 年（償却期間）= 1,000

後 T ／ B

投 資 有 価 証 券	96,000	有 価 証 券 利 息	4,000

3．解答の金額

有価証券利息：1,500（X1.9クーポン利息）＋ 1,500（X2.3クーポン利息）＋ 1,000（償却額）＝ 4,000

又は

100,000（額面金額）× 3 ％（クーポン利率）＋ 1,000（償却額）＝ 4,000

投資有価証券：95,000（取得原価）＋ 1,000（償却額）＝ 96,000

3　子会社株式及び関連会社株式

(1)　評価

✓ 簿記3,2級

　子会社株式及び関連会社株式は、他の会社の支配や影響力の行使を目的として保有するため、売却することを想定していない。したがって、時価評価は行わず、**取得原価をもって貸借対照表価額**とする。

(2)　勘定科目及び財務諸表の表示

	勘定科目	表示科目	表示区分
貸借対照表	「関係会社株式」	「関係会社株式」	固定資産 (投資その他の資産)

※　勘定科目及び表示科目について「子会社株式」又は「関連会社株式（投資有価証券）」を用いることがある。

■ 例題10　子会社株式及び関連会社株式

重要度 **A**

以下の資料に基づき、貸借対照表に計上される関係会社株式の金額を答えなさい。

当期に取得し、当期末に保有している関係会社株式の内訳は下記のとおりである。

銘柄	取得原価	当期末時価	保有目的
A社株式	80,000円	95,000円	子会社株式
B社株式	60,000円	62,000円	関連会社株式

■ 解答解説（単位：円）||||||||||||||||||||||||||||||||||||||||||||||||||||||||||||||||||||||

1．期中仕訳

（借）関 係 会 社 株 式	140,000	（貸）現 金 預 金	140,000

※　80,000（A社株式取得原価）＋ 60,000（B社株式取得原価）＝ 140,000

前 T ／ B

関 係 会 社 株 式	140,000	

2．決算整理仕訳

仕 訳 な し

後 T ／ B

関 係 会 社 株 式	140,000	

3．解答の金額

80,000（A社株式取得原価）＋ 60,000（B社株式取得原価）＝ 140,000

4 その他有価証券

(1) 評価
✓ 簿記3,2級

　その他有価証券は、長期的には売却することが想定されるため、売買目的有価証券と同様に、時価評価を行い、時価をもって貸借対照表価額とする。ただし、売買目的有価証券とは異なり、短期的な売買を想定していないため、評価差額を当期の損益とするのは不適切といえる。よって、評価差額は直接、純資産の部に計上する。

貸 借 対 照 表

純 資 産 の 部		
Ⅰ 株 主 資 本		
1 資　　本　　金		×××
2 資 本 剰 余 金		×××
3 利 益 剰 余 金		×××
Ⅱ 評価・換算差額等		
1 その他有価証券評価差額金	(△)	×××

(2) 評価差額の会計処理

　評価差額は、原則として「全部純資産直入法」を適用するが、継続適用を条件に「部分純資産直入法」を適用することができる。なお、評価差額の会計処理は洗替方式によるため、翌期首に再振替仕訳を行い、取得原価に振り戻す。

① 全部純資産直入法
✓ 簿記3,2級

　全部純資産直入法とは、時価と簿価の差額である評価差額を直接純資産の部の評価・換算差額等に「その他有価証券評価差額金」勘定の名称で計上する方法である。

1）評価差益の場合（時価 ＞ 簿価）

〔決算整理仕訳〕

（借）投 資 有 価 証 券	×××	（貸）その他有価証券評価差額金	×××

〔再振替仕訳〕

（借）その他有価証券評価差額金	×××	（貸）投 資 有 価 証 券	×××

2）評価差損の場合（時価 ＜ 簿価）

〔決算整理仕訳〕

（借）その他有価証券評価差額金	×××	（貸）投 資 有 価 証 券	×××

〔再振替仕訳〕

（借）投 資 有 価 証 券	×××	（貸）その他有価証券評価差額金	×××

② 部分純資産直入法

　部分純資産直入法とは、時価評価することにより、評価差益が計上される場合には、全部純資産直入法と同様に「その他有価証券評価差額金」勘定により純資産の部に直接計上するが、評価差損が計上される場合には、「投資有価証券評価損益」勘定（費用又は収益）を計上する方法である。

１）評価差益の場合（時価 ＞ 簿価）

〔決算整理仕訳〕

（借）投 資 有 価 証 券	×××	（貸）その他有価証券評価差額金	×××

〔再振替仕訳〕

（借）その他有価証券評価差額金	×××	（貸）投 資 有 価 証 券	×××

２）評価差損が生じている場合（時価 ＜ 簿価）

〔決算整理仕訳〕

（借）投資有価証券評価損益	×××	（貸）投 資 有 価 証 券	×××

〔再振替仕訳〕

（借）投 資 有 価 証 券	×××	（貸）投資有価証券評価損益	×××

	評価益	評価損	翌期の会計処理
原則：全部純資産直入法	純資産の部の評価・換算差額等に「その他有価証券評価差額金」勘定で計上する		洗替方式
容認：部分純資産直入法	純資産の部の評価・換算差額等に「その他有価証券評価差額金」勘定で計上する	損益計算書の営業外損益に「投資有価証券評価損益」勘定で計上する	

※　全部純資産直入法は、評価益と評価損を相殺する。
※　部分純資産直入法は、評価益と評価損は相殺せずに両建表示する。

(3) 社債をその他有価証券として保有している場合

　社債等の債券をその他有価証券として保有している場合には、①償却原価法を適用し、②償却原価法適用後の帳簿価額に対して時価評価を行うことになる。なお、その場合には、償却原価法を適用した後の帳簿価額と時価との差額が評価差額となる。

　　　　①償却原価法による帳簿価額の修正　→　②修正後の帳簿価額（償却原価）を時価評価

※　①の償却原価法は洗替処理を行わないが、②の時価評価に伴う評価差額は洗替処理の対象となる。

(4) 勘定科目及び財務諸表の表示

① 損益計算書

ケース	勘定科目	表示科目	表示区分	金額
経常的なもの ex) 転売目的の株式の売却	「投資有価証券売却損益」	「投資有価証券売却損」 「投資有価証券売却益」	営業外損益	純額表示
臨時的なもの ex) 持合株式の売却	「投資有価証券売却損」 「投資有価証券売却益」	「投資有価証券売却損」 「投資有価証券売却益」	特別損益	総額表示

※ 特別損益の区分に計上される項目は、相殺表示しないため、総額表示を行う。

② 貸借対照表

〔債券（償還日が決算日の翌日から起算して1年以内）〕

	勘定科目	表示科目	表示区分
貸借対照表	「有価証券」	「有価証券」	流動資産

〔株式及び債券（償還日が決算日の翌日から起算して1年超）〕

	勘定科目	表示科目	表示区分
貸借対照表	「投資有価証券」	「投資有価証券」	固定資産 （投資その他の資産）

■ 例題11　その他有価証券①（全部純資産直入法）　　重要度 **A**

　以下の資料に基づき、当期の貸借対照表に計上される投資有価証券及びその他有価証券評価差額金の金額を答えなさい。

(1)　当期に取得し、当期末に保有している投資有価証券の内訳は、以下のとおりである。

銘柄	取得原価	当期末時価	保有目的
A社株式	80,000円	95,000円	その他有価証券
B社株式	60,000円	56,000円	その他有価証券

(2)　その他有価証券の評価差額は、全部純資産直入法により処理する。

(3)　税効果会計は考慮しない。

■ 解答解説（単位：円）||||||||||||||||||||||||||||||||||||||||||||||||||||||||||||||||||||||||||||||||||||

1．期中仕訳

(1)　A社株式の取得

（借）投 資 有 価 証 券	80,000	（貸）現 金 預 金	80,000

(2)　B社株式の取得

（借）投 資 有 価 証 券	60,000	（貸）現 金 預 金	60,000

前 T／B

投 資 有 価 証 券	140,000	

2．決算整理仕訳

(1)　A社株式

（借）投 資 有 価 証 券	15,000	（貸）その他有価証券評価差額金	15,000

　　※　95,000（当期末時価）－80,000（帳簿価額）＝15,000（評価差益）

(2)　B社株式

（借）その他有価証券評価差額金	4,000	（貸）投 資 有 価 証 券	4,000

　　※　56,000（当期末時価）－60,000（帳簿価額）＝△4,000（評価差損）

後 T／B

投 資 有 価 証 券	151,000	その他有価証券評価差額金	11,000

3．解答の金額

投資有価証券：140,000（前 T／B）＋15,000－4,000＝151,000

又は

95,000（A社株式時価）＋56,000（B社株式時価）＝151,000

その他有価証券評価差額金：15,000－4,000＝11,000

■ 例題12　その他有価証券② (部分純資産直入法)

重要度Ｂ

　以下の資料に基づき、当期の財務諸表に計上される投資有価証券評価益 (損)、投資有価証券及びその他有価証券評価差額金の金額を答えなさい。

(1)　前期に取得し、当期末に保有している投資有価証券の内訳は、下記のとおりである。

銘柄	取得原価	前期末時価	当期末時価	保有目的
Ａ社株式	80,000円	87,000円	95,000円	その他有価証券
Ｂ社株式	60,000円	59,000円	58,000円	その他有価証券

(2)　その他有価証券の評価差額は、部分純資産直入法により処理する。

(3)　税効果会計は考慮しない。

■ 解答解説 (単位：円) ‖‖

〔前期仕訳〕

1．期中仕訳

(1)　Ａ社株式の取得

(借) 投 資 有 価 証 券	80,000	(貸) 現 金 預 金	80,000

(2)　Ｂ社株式の取得

(借) 投 資 有 価 証 券	60,000	(貸) 現 金 預 金	60,000

前Ｔ／Ｂ

投 資 有 価 証 券	140,000	

2．決算整理仕訳

(1)　Ａ社株式

(借) 投 資 有 価 証 券	7,000	(貸) その他有価証券評価差額金	7,000

　　※　87,000 (前期末時価) － 80,000 (帳簿価額) ＝ 7,000 (評価差益)

(2)　Ｂ社株式

(借) 投資有価証券評価損益	1,000	(貸) 投 資 有 価 証 券	1,000

　　※　59,000 (前期末時価) － 60,000 (帳簿価額) ＝ △1,000 (評価差損)

後Ｔ／Ｂ

投 資 有 価 証 券	146,000	その他有価証券評価差額金	7,000
投資有価証券評価損益	1,000		

〔当期仕訳〕

1．再振替仕訳

(1)　A社株式

（借）その他有価証券評価差額金	7,000	（貸）投 資 有 価 証 券	7,000

(2)　B社株式

（借）投 資 有 価 証 券	1,000	（貸）投資有価証券評価損益	1,000

2．期中仕訳

仕 訳 な し

前T／B

投 資 有 価 証 券	140,000	投資有価証券評価損益	1,000

3．決算整理仕訳

(1)　A社株式

（借）投 資 有 価 証 券	15,000	（貸）その他有価証券評価差額金	15,000

※　95,000（当期末時価）－80,000（帳簿価額）＝15,000（評価差益）

(2)　B社株式

（借）投資有価証券評価損益	2,000	（貸）投 資 有 価 証 券	2,000

※　58,000（当期末時価）－60,000（帳簿価額）＝△2,000（評価差損）

後T／B

投 資 有 価 証 券	153,000	その他有価証券評価差額金	15,000
投 資 有 価 証 券 評 価 損 益	1,000		

4．解答の金額

投資有価証券評価損：1,000（前T／B）－2,000＝△1,000

投資有価証券：140,000（前T／B）＋15,000－2,000＝153,000

又は

95,000（A社株式時価）＋58,000（B社株式時価）＝153,000

その他有価証券評価差額金：15,000

■ 例題13　その他有価証券③（社債をその他有価証券として保有する場合）　　重要度 C

以下の資料に基づき、×1年度（×1年4月1日～×2年3月31日）の財務諸表に計上される有価証券利息、投資有価証券及びその他有価証券評価差額金の金額を答えなさい。

(1)　×1年4月1日に社債（額面100,000円）を95,000円で取得し、その他有価証券として保有している。
　　当該社債は利率年3％、利払年2回（3月末、9月末）、償還期間5年である。なお、取得原価と額面金額の差額は、金利の調整と認められるため、償却原価法（定額法）を適用する。

(2)　社債の当期末の時価は96,200円であった。

(3)　その他有価証券の評価差額は、全部純資産直入法により処理する。

(4)　税効果会計は考慮しない。

■ 解答解説 （単位：円）||||||||||||||||||||||||||||||||||||||||||||||||||||||||||||||||||||||||||||||||||||

1．期中仕訳

(1)　×1年4月1日（取得時）

（借）投 資 有 価 証 券	95,000	（貸）現　金　預　金	95,000

(2)　×1年9月30日（利払日）

（借）現　金　預　金	1,500	（貸）有 価 証 券 利 息	1,500

　　※　100,000（額面金額）×3％（クーポン利率）×6ヶ月（X1.4～X1.9）／12ヶ月＝1,500

(3)　×2年3月31日（利払日）

（借）現　金　預　金	1,500	（貸）有 価 証 券 利 息	1,500

前T／B

投 資 有 価 証 券	95,000	有 価 証 券 利 息	3,000

2．決算整理仕訳

(1)　償却原価法

（借）投 資 有 価 証 券	1,000	（貸）有 価 証 券 利 息	1,000

　　※　｜100,000（額面金額）－95,000（取得原価）｜÷5年（償却期間）＝1,000

(2)　時価評価

（借）投 資 有 価 証 券	200	（貸）その他有価証券評価差額金	200

　　※　96,200（時価）－｜95,000（取得原価）＋1,000（償却額）｜＝200

後T／B

投 資 有 価 証 券	96,200	有 価 証 券 利 息	4,000
		その他有価証券評価差額金	200

3．解答の金額

有価証券利息：1,500（X1.9 クーポン利息）＋ 1,500（X2.3 クーポン利息）＋ 1,000（償却額）＝ 4,000

投資有価証券：95,000（取得原価）＋ 1,000（償却額）＋ 200（評価差額）＝ 96,200

又は

96,200（当期末時価）

その他有価証券評価差額金：200

■ 例題14　その他有価証券④（その他有価証券として保有する社債の売却）　重要度C

以下の取引について、当社の仕訳を示しなさい。なお、当期は×1年4月1日～×2年3月31日までの1年間である。また、日割計算が必要なものは便宜上、月割計算を行うこと。

(1)　当社は、×1年4月1日に社債（額面 3,000,000円）を 2,880,000円で取得し、その他有価証券とした。なお、同社債のクーポン利率はゼロ、償還期限は×6年3月31日であり、額面金額と取得価額の差額について定額法による償却原価法を適用する。

(2)　当社は、×1年12月31日に上記社債のすべてを 2,903,100円で売却した。

■ 解答解説（単位：円）

(1)　×1年4月1日（社債の取得）

（借）投 資 有 価 証 券	2,880,000	（貸）現 金 預 金	2,880,000

(2)　×1年12月31日（売却時までの償却原価法の適用）

（借）投 資 有 価 証 券	18,000	（貸）有 価 証 券 利 息	18,000

※ ｜3,000,000（額面金額）－ 2,880,000（取得原価）｜ ÷ 5年（償還期間）× 9ヶ月（X1.4 ～ X1.12）／ 12ヶ月 = 18,000

(3)　×1年12月31日（社債の売却）

（借）現 金 預 金	2,903,100	（貸）投 資 有 価 証 券	2,898,000※1
		投資有価証券売却損益	5,100※2

※1　投資有価証券（売却原価）：2,880,000（取得原価）＋ 18,000（償却額）＝ 2,898,000
※2　投資有価証券売却損益：2,903,100（売却価額）－ 2,898,000（売却原価）＝ 5,100

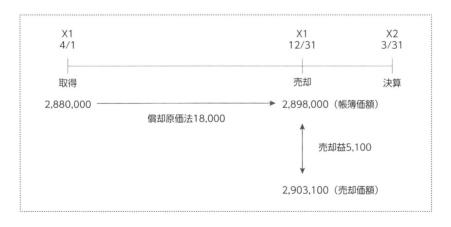

1　基本的考え方

　売買目的有価証券以外の有価証券（満期保有目的の債券、子会社株式、関連会社株式及びその他有価証券）のうち、時価があるものについて、**時価が著しく下落したときは、回復する見込みのある場合を除き、時価をもって貸借対照表価額とし、評価差額は当期の損失として処理**しなければならない。なお、売買目的有価証券は、時価の著しい下落の有無関係なく、時価評価し評価差額を損益とするため、減損処理は不要である。

2　要件

　減損処理は**時価が著しく下落**し、かつ、**回復する見込みがない又は不明の場合**に適用される。

〔時価の著しい下落の判断基準〕

50%以上の下落	著しい下落に該当
30%以上50%未満の下落	各企業で合理的な基準を設定し、著しい下落に該当するか判断する
30%未満の下落	著しい下落には該当しない

　※　問題上は、時価が50%以上下落している場合には減損処理を適用するが、問題文の指示により30%以上50%未満の下落においても減損処理を適用することがある。

3　会計処理

貸借対照表	時価をもって貸借対照表に計上する
評価損	当期の損失（特別損失）に計上し、切放方式を適用する
勘定科目	「投資有価証券評価損」勘定または「関係会社株式評価損」勘定
翌期以降の評価	減損処理後の帳簿価額に基づいて、保有目的区分に応じた通常の評価を行う

　※　満期保有目的の債券に対して減損処理を適用した場合、貸借対照表計上額は減損処理後の金額となる。なお、減損処理後の金額と額面金額の差額は金利の調整ではないため、**減損処理後は償却原価法を適用しない。**

■ 例題15　減損処理　　　　　　　　　　　　　　　　　　　　　　　重要度 **A**

以下の資料に基づき、各問に答えなさい。

(1)　第1期に取得し、第2期末時点で保有している投資有価証券は下記のとおりである。

銘柄	取得価額	第1期末時価	第2期末時価	保有目的
A社株式	80,000円	38,000円	40,000円	その他有価証券

(2)　第1期末時点において、A社株式の時価が回復する見込みは不明である。

(3)　その他有価証券の評価差額は、全部純資産直入法により処理する。

(4)　税効果会計については考慮しない。

問1　第1期の財務諸表に計上される、投資有価証券評価損、投資有価証券の金額を答えなさい。

問2　第2期の財務諸表に計上される、その他有価証券評価差額金、投資有価証券の金額を答えなさい。

■ 解答解説（単位：円）||||||||||||||||||||||||||||||||||||||||||||||||||||||||||||||||||||||||||||||||||

問1

1．期中仕訳

（借）投 資 有 価 証 券	80,000	（貸）現 金 預 金	80,000

前 T ／ B

投 資 有 価 証 券	80,000	

2．決算整理仕訳

（借）投資有価証券評価損	42,000	（貸）投 資 有 価 証 券	42,000

※　時価が著しく下落し、かつ、時価の回復の見込みが不明であるため、減損処理を適用する。

　　投資有価証券評価損：80,000（取得原価）－ 38,000（当期末時価）＝ 42,000

後 T ／ B

投 資 有 価 証 券	38,000	
投 資 有 価 証 券 評 価 損	42,000	

3．解答の金額

　　投資有価証券評価損：42,000

　　投資有価証券：80,000（前 T ／ B）－ 42,000 ＝ 38,000

　　　　　　　　　　　　又は

　　　　　　　　38,000（A社株式時価）

1．再振替仕訳

仕 訳 な し

　　※　減損処理適用後は切放方式によるため、再振替仕訳は行わない。

2．期中仕訳

仕 訳 な し

前T／B

投 資 有 価 証 券	38,000	

3．決算整理仕訳

（借）投 資 有 価 証 券	2,000	（貸）その他有価証券評価差額金	2,000

　　※　減損処理適用後の帳簿価額38,000に基づいて、時価評価を行う。
　　　　40,000（当期末時価）－38,000（前期末時価）＝2,000

後T／B

投 資 有 価 証 券	40,000	その他有価証券評価差額金	2,000

4．解答の金額

　　投資有価証券：38,000（前T／B）＋2,000＝40,000

又は

40,000（A社株式時価）

　　その他有価証券評価差額金：2,000

第7節　株式分割

1　意義

　株式分割とは、発行済株式に対して一定割合で新株を無償交付することにより、発行済株式数を増加させる手続きをいう。株式分割を行うことで、**株価を引き下げ**、株式の流動性を向上させることができる。

2　会計処理

　株式分割により株式を受け取った場合、**取得単価の修正のみで仕訳は行わない**。ただし、取得単価が修正されるため、株式分割後の売却原価の算定及び期末時価評価の際の帳簿価額は、**修正後の単価を用いる**。

> 修正後取得単価 ＝ 帳簿価額 ÷ 分割後の株式数

■ 例題16　株式分割　　　　　　　　　　　　　　　　　重要度 C

以下の取引について、必要な仕訳を示しなさい。

(1)　A社株式を6,180,000円（4,000株、@1,545円）で取得し、売買目的有価証券とした。

(2)　A社は取締役会の決議に基づいて1：1.25の割合で株式分割を行い、当社割当分の株券を受入れた。

■ 解答解説 (単位：円) ||||||||||||||||||||||||||||||||||||||||||||||||||||||||||||||||||||||||||||||||||

(1)　取得時

（借）有　価　証　券	6,180,000	（貸）現　金　預　金	6,180,000

(2)　株式分割時

仕　訳　な　し

　　※1　取得単価の修正のみ行う。

　　　　　修正後取得単価：6,180,000（取得原価）÷5,000株（分割後株式数※2）＝@1,236
　　※2　分割後株式数：4,000株（分割前株式数）×1.25＝5,000株

　なお、これ以降のA社株式の売却損益又は評価損益は、@1,236を基準に算定する。

第8節 端数利息

1 意義
✓ 簿記3,2級

　端数利息とは、公社債について利払日以外に売買した場合の、直前の利払日の翌日から売買日までの期間の利息をいう。

2 端数利息の帰属
✓ 簿記3,2級

　利払日以外のタイミングで売買を行った場合、利息の性質上、次の利払日に受け取る利息は、当事者間で保有期間に応じて按分することになる。

　ただし、次の利払日の利息は、利払日の社債保有者（購入者）に全額支払われるため、購入者は、取得時に直前の利払日の翌日から取得日までの端数利息を売却者に支払うことになる。

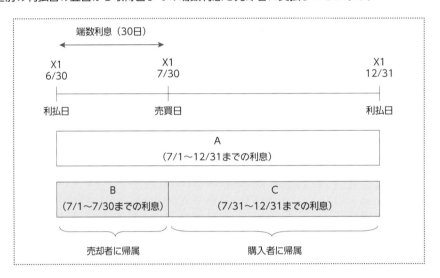

〔結論〕
売却者・・・直前の利払日の翌日から売却日までの利息B（端数利息）を受け取る・・・B
購入者・・・購入日の翌日から次の利払日までの利息Cを受け取る・・・C
〔実際の利息の流れ〕
売却者・・・売却日に端数利息Bを購入者から受け取る・・・B
購入者・・・購入日に端数利息Bを売却者に支払い、利払日に半年分の利息Aを受け取る・・・A－B＝C

3 売買価額総額（利付相場）と売買価額（裸相場）
✓ 簿記3,2級

売却損益 ＝ 売買価額（裸相場）－ 売却原価（売却時の帳簿価額）
売買価額総額（利付相場）＝ 売買価額（裸相場）＋ 端数利息
売買価額（裸相場）＝ 売買価額総額 － 端数利息

※　裸相場とは端数利息を含まない債券の価額をいう。
※　利付相場とは端数利息を含めた債券の価額をいう。

4 会計処理 ✓ 簿記3,2級

(1) 売却側の会計処理

売却側は、有価証券の売却と同時に、売却の直前の利払日の翌日から売買日までの端数利息を購入側に支払ってもらう。

■ 例題17　端数利息①（売却側）　　　　　重要度A

以下の取引について、必要な仕訳を示しなさい。

当社は×1年7月30日に売買目的として保有するA社社債（額面2,000,000円、帳簿価額1,940,000円）を1,960,000円（裸相場）で売却し、端数利息とともに代金を受け取った。なお、当該社債は利率年7.3%、利払日6月末、12月末の年2回であり、端数利息は1年を365日として日割りで計算する。

■ 解答解説（単位：円）||||||||||||||||||||||||||||||||||||||||||||||||||||||||||||||||||||||||||||||||||

（借）現　金　預　金	1,972,000	（貸）有　価　証　券	1,940,000
		有価証券売却損益	20,000
		有　価　証　券　利　息	12,000

上記仕訳は「有価証券の売却」の仕訳と「端数利息の受取」の仕訳に分けることができる。

〔有価証券の売却〕

（借）現　金　預　金	1,960,000	（貸）有　価　証　券	1,940,000
		有価証券売却損益	20,000

〔端数利息の受取〕

（借）現　金　預　金	12,000	（貸）有　価　証　券　利　息	12,000

※ 2,000,000（額面金額）×7.3%（クーポン利率）×30日（X1.7.1～X1.7.30）／365日＝12,000

(2) 購入側の会計処理

購入側は、有価証券の購入と同時に、購入の直前の利払日の翌日から売買日までの端数利息を売却側に支払う。そして、次の利払日に端数利息を含めた利息を受け取る。

■ 例題18　端数利息②（購入側）　　重要度 A

以下の取引について、必要な仕訳を示しなさい。

当社は×1年7月30日に、売買目的として、額面2,000,000円のA社社債を取得し、端数利息とあわせて1,972,000円を支払った。なお、当該社債は利率年7.3%、利払日6月末、12月末の年2回であり、端数利息は1年を365日として日割りで計算する。

■ 解答解説（単位：円）||||||||||||||||||||||||||||||||||||||||||||||||||||||||||||||||||||||||||||||||||

(1) ×1年7月30日（購入時）

(借) 有 価 証 券	1,960,000	(貸) 現 金 預 金	1,972,000
有 価 証 券 利 息	12,000※		

　　※　2,000,000（額面金額）×7.3%（クーポン利率）×30日（X1.7.1 ～ X1.7.30）／ 365日 = 12,000

(2) ×1年12月31日（利払日）

(借) 現 金	73,000	(貸) 有 価 証 券 利 息	73,000

　　※　2,000,000（額面金額）×7.3%（クーポン利率）×6ヶ月（X1.7 ～ X1.12）／ 12ヶ月 = 73,000

第9節 保有目的区分の変更

1 変更理由

有価証券の保有目的区分は、正当な理由なく変更することはできない。保有目的区分の変更が認められるのは、以下の場合に限られる。

① 資金運用方針の変更又は特定の状況の発生に伴って、保有目的区分を変更する場合

② 実務指針により、保有目的区分の変更があったとみなされる場合 （ex）満期保有目的債券の売却

③ 株式の追加取得又は売却により持分比率が変動したことに伴い、子会社株式又は関連会社株式区分から他の保有目的区分に又はその逆の保有目的区分に変更する場合

④ 法令又は基準等の改正又は適用により、保有目的区分を変更する場合

2 保有目的区分を変更した場合の会計処理

〔保有目的を変更した場合の基本的考え方〕

振替時の価額	原則として、**変更前の保有目的に係る評価基準**に従って処理する
評価差額の処理	原則として、**変更前の保有目的**に基づいて処理する

〔保有目的を変更した場合の具体的な会計処理〕

変更前保有区分	変更後保有区分	振替時の価額	評価差額
売買目的有価証券	子会社株式及び関連会社株式	振替時の時価	損益計算書に計上
	満期保有目的の債券	変更は認められない	
	その他有価証券	振替時の時価	損益計算書に計上
満期保有目的の債券	売買目的有価証券	振替時の償却原価	※1
	その他有価証券	振替時の償却原価	
子会社株式及び関連会社株式	売買目的有価証券	帳簿価額	－
	その他有価証券	帳簿価額	
その他有価証券	売買目的有価証券	振替時の時価	損益計算書に計上※2
	満期保有目的の債券	変更は認められない	
	子会社株式及び関連会社株式	帳簿価額	※3

※1 満期保有目的の債券から他の保有区分への変更又は償還期限前に売却した場合

満期保有目的の債券の一部を他の保有区分に変更したり、償還期限前に売却を行った場合は、残りのすべての満期保有目的の債券について保有目的の変更があったものとみなし、売買目的有価証券またはその他有価証券としなければならない。

※2 その他有価証券から売買目的有価証券に保有区分を変更した場合

その他有価証券から売買目的有価証券に保有区分を変更した場合には、例外的に振替後の保有区分に従って、評価差額を処理する。なお、その他有価証券を時価評価することから、評価差額の勘定科目は、**投資有価証券評価損益**を用いる。

※3 その他有価証券から子会社株式及び関連会社株式に保有区分を変更した場合

その他有価証券から子会社株式及び関連会社株式に保有区分を変更した場合には、**帳簿価額（取得原価）**で振り替える。ただし、部分純資産直入法を採用しており、前期末において投資有価証券評価損益を計上している場合には、期首の洗替処理と損益を相殺するために、**前期末の時価**により振り替える。

具体例 保有目的区分の変更

取得原価36,000円　変更時の時価37,000円

〔売買目的有価証券からその他有価証券への変更〕

| (借) 投 資 有 価 証 券 | 37,000 | (貸) 有　価　証　券 | 36,000 |
| | | 有 価 証 券 評 価 損 益 | 1,000 |

〔売買目的有価証券から子会社株式への変更〕

| (借) 関 係 会 社 株 式 | 37,000 | (貸) 有　価　証　券 | 36,000 |
| | | 有 価 証 券 評 価 損 益 | 1,000 |

〔満期保有目的の債券から売買目的有価証券への変更〕（変更直前までの償却額を200円とする）

| (借) 投 資 有 価 証 券 | 200 | (貸) 有 価 証 券 利 息 | 200 |
| (借) 有　価　証　券 | 36,200 | (貸) 投 資 有 価 証 券 | 36,200 |

〔満期保有目的の債券からその他有価証券への変更〕（変更直前までの償却額を200円とする）

| (借) 投 資 有 価 証 券 | 200 | (貸) 有 価 証 券 利 息 | 200 |
| (借) 投資有価証券 (その他有価証券) | 36,200 | (貸) 投資有価証券 (満期保有目的の債券) | 36,200 |

〔その他有価証券から売買目的有価証券への変更〕

| (借) 有　価　証　券 | 37,000 | (貸) 投 資 有 価 証 券 | 36,000 |
| | | 投 資 有 価 証 券 評 価 損 益 | 1,000 |

〔その他有価証券から子会社株式及び関連会社株式への変更〕（前期末の時価が36,500円の場合）

| (借) 関 係 会 社 株 式 | 36,000 | (貸) 投 資 有 価 証 券 | 36,000 |

〔その他有価証券から子会社株式及び関連会社株式への変更〕

　（前期末の時価が34,000円であり、かつ、部分純資産直入法を採用している場合）

| (借) 投資有価証券評価損益 | 2,000 | (貸) 投 資 有 価 証 券 | 2,000 |
| (借) 関 係 会 社 株 式 | 34,000 | (貸) 投 資 有 価 証 券 | 34,000 |

■ 例題19　有価証券の保有目的の変更①（売買からその他）　重要度 C

　以下の資料に基づき、必要な仕訳を示しなさい。なお、その他有価証券の評価差額の会計処理については全部純資産直入法を採用している。また、税効果会計は考慮しない。

(1)　×4年4月1日にA社株式（売買目的有価証券）を35,000円で取得した。

(2)　×4年9月30日に有価証券のトレーディング業務から撤退することになり、A社株式の保有目的をその他有価証券に変更した。なお、変更時の時価は36,000円である。

(3)　×5年3月31日（決算日）におけるA社株式の時価は38,000円である。

■ 解答解説（単位：円）

(1)　×4年4月1日（取得時）

（借）有　価　証　券	35,000	（貸）現　金　預　金	35,000

(2)　×4年9月30日（保有目的変更時）

（借）投 資 有 価 証 券	36,000	（貸）有　価　証　券	35,000
		有価証券評価損益	1,000※

　※　売買目的有価証券からその他有価証券に変更する場合には、時価で振り替え、評価差額は損益計算書に計上する。
　　　有価証券評価損益：36,000（振替時時価）－35,000（取得原価）＝1,000

　保有目的変更の仕訳は、「時価評価」の仕訳と「振替」の仕訳に分けることができる。

〔時価評価〕

（借）有　価　証　券	1,000	（貸）有価証券評価損益	1,000

〔振替〕

（借）投 資 有 価 証 券	36,000	（貸）有　価　証　券	36,000

(3)　×5年3月31日（決算時）

（借）投 資 有 価 証 券	2,000	（貸）その他有価証券評価差額金	2,000

　※　38,000（当期末時価）－36,000（振替時時価）＝2,000

■ 例題20　有価証券の保有目的の変更②（満期からその他）

以下の資料に基づき、必要な仕訳を示しなさい。なお、税効果会計は考慮しない。

(1)　×4年4月1日にA社社債（額面金額20,000円）を18,800円で取得し、満期保有目的の債券とした。当該社債は利率ゼロ、償還期間3年である。なお、取得原価と額面金額との差額は、金利の調整としての性格が認められるため、償却原価法（定額法）を適用する。

(2)　×4年10月1日にB社社債を（額面金額30,000円）を25,000円で取得し、満期保有目的の債券とした。当該社債は利率ゼロ、償還期間5年である。なお、取得原価と額面金額との差額は、金利の調整としての性格が認められるため、償却原価法（定額法）を適用する。

(3)　×5年3月31日にA社社債を19,400円で売却したため、B社社債の保有目的をその他有価証券に変更することとなった。

(4)　当期末のB社社債の時価は29,000円である。

■ 解答解説（単位：円）

(1)　×4年4月1日（A社社債の取得時）

（借）投資有価証券(満期保有目的の債券)	18,800	（貸）現　金　預　金	18,800

(2)　×4年10月1日（B社社債の取得時）

（借）投資有価証券(満期保有目的の債券)	25,000	（貸）現　金　預　金	25,000

(3)　×5年3月31日

〔A社社債の売却〕

① 売却時までの償却原価法の適用

（借）投資有価証券(満期保有目的の債券)	400	（貸）有　価　証　券　利　息	400

※　｜20,000（額面金額）－18,800（取得価額）｜ ÷3年（償還期間）＝ 400

② 売却の仕訳

（借）現　金　預　金	19,400	（貸）投　資　有　価　証　券	19,200※1
		投資有価証券売却損益	200※2

※1　投資有価証券（売却原価）：18,800（取得価額）＋ 400（償却額）＝ 19,200
※2　投資有価証券売却損益：200（差額）

〔B社社債の保有目的変更〕

① 保有目的変更時までの償却原価法の適用

（借）投資有価証券(満期保有目的の債券)	500	（貸）有　価　証　券　利　息	500

※　｜30,000（額面金額）－25,000（取得価額）｜ ÷5年（償還期間）×6ヶ月（X4.10～X5.3）／12ヶ月 ＝ 500

② 保有目的変更

（借）投資有価証券（その他有価証券）	25,500	（貸）投資有価証券(満期保有目的の債券)	25,500

※　25,000（取得価額）＋ 500（償却額）＝ 25,500

(4)　×5年3月31日（決算時）

（借）投　資　有　価　証　券	3,500	（貸）その他有価証券評価差額金	3,500

※　29,000（時価）－ 25,500（振替時帳簿価額）＝ 3,500
※　期末保有分は、保有区分をその他有価証券に変更するため、時価評価を行う。

■ 例題21　有価証券の保有目的の変更③（その他から売買）　　重要度C

以下の資料に基づき、必要な仕訳を示しなさい。

(1)　×4年4月1日にA社株式（その他有価証券）を25,000円で取得した。

(2)　×4年12月1日より有価証券のトレーディング業務を開始することになり、A社株式の保有目的を売買目的有価証券に変更した。なお、変更時の時価は27,000円である。

(3)　×5年3月31日（決算日）におけるA社株式の時価は28,000円である。

■ 解答解説（単位：円）

(1)　×4年4月1日（取得時）

（借）投 資 有 価 証 券	25,000	（貸）現　金　預　金	25,000

(2)　×4年12月1日（保有目的変更時）

（借）有　価　証　券	27,000	（貸）投 資 有 価 証 券	25,000
		投資有価証券評価損益	2,000※

※　その他有価証券から売買目的有価証券に変更する場合には、時価で振り替え、評価差額は損益計算書に計上する。

投資有価証券評価損益：27,000（振替時時価）－ 25,000（取得原価）＝ 2,000

保有目的変更の仕訳は、「時価評価」の仕訳と「振替」の仕訳に分けることができる。

〔時価評価〕

（借）投 資 有 価 証 券	2,000	（貸）投資有価証券評価損益	2,000

〔振替〕

（借）有　価　証　券	27,000	（貸）投 資 有 価 証 券	27,000

---

(3)　×5年3月31日（決算時）

（借）有　価　証　券	1,000	（貸）有 価 証 券 評 価 損 益	1,000

※　28,000（当期末時価）－ 27,000（振替時時価）＝ 1,000

■ 例題22　有価証券の保有目的の変更④（その他から子会社）

以下の資料に基づき、各問において必要な仕訳を示しなさい。なお、税効果会計は考慮しない。

(1)　×4年3月1日にA社株式（その他有価証券）を40,000円で取得した。

(2)　×4年3月31日（決算日）におけるA社株式の時価は38,000円である。

(3)　×4年4月1日（期首）

(4)　×4年10月1日にA社株式を80,000円追加取得し、支配権を獲得したため、A社株式の保有目的を子会社株式に変更した。

問1　全部純資産直入法による場合の仕訳を示しなさい。
問2　部分純資産直入法による場合の仕訳を示しなさい。

■ 解答解説 (単位：円) ||||||||||||||||||||||||||||||||||||||||||||||||||||||||||||||||||||||||||||||||||||||||

問1　全部純資産直入法

(1)　×4年3月1日（取得時）

(借) 投 資 有 価 証 券	40,000	(貸) 現 　 金 　 預 　 金	40,000

(2)　×4年3月31日（決算時）

(借) その他有価証券評価差額金	2,000	(貸) 投 資 有 価 証 券	2,000

(3)　×4年4月1日（期首）

(借) 投 資 有 価 証 券	2,000	(貸) その他有価証券評価差額金	2,000

(4)　×4年10月1日（保有目的変更時）

①　追加取得

(借) 関 係 会 社 株 式	80,000	(貸) 現 　 金 　 預 　 金	80,000

②　保有目的変更

(借) 関 係 会 社 株 式	40,000	(貸) 投 資 有 価 証 券	40,000

※　その他有価証券から子会社株式及び関連会社株式に変更する場合には帳簿価額で振り替える。

第10章　有価証券

問2　部分純資産直入法

(1)　×4年3月1日（取得時）

| （借）投 資 有 価 証 券 | 40,000 | （貸）現　　金　　預　　金 | 40,000 |

(2)　×4年3月31日（決算時）

| （借）投資有価証券評価損益 | 2,000 | （貸）投 資 有 価 証 券 | 2,000 |

(3)　×4年4月1日（期首）

| （借）投 資 有 価 証 券 | 2,000 | （貸）投資有価証券評価損益 | 2,000 |

(4)　×4年10月1日（保有目的変更時）

①　追加取得

| （借）関 係 会 社 株 式 | 80,000 | （貸）現　　金　　預　　金 | 80,000 |

②　保有目的変更

| （借）投資有価証券評価損益 | 2,000※1 | （貸）投 資 有 価 証 券 | 2,000 |
| （借）関 係 会 社 株 式 | 38,000※2 | （貸）投 資 有 価 証 券 | 38,000 |

※1　部分純資産直入法を採用している場合には、再振替仕訳を取り消す。

※2　部分純資産直入法を採用しており、前期末に評価損が計上されている場合、前期末時価で振り替える。

第10節　市場価格のない株式等

1 市場価格のない株式等の評価

市場価格のない株式等（株式及び出資金）は**取得原価で評価**し、時価評価は行わない。なお、市場において取引されていない株式（非上場株式）が、市場価格のない株式に該当する。

2 市場価格のない株式等の減損処理

(1) 基本的考え方

市場価格のない株式等については、発行会社の財政状態の悪化により**実質価額が著しく低下**したときには、相当の減額をし、評価差額は当期の損失として処理しなければならない。

実質価額とは、有価証券発行会社の**時価評価後の純資産額**に**当社の持分比率**を乗じた金額である。なお、実質価額は、資産負債を時価評価した後の金額を用いる点に留意すること。

> 実質価額 ＝ 発行会社の時価評価後の純資産額 × 当社の持分比率
> ＝（発行会社の時価評価後の資産－負債）×当社の持分比率

(2) 要件

減損処理は**実質価額が著しく下落**した場合に適用される。なお、実質価額の回復可能性を判定することは通常困難であるため、回復可能性の判定は要件となっていない。

50％以上の低下	著しい低下に該当
30％以上50％未満の低下	各企業で合理的な基準を設定し、著しい低下に該当するか判断する
30％未満の低下	著しい低下には該当しない

※　問題上は、時価が50％以上低下している場合には減損処理を適用するが、問題文の指示により30％以上50％未満の低下においても減損処理を適用することがある。

(3) 会計処理

貸借対照表	実質価額をもって貸借対照表に計上する
評価損	当期の損失（特別損失）に計上し、切放方式を適用する
勘定科目	「投資有価証券評価損」勘定又は「関係会社株式評価損」勘定
翌期以降の評価	減損処理後の帳簿価額に基づいて貸借対照表に計上する

■ 例題23　減損処理（市場価格のない株式等）　重要度B

以下の資料に基づき、当期の財務諸表に計上される投資有価証券評価損及び投資有価証券の金額を答えなさい。

(1)　当期に取得し、当期末時点で保有している投資有価証券は、下記のとおりである。

銘柄	取得価額	当期末時価	保有目的
A社株式	80,000円	—	その他有価証券

(2)　当社はA社の発行済株式の10%を保有している。なお、A社株式は市場価格のない株式であり、A社の直近の財政状態は以下のとおりであった。

Ａ 社 貸 借 対 照 表　　　　（単位：円）

諸　　資　　産　　480,000	諸　　　負　　　債	300,000
	資　　本　　金	450,000
	繰 越 利 益 剰 余 金	△270,000
480,000		480,000

※　諸資産には土地100,000円含まれており、当該土地の時価は120,000円である。

■ 解答解説（単位：円）

1．期中仕訳

（借）投 資 有 価 証 券	80,000	（貸）現 金 預 金	80,000

前T／B

投 資 有 価 証 券	80,000	

2．決算整理仕訳

（借）投資有価証券評価損	60,000	（貸）投 資 有 価 証 券	60,000

※1　減損処理

判定：80,000（取得価額）×50% = 40,000 ≧ 20,000（実質価額[※2]）　∴減損処理の適用あり

評価損：80,000（取得価額）− 20,000（実質価額[※2]）= 60,000

※2　実質価額：|500,000（諸資産時価[※3]）− 300,000（諸負債）| ×10%（持分割合）= 20,000

※3　諸資産時価：480,000（B/S諸資産）+ |120,000（土地時価）− 100,000（土地簿価）| = 500,000

後T／B

投 資 有 価 証 券	20,000	
投 資 有 価 証 評 価 損	60,000	

3．解答の金額

投資有価証券評価損：60,000

投資有価証券：20,000（A社株式実質価額）

第11節　配当金に関するその他の論点

1　未収配当金の取扱い

配当落ち日（配当権利付き最終売買日の翌日）が経過し、配当金を受領する前に決算日が到来した場合には、未収配当金の取り扱いが問題となる。

(1)　市場価格のある株式

市場価格のある株式については期末において時価で評価されるが、理論的には、株式の時価は配当権利付き最終売買日の翌日で1株当たりの配当相当額だけ下落している。したがって、当該株式を保有することによる合理的な貸借対照表価額を算定するためには、「受取配当金」勘定（収益）を配当落ち日に認識することにより、配当落ちによる時価の下落の影響と相殺させることが必要である。その場合には、「未収配当金（または未収金）」勘定（資産）を計上する。

〔配当落ち日の仕訳〕

(借) 未 収 配 当 金	×××	(貸) 受 取 配 当 金	×××

〔配当金受領日の仕訳〕

(借) 現 金 預 金	×××	(貸) 未 収 配 当 金	×××

(2)　市場価格のない株式

市場価格のない株式は、当該株式の時価の下落が生じないため、配当金受領時に「受取配当金」勘定を計上する。

〔配当落ち日の仕訳〕

仕　訳　な　し

〔配当金受領日の仕訳〕

(借) 現 金 預 金	×××	(貸) 受 取 配 当 金	×××

■ 例題24　未収配当金

重要度 C

以下の資料に基づき、各問において必要な仕訳を示しなさい。なお、決算日は3月31日である。

⑴　当社はA社株式をその他有価証券として保有している。

⑵　A社株式の配当落ち日は×1年3月27日であり、当社の配当金受取額は600円（財源は利益剰余金）と見積もっている。

⑶　×1年7月4日に配当金600円を受け取った。

問1　A社株式に市場価格がある場合
問2　A社株式に市場価格がない場合

■ 解答解説（単位：円）

問1　市場価格がある場合

⑴　×1年3月27日（配当落ち日）

（借）未 収 配 当 金	600	（貸）受 取 配 当 金	600

⑵　×1年7月4日（配当金受領時）

（借）現 金 預 金	600	（貸）未 収 配 当 金	600

問2　市場価格がない場合

⑴　×1年3月27日（配当落ち日）

仕 訳 な し

⑵　×1年7月4日（配当金受領時）

（借）現 金 預 金	600	（貸）受 取 配 当 金	600

2 その他資本剰余金からの配当を受け取った場合

その他資本剰余金から配当を受け取った場合には、保有目的に従って以下のように処理を行う。

(1) 売買目的有価証券以外

売買目的有価証券以外（その他有価証券又は関係会社株式）の場合には、出資の払戻しとしての性格を重視し、有価証券の帳簿価額から配当額を直接減額する。

（借）現　金　預　金	×××	（貸）投 資 有 価 証 券	×××

(2) 売買目的有価証券

売買目的有価証券の場合には、有価証券の運用の成果としての性格を重視し、利益剰余金からの配当と同様に「受取配当金」勘定を計上する。

（借）現　金　預　金	×××	（貸）受 取 配 当 金	×××

■ 例題25　その他資本剰余金からの配当　　　　　　　　　　重要度 B

以下の資料に基づき、各問において必要な仕訳を示しなさい。なお、税効果会計は考慮しない。

(1) ×1年4月1日にA社株式を25,000円で取得した。

(2) ×1年6月25日にA社株式について、その他資本剰余金からの配当金2,000円を受領した。

(3) ×2年3月31日（決算日）におけるA社株式の時価は26,000円である。

問1　A社株式をその他有価証券として保有している場合
問2　A社株式を売買目的有価証券として保有している場合

■ 解答解説 (単位：円) ||||||||||||||||||||||||||||||||||||||||||||||||||||||||||||||||||

問1　売買目的有価証券以外

(1) ×1年4月1日（取得時）

（借）投 資 有 価 証 券	25,000	（貸）現　金　預　金	25,000

(2) ×1年6月25日（配当金受領時）

（借）現　金　預　金	2,000	（貸）投 資 有 価 証 券	2,000

※　保有目的が売買目的有価証券以外であるため、帳簿価額を減額する。

(3) ×2年3月31日（決算時）

（借）投 資 有 価 証 券	3,000	（貸）その他有価証券評価差額金	3,000

※　26,000（当期末時価）－ ｜25,000（取得原価）－ 2,000（配当金）｜ ＝ 3,000

問2　売買目的有価証券

(1) ×1年4月1日（取得時）

（借）有 価 証 券	25,000	（貸）現　金　預　金	25,000

(2)　×1年6月25日（配当金受領時）

| （借）現　金　預　金 | 2,000 | （貸）受　取　配　当　金 | 2,000 |

※　保有目的が売買目的有価証券であるため、受取配当金を計上する。

(3)　×2年3月31日（決算時）

| （借）有　価　証　券 | 1,000 | （貸）有価証券評価損益 | 1,000 |

※　26,000（当期末時価）－ 25,000（取得原価）＝ 1,000

債権債務・
貸倒引当金

第1節　手形

1　約束手形　　　　　　　　　　　　　　　　　　　　✓ 簿記3,2級

(1)　意義

約束手形とは、債務者である振出人が、債権者である受取人（指図人・名宛人）に対して、一定の期日に、一定の金額を支払うことを約束した証券である。

(2)　会計処理

振出人は「支払手形」勘定（負債）を計上し、受取人は「受取手形」勘定（資産）を計上する。

〔約束手形の振出時〕

(借) ○　　○　　○	×××	(貸) 支　払　手　形	×××

〔約束手形の受取時〕

(借) 受　取　手　形	×××	(貸) ○　　○　　○	×××

2　手形の裏書　　　　　　　　　　　　　　　　　　　✓ 簿記3,2級

(1)　意義

手形の裏書とは、保有する手形を、**手形の満期日前に他人に譲渡する**ことをいう。

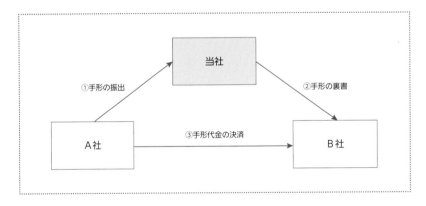

(2)　会計処理

〔裏書譲渡した場合〕

(借) ○　　○　　○	×××	(貸) 受　取　手　形	×××

〔裏書譲渡した手形が決済された場合〕

仕　訳　な　し

3 手形の割引 ✓ 簿記3,2級

(1) 意義

　　手形の割引とは、保有する手形を、手形の満期日前に銀行に売却することをいう。なお、売却の際は手数料が生じる。

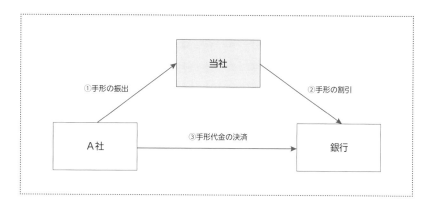

(2) 会計処理

〔銀行で割引した場合〕

| (借) 当 座 預 金 | ××× | (貸) 受 取 手 形 | ××× |
| 手 形 売 却 損 | ××× | | |

〔割引した手形が決済された場合〕

仕　訳　な　し

(3) 財務諸表の表示

	勘定科目・表示科目	表示区分
損益計算書	「手形売却損」	営業外費用

4 自己振出の約束手形を受け取った場合 ✓ 簿記3,2級

自己振出の約束手形を受け取った場合、当社の債務の減少を意味するため、「**支払手形**」勘定（**負債**）を減少させる。

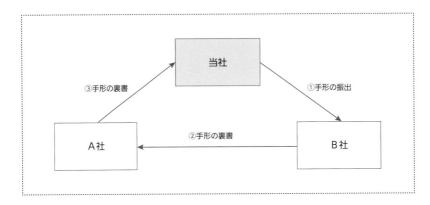

■ 例題1　手形の裏書等 重要度 A

以下の取引について、当社において必要な仕訳を示しなさい。

(1) 当社は、仕入先B社に対する買掛金5,000円の支払いとして、A社振出の約束手形5,000円を裏書譲渡した。

(2) 当社は、保有するC社振出の約束手形2,000円を取引銀行で割引し、割引料50円を差し引いた手取金が当座預金に入金された。

(3) D社に対する売掛金10,000円の回収として、当社振出の約束手形を裏書譲渡された。

■ 解答解説 (単位：円) ||||||||||||||||||||||||||||||||||||||||||||||||||||||||||||||||||

(1) 手形の裏書

(借) 買 掛 金	5,000	(貸) 受 取 手 形	5,000

(2) 手形の割引

(借) 当 座 預 金	1,950	(貸) 受 取 手 形	2,000
手 形 売 却 損	50		

(3) 自己振出手形を受け取った場合

(借) 支 払 手 形	10,000	(貸) 売 掛 金	10,000

参考 偶発債務

当社が手形の裏書又は割引を行った場合において、手形上の債務者が満期日に決済できないときは、当社が代わりに支払うことになる。このため、手形の裏書又は割引を行うことにより、その手形が無事に満期日に決済されるまでの間、偶発債務が発生する。

※ 偶発債務とは、現時点では債務ではないが、一定の事由を条件として、将来債務となる可能性がある債務のこと。

5 保証債務

(1) 保証債務の認識

　　手形の割引や裏書を行った場合、二次的債務である保証債務（遡求義務）を認識する必要がある。手形の裏書及び割引を行った場合、以下の仕訳により「**保証債務費用**」勘定（費用）及び「**保証債務**」勘定（負債）を認識する。なお、手形の裏書及び割引を行った手形に対して貸倒引当金が設定されている場合、当該貸倒引当金は取り崩すことになる（相手勘定は「**貸倒引当金戻入額**」勘定（収益）とする）。

(借) 貸 倒 引 当 金	×××	(貸) 貸 倒 引 当 金 戻 入 額	×××
(借) 保 証 債 務 費 用	×××	(貸) 保 証 債 務	×××

　※　損益計算書において、保証債務費用と貸倒引当金戻入額は相殺して表示する。

(2) 決済時の処理

　　無事に決済された場合には、以下の仕訳により、「**保証債務取崩益**」勘定（収益）を認識する。

(借) 保 証 債 務	×××	(貸) 保 証 債 務 取 崩 益	×××

(3) 財務諸表の表示

	勘定科目・表示科目	表示区分
貸借対照表	「保証債務」	流動負債
損益計算書	「保証債務取崩益」	営業外収益
	「保証債務費用」	営業外費用

■ 例題2　保証債務　　重要度B

次の取引について、必要な仕訳を示しなさい。

(1) 約束手形50,000円（貸倒引当金を500円設定している）を取引銀行で割引き、割引料1,200円を差し引かれ、残額は当座預金口座に入金された。なお、二次的債務の時価は500円である。

(2) 取引銀行より、先に割引した約束手形50,000円が無事決済された旨の連絡を受けた。

■ 解答解説　（単位：円）

(1)	(借) 当 座 預 金	48,800	(貸) 受 取 手 形	50,000
	手 形 売 却 損	1,200		
	(借) 貸 倒 引 当 金	500	(貸) 貸 倒 引 当 金 戻 入 額	500
	(借) 保 証 債 務 費 用	500	(貸) 保 証 債 務	500
(2)	(借) 保 証 債 務	500	(貸) 保 証 債 務 取 崩 益	500

　※　問題文にある「二次的債務の時価」が保証債務に関する資料である。試験上、本文のように、保証債務に関する資料が明記されている場合にのみ、保証債務の会計処理を行なう。

6 為替手形

(1) 意義

為替手形とは、手形の作成者（振出人）が、手形代金の支払人（名宛人）に対して、一定の期日（満期日）に一定の金額を手形代金の受取人（指図人）に支払うことを委託した証券である。

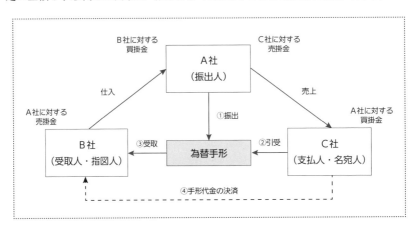

(2) 会計処理

① 振出時の処理

〔A社（振出人）〕

為替手形の振出人（A社）は、受取人（B社）に対する「**買掛金**」勘定と支払人（C社）に対する「**売掛金**」勘定を相殺処理する。

(借) 買　　掛　　金	×××	(貸) 売　　掛　　金	×××

〔B社（受取人・指図人）〕

為替手形の受取人（B社）は、振出人（A社）に対する「**売掛金**」勘定を減少させ、支払人（C社）に対する「**受取手形**」勘定を計上する。

(借) 受　取　手　形	×××	(貸) 売　　掛　　金	×××

〔C社（支払人・名宛人）〕

為替手形の支払人（C社）は、振出人（A社）に対する「**買掛金**」勘定を減少させ、受取人（B社）に対する「**支払手形**」勘定を計上する。

(借) 買　　掛　　金	×××	(貸) 支　払　手　形	×××

② 為替手形の決済時の処理

〔A社（振出人）〕

仕　訳　な　し

〔B社（受取人・指図人）〕

(借) 当　座　預　金	×××	(貸) 受　取　手　形	×××

〔C社（支払人・名宛人）〕

(借) 支　払　手　形	×××	(貸) 当　座　預　金	×××

■ 例題3 為替手形

以下の取引について、必要な仕訳を示しなさい。

(1) A社（当社）は、B社に対する買掛金3,000円を為替手形（A社振出、B社受取、C社引受済）で支払った。

(2) B社（当社）は、A社に対する売掛金3,000円について、為替手形（A社振出、B社受取、C社引受済）を受け取った。

(3) C社（当社）は、A社より為替手形3,000円の引受を依頼され、署名捺印を行い引受けた。

■ 解答解説 （単位：円）

(1) A社（振出人）の仕訳

（借）買　　掛　　金	3,000	（貸）売　　掛　　金	3,000

(2) B社（受取人・指図人）の仕訳

（借）受　取　手　形	3,000	（貸）売　　掛　　金	3,000

(3) C社（支払人・名宛人）の仕訳

（借）買　　掛　　金	3,000	（貸）支　払　手　形	3,000

第11章 債権債務・貸倒引当金

7 営業外手形

(1) 意義

営業外手形とは、有価証券又は固定資産の売買などの営業活動以外の取引から生じた手形をいう。

(2) 会計処理

振出人は「営業外支払手形」勘定（負債）を計上し、受取人は「営業外受取手形」勘定（資産）を計上する。

■ **例題4　営業外手形**　　　　　　　　　　　　　　　　　　　　　重要度 B

以下の取引について、必要な仕訳を示しなさい。

(1) A社へ土地を65,000円（取得原価55,000円）で売却し、代金はA社振出、当社受取の約束手形を受入れた。

(2) B社より車両を35,000円で購入し、代金はB社受取、当社振出の約束手形で支払った。

■ **解答解説**（単位：円）||||||||||||||||||||||||||||||||||||||||||||||||||||||||||||||||||||||||||||||||||||||||||||||

(1) 土地売却時

(借) 営 業 外 受 取 手 形	65,000	(貸) 土　　　　　　　地	55,000
		土 地 売 却 益	10,000

(2) 車両取得時

(借) 車　　　　　両	35,000	(貸) 営 業 外 支 払 手 形	35,000

8　金融手形　　　　　　　　　　　　　　　✓ 簿記3,2級

(1)　意義

金融手形とは、金銭の消費貸借契約に伴って生じた手形をいう。

(2)　会計処理

振出人は「手形借入金」勘定（負債）を計上し、受取人は「手形貸付金」勘定（資産）を計上する。

■ 例題5　金融手形　　　　　　　　　　　　　　重要度 B

以下の取引について、必要な仕訳を示しなさい。

(1)　A社へ30,000円を貸付け、A社振出の約束手形を受入れた。

(2)　B銀行から40,000円の借入を行い、当社振出の約束手形を振り出した。

■ 解答解説（単位：円）

(1)　貸付時

（借）手 形 貸 付 金	30,000	（貸）現 金 預 金	30,000

(2)　借入時

（借）現 金 預 金	40,000	（貸）手 形 借 入 金	40,000

9　勘定科目及び貸借対照表の表示　　　　　　✓ 簿記3,2級

	勘定科目	表示科目	表示区分※
営業活動から生じた手形	受取手形	受取手形	流動資産
	支払手形	支払手形	流動負債
営業外手形	営業外受取手形	営業外受取手形	流動資産又は固定資産
	営業外支払手形	営業外支払手形	流動負債又は固定負債
金融手形	手形貸付金	短期貸付金又は長期貸付金	流動資産又は固定資産
	手形借入金	短期借入金又は長期借入金	流動負債又は固定負債

※　営業活動から生じた手形は、正常営業循環基準により表示区分は「流動」となる。
※　営業外手形及び金融手形は、1年基準により表示区分を決定する。

10 手形の不渡り　　　　　　　　　　　　　　　✓ 簿記3,2級

(1) 意義

手形の不渡りとは、満期日において、手形上の債務者から**手形代金の支払いを拒絶される**ことをいう。

支払拒絶により、直ちに代金が回収不能とはならないが、通常の手形債権と区別するために、「**不渡手形**」勘定（**資産**）で処理する。「不渡手形」勘定は、手形上の債務者又は裏書人に対して手形代金を請求する遡求権を表す。

(2) 基本的な会計処理

① 手許に保有している手形が不渡りとなった場合

手許に保有している手形が不渡りとなった場合には、代金が直ちに回収不能とはならないため、「**受取手形**」勘定から「**不渡手形**」勘定に振り替える。

（借）不 渡 手 形	×××　（貸）受 取 手 形	×××

② 裏書又は割引を行っていた手形が不渡りになった場合

裏書した手形が不渡りとなった場合、手形の裏書人は被裏書人から手形代金を請求されるため、裏書した手形を買い戻し、「**不渡手形**」勘定を計上する。また、割引した手形が不渡りとなった場合も同様である。

（借）不 渡 手 形	×××　（貸）現 金 預 金	×××

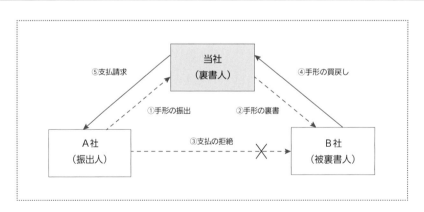

(3) 手形の不渡りに関するその他の論点

① 手形の不渡りに伴う諸費用

不渡手形が生じた場合には、支払拒絶証書作成費用が生じる。当該金額は、手形上の債務者へ請求できるため、「不渡手形」勘定に含めて処理する。

② 不渡手形の代金を回収した場合

不渡手形の代金を回収した場合には、**通常の債権の回収と同様に処理する**。なお、延滞利息を回収時点で受け取る場合には、「受取利息」勘定を計上する。

③ 不渡手形を回収できなかった場合

不渡手形の代金が回収できず貸倒れが生じた場合には、**通常の債権の貸倒れと同様に処理する**。

(4) 勘定科目及び貸借対照表の表示

	勘定科目	表示科目	表示区分
貸借対照表	不渡手形	破産更生債権等	流動資産又は固定資産

※　破産更生債権等は、1年以内に回収されることが明らかな場合を除き固定資産（投資その他の資産）の区分に表示する（1年基準）。

■ 例題6　不渡手形①（手許に保有している手形の不渡り）　　重要度B

以下の取引について、必要な仕訳を示しなさい。

(1)　A社へ商品5,000円を販売し、代金はA社振出の約束手形を受け取った。

(2)　上記約束手形が不渡りとなった。なお、支払拒絶証書作成費用200円を現金で支払っている。

■ 解答解説（単位：円）||||||||||||||||||||||||||||||||||||||||||||||||||||||||||||||||||||||||||||

(1)　販売時

（借）受　取　手　形	5,000	（貸）売　　　　　上	5,000

(2)　不渡時

（借）不　渡　手　形	5,200	（貸）受　取　手　形	5,000
		現　　　　　金	200

■ 例題7　不渡手形②（裏書した手形の不渡り）

重要度 B

以下の取引について、必要な仕訳を示しなさい。

(1) 当社は、仕入先B社に対する買掛金5,000円の支払いとして、A社振出の約束手形5,000円を裏書譲渡した。

(2) 上記約束手形が不渡りとなったため、B社より5,000円で買戻し、当座預金から支払った。

(3) A社より手形代金5,000円を回収し、延滞利息100円を含めた金額が当座預金に入金された。

■ 解答解説 (単位：円) ||||||||||||||||||||||||||||||||||||||||||||||||||||||||||||||||||||||||||||||||||||

(1) 裏書時

（借）買　　掛　　金	5,000	（貸）受　取　手　形	5,000

(2) 不渡時

（借）不　渡　手　形	5,000	（貸）当　座　預　金	5,000

(3) 回収時

（借）当　座　預　金	5,100	（貸）不　渡　手　形	5,000
		受　取　利　息	100

第2節　金融資産の譲渡

1　金融資産の消滅の認識

(1)　要件

金融資産については、以下のいずれかに該当する場合に消滅を認識する。

> ① 金融資産の契約上の**権利を行使**したとき
> ② 契約上の**権利**を**喪失**したとき
> ③ 契約上の権利に対する**支配が他に移転**したとき

要件	具体例
① 金融資産の契約上の権利を行使したとき	債権者が貸付金等の債権に係る資金を回収したとき（お金を返してもらえるという権利を行使している）
② 契約上の権利を喪失したとき	保有者がオプション権（新株予約権：株式に転換できる権利）を行使しないままに行使期限が到来したとき
③ 契約上の権利に対する支配が他に移転したとき	保有者が有価証券等を譲渡したとき（今まで自分が支配していた有価証券に関する様々な権利が他社に移転する）

(2)　財務構成要素アプローチとリスク経済価値アプローチ

　　金融資産を譲渡する場合には、**譲渡後において譲渡人が譲渡資産や譲受人と一定の関係（例えば、リコース権（遡求権）、買戻特約等の保持や譲渡人による回収サービス業務の遂行）を有する場合がある**。このような条件付きの金融資産の譲渡の基本的な考え方には、以下の2つがある。

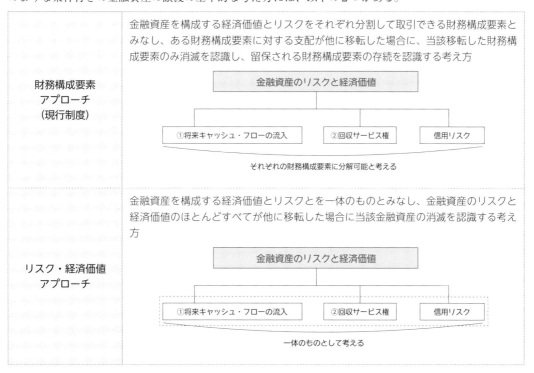

財務構成要素アプローチ（現行制度）	金融資産を構成する経済価値とリスクをそれぞれ分割して取引できる財務構成要素とみなし、ある財務構成要素に対する支配が他に移転した場合に、当該移転した財務構成要素のみ消滅を認識し、留保される財務構成要素の存続を認識する考え方
リスク・経済価値アプローチ	金融資産を構成する経済価値とリスクとを一体のものとみなし、金融資産のリスクと経済価値のほとんどすべてが他に移転した場合に当該金融資産の消滅を認識する考え方

(図：財務構成要素アプローチ)
金融資産のリスクと経済価値
　①将来キャッシュ・フローの流入　②回収サービス権　信用リスク
それぞれの財務構成要素に分解可能と考える

(図：リスク・経済価値アプローチ)
金融資産のリスクと経済価値
　①将来キャッシュ・フローの流入　②回収サービス権　信用リスク
一体のものとして考える

2 貸付金の譲渡

貸付金を譲渡する場合には、**譲渡後において譲渡人が譲渡資産や譲受人と一定の関係を有する場合**がある。この場合、譲渡した貸付金のうち、支配が完全に他に移転した部分の消滅を認識し、留保される部分の存続を認識する（**財務構成要素アプローチ**）。具体的には、**譲渡した金融資産の帳簿価額を譲渡部分の時価と残存部分の時価で按分**し、それぞれ以下のように処理する。

譲渡部分	譲渡金額（入金額＋新たに発生した資産－新たに発生した負債）と譲渡原価（譲渡部分に按分された帳簿価額）の差額を譲渡損益とする。新たに発生した資産・負債は時価で計上する。
残存部分	残存部分に按分された帳簿価額を資産として計上する。

■ 例題8　金融資産の譲渡　　　　　　　　　　　　重要度 C

以下の資料に基づき、譲渡時の仕訳を示しなさい。

(1) 当社は保有する貸付金（帳簿価額1,000円）を1,050円で譲渡し、現金収入を得た。

(2) 当社は、譲渡した債権を譲受人から買い戻す権利である買戻権を有し、当該債権が延滞した場合に買い戻すリコース義務を負う。また、譲渡債権の回収代行を行う。

(3) 現金収入、回収サービス業務資産、買戻権及びリコース義務のそれぞれの時価は以下のとおりである。

現金収入（新たな資産）	1,050円
回収サービス業務資産（残存部分）	40円
買戻権（新たな資産）	70円
リコース義務（新たな負債）	（60円）

■ 解答解説 (単位：円) |||||||||||||||||||||||||||||||||||||||

(借) 現　金　預　金	1,050	(貸) リ　コ　ー　ス　義　務	60
買　戻　権	70	貸　　付　　金	1,000
回収サービス業務資産	36	貸　付　金　売　却　益	96

解答の仕訳は、「譲渡部分」の仕訳と「残存部分」の仕訳に分けることができる。

〔譲渡部分〕

(借) 現　金　預　金	1,050	(貸) リ　コ　ー　ス　義　務	60※1
買　戻　権	70※1	貸　　付　　金	964※2
		貸　付　金　売　却　益	96

※1　買戻権・リコース義務：新たな金融資産及び金融負債は時価により計上する。

※2　譲渡部分の帳簿価額：1,000（帳簿価額）× 1,060（譲渡部分時価※3）／ ｜1,060（譲渡部分時価）＋ 40（残存部分時価）｜ ≒ 964

※3　譲渡部分時価：1,050（入金額）＋ 70（買戻権）－ 60（リコース義務）＝ 1,060

〔残存部分〕

(借) 回収サービス業務資産	36	(貸) 貸　　付　　金	36

※　1,000（帳簿価額）× 40（残存部分時価）／ ｜1,060（譲渡部分時価）＋ 40（残存部分時価）｜ ≒ 36

第3節　金銭債権の評価

　金銭債権は、取得価額から貸倒見積高に基づいて算定された貸倒引当金を控除した金額をもって貸借対照表価額とする。

　ただし、債権を債権金額より低い価額又は高い価額で取得した場合において、取得原価と債権金額との差額の性格が金利の調整と認められるときは、償却原価法（原則：利息法、容認：定額法）に基づいて算定された価額から貸倒見積高に基づいて算定された貸倒引当金を控除した金額をもって貸借対照表価額とする。

　金銭債権を時価評価しない理由は、金銭債権は一般的に市場がない場合が多く、客観的な時価を測定することが困難であると考えられるためである。

■ 例題9　金銭債権の償却原価法　　　　　　　　　　　　　　重要度 B

　以下の資料に基づき、仕訳を示しなさい。なお、計算上端数が生じる場合は、円未満を四捨五入すること。また、当社の決算日は3月31日である。

(1)　×1年4月1日に貸付金400,000円を388,764円で取得した。取得価額と債権金額との差額は金利調整差額であるため、利息法による償却原価法を適用する。なお、当該貸付金の返済期日は×3年3月31日、利子率は年3％（利払日は3月末日の年1回）、実効利子率は年4.5％である。また、貸倒見積高はゼロとする。

(2)　×2年3月31日（利払日）

(3)　×3年3月31日（利払日・返済日）

■ 解答解説 （単位：円） ||||||||||||||||||||||||||||||||||||||||||||||||||||||||||||||||||||||

(1)　×1年4月1日（取得日）

（借）貸　　付　　金	388,764	（貸）現　金　預　金	388,764

(2)　×2年3月31日（利払日）

（借）現　金　預　金	12,000※2	（貸）受　取　利　息	17,494※1
貸　　付　　金	5,494※3		

　　※1　受取利息：388,764（貸付金帳簿価額）× 4.5％（実効利子率）≒ 17,494
　　※2　現金預金：400,000（貸付金債権金額）× 3 ％（利子率）= 12,000
　　※3　貸付金：貸借差額
　　　　なお、この結果、貸付金の帳簿価額は394,258（= 388,764 + 5,494）となる。

(3)　×3年3月31日（利払日・返済日）

（借）現　金　預　金	12,000※2	（貸）受　取　利　息	17,742※1
貸　　付　　金	5,742※3		
（借）現　金　預　金	400,000	（貸）貸　　付　　金	400,000

　　※1　受取利息：394,258（貸付金帳簿価額）× 4.5％（実効利子率）≒ 17,742
　　※2　現金預金：400,000（貸付金債権金額）× 3 ％（利子率）= 12,000
　　※3　貸付金：貸借差額
　　　　なお、この結果、貸付金の帳簿価額は400,000（= 394,258 + 5,742）となる。

第4節　貸倒引当金の概要

1　意義

✓ 簿記3,2級

貸倒引当金とは、売掛金等の債権が翌期以降に貸倒れ、損失が発生する可能性がある場合に、これに備えて設定する引当金をいう。

2　会計処理（差額補充法）

✓ 簿記3,2級

差額補充法とは、期末貸倒引当金残高と貸倒見積高との差額について引当金を繰入又は取崩す方法である。

> 貸倒引当金繰入額 ＝ 貸倒見積高 － 貸倒引当金残高

■ 例題10　差額補充法

重要度 A

以下の資料に基づき、必要な決算整理仕訳を示しなさい。

(1) 決算整理前残高試算表

残　高　試　算　表		（単位：円）
売　　掛　　金　　100,000	貸　倒　引　当　金	1,000

(2) 期末債権残高に対して3％の貸倒引当金を設定する。

■ 解答解説（単位：円）||||||||||||||

（借）貸 倒 引 当 金 繰 入 額	2,000	（貸）貸　倒　引　当　金	2,000

　　※　100,000（売掛金）× 3 ％ － 1,000（前T／B貸倒引当金）＝ 2,000

参考　洗替法

　洗替法とは、貸倒引当金の決算整理前残高を「貸倒引当金戻入額」勘定（収益）として計上し、当期末の貸倒見積高の全額を「貸倒引当金繰入額」とする方法である。なお、「貸倒引当金戻入額」は、損益計算書上「貸倒引当金繰入額」と相殺して表示する。貸倒引当金戻入額を損益計算書に計上する場合には、営業外収益又は販売費及び一般管理費の控除項目として扱う。

〔例題10を洗替法によった場合〕

（借）貸　倒　引　当　金	1,000	（貸）貸 倒 引 当 金 戻 入 額	1,000
（借）貸 倒 引 当 金 繰 入 額	3,000※	（貸）貸　倒　引　当　金	3,000

　　※　貸倒引当金繰入額：100,000（売掛金）× 3 ％＝ 3,000
　　　　なお、損益計算書では戻入と繰入を相殺するため、損益計算書は差額補充法と同一となる。

3　勘定科目及び財務諸表の表示　　　　　　　　　　　✓ 簿記3,2級

(1)　損益計算書

貸倒引当金繰入額の表示区分は、**営業債権・営業外債権の分類に基づき決定する。**

	勘定科目・表示科目	表示区分
営業債権	「貸倒引当金繰入額」	販売費及び一般管理費
営業外債権		営業外費用

※　営業債権とは、営業取引の過程において生じた売上債権であり、「売掛金」「受取手形」等が該当する。

※　営業外債権とは、営業債権でない債権をいい、「貸付金」「未収金（未収入金）」「営業外受取手形」等が該当する。

(2)　貸借対照表

貸倒引当金は、債権から控除する形式で**資産の部**に表示する。

原則	各金銭債権から個別に控除する。
容認①	金銭債権から一括で控除する。
容認②	各金銭債権は貸倒引当金を控除した額で計上し、貸倒引当金の額を注記する。

〔原則〕

```
Ⅱ　流動資産

　受取手形　　　　　5,000

　貸倒引当金　　　△2,000　　　3,000

　売掛金　　　　　　2,400

　貸倒引当金　　　△　600　　　1,800
```

〔容認①〕

```
Ⅰ　流動資産

　受取手形　　　　　5,000

　売掛金　　　　　　2,400

　貸倒引当金　　　△2,600　　　4,800
```

〔容認②〕

```
Ⅰ　流動資産

　受取手形　　　　　3,000

　売掛金　　　　　　1,800
```

注記例①）受取手形について2,000、売掛金について600貸倒引当金
　　　　　が控除されている。

注記例②）受取手形及び売掛金について2,600貸倒引当金が控除され
　　　　　ている。

■ 例題11　損益計算書の表示①

以下の資料に基づき、貸倒引当金繰入額の金額を表示区分別に答えなさい。

(1) 決算整理前残高試算表

残 高 試 算 表　　　　　　　　（単位：円）

売　掛　金	100,000	
貸　付　金	200,000	

(2) 営業債権は期末債権残高に対して2％の貸倒引当金を設定し、営業外債権は期末債権残高に対して3％の貸倒引当金を設定する。

■ 解答解説（単位：円）

1．決算整理仕訳

(1) 営業債権

（借）貸倒引当金繰入額	2,000	（貸）貸 倒 引 当 金	2,000

※　100,000（売掛金）× 2％ = 2,000

(2) 営業外債権

（借）貸倒引当金繰入額	6,000	（貸）貸 倒 引 当 金	6,000

※　200,000（貸付金）× 3％ = 6,000

2．解答の金額

販売費及び一般管理費：100,000（売掛金）× 2％ = 2,000

営業外費用：200,000（貸付金）× 3％ = 6,000

■ 例題12　損益計算書の表示②

以下の資料に基づき、貸倒引当金繰入額の金額を表示区分別に答えなさい。

(1) 決算整理前残高試算表

残 高 試 算 表　　　　　　　　（単位：円）

売　掛　金	100,000	
貸　付　金	200,000	

(2) 期末債権残高に対して3％の貸倒引当金を設定する。

■ 解答解説（単位：円）

1．決算整理仕訳

（借）貸倒引当金繰入額	9,000	（貸）貸 倒 引 当 金	9,000

※　｛100,000（売掛金）＋ 200,000（貸付金）｝× 3％ = 9,000

2．解答の金額

販売費及び一般管理費：9,000（貸倒引当金繰入額）×100,000（売掛金）／300,000（金銭債権合計）＝
　　　　　　　　　　　　　3,000

営業外費用：9,000（貸倒引当金繰入額）×200,000（貸付金）／300,000（金銭債権合計）＝6,000

第5節　貸倒見積高の算定

1　債権の区分

債権は、貸し倒れるリスクに応じて、「一般債権」・「貸倒懸念債権」・「破産更生債権等」の3つに分類される。貸倒見積高の算定は、債権のリスクに応じた分類ごとに行うことになる。

債権の分類	内容	貸倒見積高の算定方法
一般債権	経営状態に重大な問題が生じていない債務者に対する債権	貸倒実績率法
貸倒懸念債権	経営破綻には至っていないが、債務の弁済に重大な問題が生じているか又は生じる可能性の高い債務者に対する債権	財務内容評価法 キャッシュ・フロー見積法
破産更生債権等	経営破綻又は実質的に経営破綻に陥っている債務者に対する債権　ex）破産債権、更生債権、不渡手形等	財務内容評価法

2　一般債権

一般債権については、一般債権全体又は同種・同類の一般債権ごとにグルーピングを行った上で、債権の回収状況に応じて求めた**過去の貸倒実績率**等合理的な基準**(貸倒実績率法)**により貸倒見積高を算定する。

(1)　グルーピング

全体	発生原因別	勘定科目別
一般債権全体	営業債権	受取手形
		売掛金
	営業外債権	貸付金
		未収金

※　その他の方法として期間別（期日が1年以内は短期債権、期日が1年超は長期債権のように期間をもとに区分する方法）がある。

(2)　貸倒実績率の算定

一般債権の貸倒実績率は算定期間における実際貸倒額を債権金額で除して算定する。なお、分母の債権金額は、債権の回収期間が1年未満か否かで異なる。

〔貸倒実績率の算定式〕

貸倒実績率 ＝ 算定期間における実際貸倒額 ÷ 債権金額

〔貸倒実績率の算定に用いる債権金額〕

債権の回収期間	債権金額
1年未満	債権の期末残高
1年以上	債権の当初元本

■ 例題13　貸倒実積率の算定①

以下の資料に基づき、当期（×4年度）の決算整理仕訳を示しなさい。

⑴　債権の平均回収期間は3ヶ月である。

⑵　貸倒実績率は、期末債権残高に対する貸倒損失発生の割合とする。

⑶　当期に適用する貸倒実績率は、過去3算定年度に係る貸倒実績率の平均値とする。なお、貸倒実績率は○．○○％と算定し、端数は随時四捨五入する。

⑷　債権の発生、回収、貸倒の状況は以下のとおりである。　　　　　　　　（単位：円）

	×1年度	×2年度	×3年度	×4年度	当初元本損失累計
元 本 期 末 残 高 当 期 貸 倒 損 失	55,000 200	0			55,000 200
元 本 期 末 残 高 当 期 貸 倒 損 失		60,000	0 100		60,000 100
元 本 期 末 残 高 当 期 貸 倒 損 失			65,000	0 300	65,000 300
元 本 期 末 残 高 当 期 貸 倒 損 失				70,000	70,000
合計元本期末残高 合計当期貸倒損失	55,000 200	60,000 100	65,000 100	70,000 300	

■ 解答解説（単位：円）‖‖

1．貸倒実績率

×1年度を基準年度とする貸倒実績率：200 ÷ 55,000 ≒ 0.36％

×2年度を基準年度とする貸倒実績率：100 ÷ 60,000 ≒ 0.17％

×3年度を基準年度とする貸倒実績率：300 ÷ 65,000 ≒ 0.46％

貸倒実績率：（0.36％ ＋ 0.17％ ＋ 0.46％）÷ 3 ＝ 0.33％

2．決算整理仕訳

（借）貸 倒 引 当 金 繰 入 額	231	（貸）貸 倒 引 当 金	231

※　70,000 × 0.33％ ＝ 231

■ 例題14 貸倒実績率の算定②

以下の資料に基づき、当期（×6年度）の決算整理仕訳を示しなさい。

(1) 債権の平均回収期間は3年である。

(2) 貸倒損失は、回収年度の2年目と3年目に発生する。ただし、×1年度の残高には×0年度以前に発生した債権が含まれるため、×2年度においても貸倒損失が発生している。

(3) 貸倒実績率は、当初元本に対する貸倒損失発生の割合とする。

(4) 当期に適用する貸倒実績率は、過去3算定年度に係る貸倒実績率の平均値とする。なお、貸倒実績率は○.○○%と算定し、端数は随時四捨五入する。

(5) 債権の発生、回収及び貸倒の状況は以下のとおりである。 （単位：円）

	×1年度	×2年度	×3年度	×4年度	×5年度	×6年度	当初元本 損失累計
元本期末残高 当期貸倒損失	4,500	3,000 20	1,500 15	0 10			4,500 45
元本期末残高 当期貸倒損失		1,800	1,200	600 7	0 12		1,800 19
元本期末残高 当期貸倒損失			2,000	1,300	700 9	0 15	2,000 24
元本期末残高 当期貸倒損失				2,400	1,600	800 10	2,400 10
元本期末残高 当期貸倒損失					2,700	1,800	2,700
元本期末残高 当期貸倒損失						3,000	3,000
合計元本期末残高 合計当期貸倒損失	4,500 0	4,800 20	4,700 15	4,300 17	5,000 21	5,600 25	

■ 解答解説 （単位：円）

1．貸倒実績率

×1年度を基準年度とする貸倒実績率：（20 ＋ 15 ＋ 10）÷ 4,500 ＝ 1.00％

×2年度を基準年度とする貸倒実績率：（7 ＋ 12）÷ 1,800 ≒ 1.06％

×3年度を基準年度とする貸倒実績率：（9 ＋ 15）÷ 2,000 ＝ 1.20％

貸倒実績率：（1.00％ ＋ 1.06％ ＋ 1.20％）÷ 3 ≒ 1.09％

2．決算整理仕訳

（借）貸倒引当金繰入額	78	（貸）貸 倒 引 当 金	78

※ ｜2,400（×4年度当初元本）＋ 2,700（×5年度当初元本）＋ 3,000（×6年度当初元本）｜× 1.09％
－ 10（×4年度当初元本から生じた貸倒損失）≒ 78

3 貸倒懸念債権

貸倒懸念債権については、財務内容評価法又はキャッシュ・フロー見積法により貸倒見積高を算定する。

(1) 財務内容評価法 ✓ 簿記3,2級

財務内容評価法とは、債権額から担保の処分見込額及び保証による回収見込額を減額し、その残額について債務者の財政状態及び経営成績を考慮して貸倒見積高を算定する方法である。

〔貸倒見積高の算定〕

> 貸倒見積高 ＝（債権額 － 担保の処分見込額 － 保証による回収見込額）× 一定率

※ 担保の処分見込額は、資産の当期末時価となる。

■ 例題15 貸倒懸念債権①（財務内容評価法） 重要度 A

以下の資料に基づき、必要な決算整理仕訳を示しなさい。

(1) 決算整理前残高試算表

残 高 試 算 表 （単位：円）

貸 付 金	300,000	

(2) 当期末において、決算整理前残高試算表の貸付金を貸倒懸念債権に分類した。

(3) 上記貸付金に対して、財務内容評価法（設定率40％）に基づき貸倒引当金を設定する。なお、当該貸付金に対して、土地（貸付時の時価80,000円、当期末時価100,000円）を担保として設定している。

■ 解答解説（単位：円）

（借）貸倒引当金繰入額	80,000	（貸）貸 倒 引 当 金	80,000

※ ｜（300,000（貸付金）－ 100,000（担保の当期末時価）｜× 40％ ＝ 80,000

第11章 債権債務・貸倒引当金

(2) キャッシュ・フロー見積法

　　キャッシュ・フロー見積法とは、債権の元本の回収及び利息の受取に係るキャッシュ・フロー（CF）を合理的に見積ることができる債権については、**債権の元本及び利息について、元本の回収及び利息の受取りが見込まれる時点から当期末までの期間にわたり当初の約定利子率で割り引いた金額の総額**（債権の将来キャッシュ・フローの割引現在価値）と債権の帳簿価額との差額を貸倒見積高とする方法である。

〔貸倒見積高の算定〕

貸倒見積高 ＝ 債権の帳簿価額 － 債権に伴う将来キャッシュ・フローの割引現在価値

〔前期末の貸倒引当金と当期末の貸倒引当金の変動額の処理〕

貸倒引当金	前期末の貸倒引当金＝前期末の債権帳簿価額 　　　　　　　　　－前期末債権に伴う将来ＣＦの割引現在価値
	当期末の貸倒引当金＝当期末の債権帳簿価額 　　　　　　　　　－当期末債権に伴う将来ＣＦの割引現在価値
	当期末の貸倒引当金と前期末の貸倒引当金の差額について貸倒引当金を取り崩す
原則	「受取利息」勘定で処理
容認	「貸倒引当金戻入額」勘定で処理

具体例 割引現在価値の考え方

1．貨幣の時間価値

　　利子率が10％であると仮定した場合、現在の100円は、利息分価値が増加していくので1年後には110円（100円＋100円×10％＝100円×1.1）、2年後には121円（100円×$(1.1)^2$）となる。

2．割引現在価値

　　逆を言えば1年後の110円を現在の価値になおすと100円（＝110円÷1.1）、2年後の121円を現在の価値になおすと同じく100円（＝121円÷$(1.1)^2$）となるのである。このように将来の価値を現在の価値になおすことを現在価値に割り引くといい、**割り引いた額を割引現在価値という。**

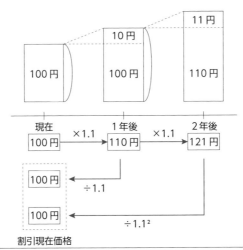

割引現在価格

■ 例題16　貸倒懸念債権② (キャッシュ・フロー見積法)　重要度 B

以下の資料に基づき、×1年3月31日〜×3年3月31日に係る仕訳を示しなさい。

⑴　当社はA社に対して貸付金100,000円（年利率3％、利払日3月末、返済日×3年3月31日）を有している。

⑵　×1年3月31日の利払後にA社より条件緩和の申し出があり、年利率を2％に引き下げることに合意したため、上記貸付金を貸倒懸念債権に分類した。

⑶　割引計算において、端数が生じた場合には最終数値の円未満を四捨五入する。

■ 解答解説 (単位：円) ‖‖

1．×1年3月31日 (利払日及び決算日)

⑴　利払日

（借）現　金　預　金	3,000	（貸）受　取　利　息	3,000

※　100,000（貸付金）× 3 ％（緩和前利率）= 3,000

⑵　決算整理仕訳

（借）貸 倒 引 当 金 繰 入 額	1,913	（貸）貸 倒 引 当 金	1,913※1

※1　貸倒引当金：100,000（貸付金）− 98,087（X1.3.31割引現在価値※2）= 1,913

※2　割引現在価値：2,000 ÷ 1.03 + 102,000 ÷ 1.03^2 ≒ 98,087

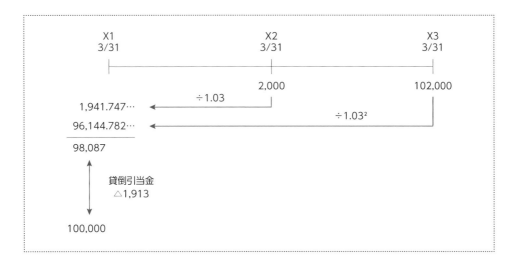

⑶　決算整理後残高試算表

残　高　試　算　表			
貸　　付　　金	100,000	貸 倒 引 当 金	1,913
貸 倒 引 当 金 繰 入 額	1,913	受　取　利　息	3,000

2. ×2年3月31日（利払日及び決算日）

(1) 利払日

| （借）現　金　預　金 | 2,000 | （貸）受　取　利　息 | 2,000 |

※　100,000（貸付金）× 2 %（緩和後利率）＝ 2,000

(2) 決算整理仕訳

| （借）貸　倒　引　当　金 | 942 | （貸）受　取　利　息 | 942^{※1} |

※ 1　貸倒引当金：1,913（X1.3.31貸倒引当金）－ 971（X2.3.31貸倒引当金^{※2}）＝ 942

※ 2　当期末貸倒引当金：100,000（貸付金）－ 99,029（X2.3.31割引現在価値^{※3}）＝ 971

※ 3　割引現在価値：102,000 ÷ 1.03 ≒ 99,029

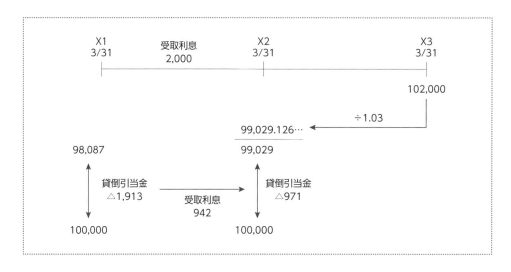

(3) 決算整理後残高試算表

残　高　試　算　表

| 貸　　付　　金 | 100,000 | 貸　倒　引　当　金 | 971 |
| | | 受　取　利　息 | 2,942 |

3. ×3年3月31日（返済日及び決算日）

(1) 返済日

| （借）現　金　預　金 | 2,000 | （貸）受　取　利　息 | 2,000 |
| （借）現　金　預　金 | 100,000 | （貸）貸　付　金 | 100,000 |

(2) 決算整理仕訳

| （借）貸　倒　引　当　金 | 971 | （貸）受　取　利　息 | 971 |

(3) 決算整理後残高試算表

残　高　試　算　表

| | | 受　取　利　息 | 2,971 |

4 破産更生債権等

破産更生債権等については、財務内容評価法により、債権額から担保の処分見込額及び保証による回収見込額を減額した残額を貸倒見積高とする。なお、破産更生債権等に分類された場合には、回収リスクを明示するために、勘定科目を「破産更生債権等」勘定（資産）の名称に振り替えることになる。

〔貸倒見積高の算定〕

貸倒見積高 ＝ 債権額 － 担保の処分見込額 － 保証による回収見込額

※ 担保の処分見込額は、資産の当期末の時価である。
※ 貸倒見積高は、原則として貸倒引当金として処理するが、破産更生債権等から直接減額することもできる

■ 例題17 破産更生債権等　　　　重要度 A

以下の資料に基づき、必要な仕訳を示しなさい。

(1) 決算整理前残高試算表

残 高 試 算 表　　　（単位：円）

| 貸 付 金 | 300,000 | |

(2) 当期末において、決算整理前残高試算表の貸付金を破産更生債権等に分類した。

(3) 上記貸付金に対して、財務内容評価法に基づき貸倒引当金を設定する。なお、当該貸付金に対して、土地（貸付時の時価80,000円、当期末の時価100,000円）を担保として設定している。

■ 解答解説（単位：円）

| (借) 破産更生債権等 | 300,000 | (貸) 貸 付 金 | 300,000 |
| (借) 貸倒引当金繰入額 | 200,000 | (貸) 貸 倒 引 当 金 | 200,000※ |

※ 300,000（貸付金）－ 100,000（担保の当期末時価）＝ 200,000

5 勘定科目及び財務諸表の表示

債権区分	勘定科目・表示科目	表示区分
一般債権・貸倒懸念債権	「売掛金」、「貸付金」等	流動資産又は固定資産（投資その他の資産）
破産更生債権等	「破産更生債権等」	流動資産又は固定資産（投資その他の資産）

※　破産更生債権等は、1年以内に回収されることが明らかな場合を除き固定資産の区分に表示する。
　　なお、1年以内に回収されることが明らかな場合は稀であるため、**通常、固定資産**となる。

参考　貸倒見積高の引当方法の種類

種類	内容	債権の区分との関係
総括引当法	総括引当法とは、債権をグルーピングし、グループごとに過去の貸倒実績率により見積る方法をいう。	一般債権
個別引当法	個別引当法とは、各債務者別の債権に対して個別に算定していく方法をいう。	貸倒懸念債権 破産更生債権等

※　総括引当法でグループごとに設定した場合において、実際に貸倒れが生じた場合、他のグループに対して設定された引当金を補填することはできない。
※　個別引当法において、実際に貸倒れが生じた場合、他の債権に対して設定された引当金を補填することはできない。

■ 例題18　総合問題　　　　　　　　　　　　　　　　　　　　重要度 A

以下の資料に基づき、貸倒引当金繰入額及び貸倒引当金の金額を答えなさい。

(1) 決算整理前残高試算表

残　高　試　算　表			（単位：円）
売　　掛　　金	100,000	貸　倒　引　当　金	1,000
貸　　付　　金	200,000		

(2) 決算整理前残高試算表の売掛金及び貸付金の内訳は以下のとおりである。

（単位：円）

債権区分	売掛金	貸付金
一般債権	70,000	120,000
貸倒懸念債権	30,000	—
破産更生債権等	—	80,000
合計	100,000	200,000

(3) 一般債権については、期末債権残高の３％を貸倒見積高とする。

(4) 貸倒懸念債権は、財務内容評価法により、期末債権残高の50％を貸倒見積高とする。

(5) 破産更生債権等は、財務内容評価法による。なお、保証による回収見込額は10,000円である。

(6) 決算整理前残高試算表の貸倒引当金は、すべて一般債権に対して設定されたものである。

■ 解答解説（単位：円）

1．決算整理仕訳

(1) 一般債権

（借）貸 倒 引 当 金 繰 入 額	4,700	（貸）貸 倒 引 当 金	4,700

※　{70,000（売掛金）＋120,000（貸付金）}×３％－1,000（前Ｔ／Ｂ貸倒引当金）＝4,700

(2) 貸倒懸念債権

（借）貸 倒 引 当 金 繰 入 額	15,000	（貸）貸 倒 引 当 金	15,000

※　30,000（売掛金）×50％＝15,000

(3) 破産更生債権等

（借）破 産 更 生 債 権 等	80,000	（貸）貸 　 付 　 金	80,000
（借）貸 倒 引 当 金 繰 入 額	70,000	（貸）貸 倒 引 当 金	70,000※

※　80,000（貸付金）－10,000（保証）＝70,000

2．解答の金額

貸倒引当金繰入額：4,700（一般債権）＋15,000（貸倒懸念債権）＋70,000（破産更生債権等）＝89,700

貸倒引当金：1,000（前Ｔ／Ｂ貸倒引当金）＋89,700（貸倒引当金繰入額）＝90,700

第6節　貸倒時の処理等

1 貸倒が発生した場合の処理　　　　　　　　　　　　　　　✓ 簿記3,2級

(1) 会計処理

当期発生債権の貸倒	貸倒引当金が設定されていないため、貸倒が生じた場合は、全額「貸倒損失」勘定（費用）に計上する。
前期発生債権の貸倒	前期末に貸倒引当金が設定されているため、貸倒が発生した場合は、「貸倒引当金」勘定を取り崩す。なお、債権の貸倒高が、貸倒引当金の残高を上回る場合は、当該不足額について、貸倒損失が発生する。

■ 例題19　債権の貸倒　　　　　　　　　　　　　　　　　　重要度 A

以下の資料に基づき、貸倒時の仕訳を示しなさい。なお、貸倒引当金の残高は1,000円である

(1) 当期に発生した売掛金3,000円が貸倒れた。

(2) 前期に発生した売掛金1,500円が貸倒れた。

■ 解答解説（単位：円）||||||||||||||||||||||||||||||||||||||||||||||||||||||||||||||||||||||||||||||||||

(1) 当期発生債権の貸倒

（借）貸 倒 損 失	3,000	（貸）売 掛 金	3,000

(2) 前期発生債権の貸倒

（借）貸 倒 引 当 金	1,000	（貸）売 掛 金	1,500
貸 倒 損 失	500		

(2) 勘定科目及び財務諸表の表示

営業債権に伴う貸倒損失は、販売費及び一般管理費の区分に計上し、営業外債権に伴う貸倒損失は、営業外費用の区分に計上する。

	勘定科目・表示科目	表示区分
営業債権に伴う貸倒損失	「貸倒損失」	販売費及び一般管理費
営業外債権に伴う貸倒損失	「貸倒損失」	営業外費用

② 貸倒れた債権が回収された場合

 簿記3,2級

前期以前に貸倒処理した債権の回収	「償却債権取立益」勘定（収益）に計上する。なお、損益計算書上、「償却債権取立益」は営業外収益の区分に表示する。
当期に貸倒処理した債権の回収	当期に貸倒れた債権が回収された場合には、貸倒が生じていないものとみなすため、貸倒の処理を取り消すことになる。

■ 例題20　貸倒れた債権の回収

重要度 B

以下の資料に基づき必要な仕訳を示しなさい。

(1)　前期に貸倒れた売掛金4,000円を現金で回収した。

(2)　当期に売掛金3,000円（前期発生2,000円、当期発生1,000円）の貸倒れが発生した。なお、貸倒引当金の残高は3,000円であった。

(3)　当期中に貸倒処理していた上記売掛金3,000円を現金で回収した。

■ 解答解説（単位：円）

(1)　回収時（前期以前に貸倒処理した債権の回収）

(借) 現　　　　　金	4,000	(貸) 償 却 債 権 取 立 益	4,000

(2)　貸倒時

(借) 貸 倒 損 失	1,000	(貸) 売　　　掛　　　金	3,000
貸 倒 引 当 金	2,000		

(3)　回収時（当期に貸倒処理した債権の回収）

(借) 現　　　　　金	3,000	(貸) 貸 倒 損 失	1,000
		貸 倒 引 当 金	2,000

第11章　債権債務・貸倒引当金

第 **12** 章

デリバティブ取引

第1節　デリバティブ取引の概要

1 意義

　デリバティブ取引とは、原資産の価格や金利等から派生した商品（金融派生商品）を扱う取引をいう。デリバティブ取引は、一般的に**先物取引・オプション取引・スワップ取引**の3つに分類される。

2 目的及び特徴

　デリバティブ取引を行う目的は以下の2つが挙げられる。

ヘッジ目的	保有する資産・負債に係る相場変動リスクを回避すること
投機目的	少額の資金で大きな利益を得ること

【ヘッジ目的】

　A社（米の生産者）およびB社（米の購入者）がいたとする。A社は6ヶ月後に、B社へ米1,000kgを販売する。この場合、6ヶ月後の米の相場は変動するため、A社の売上高が変動してしまう可能性が高い。また、B社においても購入価額が変動してしまう可能性がある。

　この場合に、A社とB社で下記のデリバティブ取引を実施すれば、相場変動の影響を受けることなく米の売買が可能となる。

　A社・・・6ヶ月後に米を1,000円/kgで売る約束をB社と結ぶ。

　B社・・・6ヶ月後に米を1,000円/kgで買う約束をA社と結ぶ。

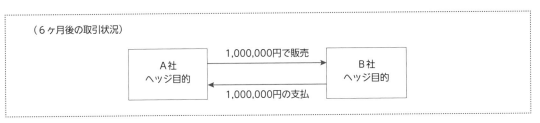

【投機目的】

　米の相場変動を利用して利益を得るために、同様のデリバティブ取引を実施することもできる。

　A社は米の値下がりを予想・・・6ヶ月後に米を1,000円/kgで売る約束をB社と結ぶ。

　B社は米の値上がりを予想・・・6ヶ月後に米を1,000円/kgで買う約束をA社と結ぶ。

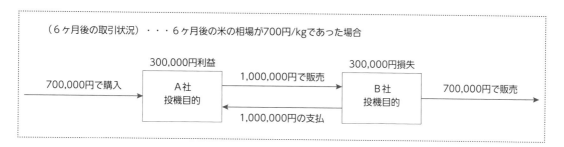

【差金決済】

　デリバティブ取引は一般的に、損益の額だけ現金で決済する（差金決済）。

【市場取引及び相対取引】

　これまでのように取引相手と直接デリバティブ取引を締結することを相対取引という。一方、市場を通じて行うデリバティブ取引を市場取引という。

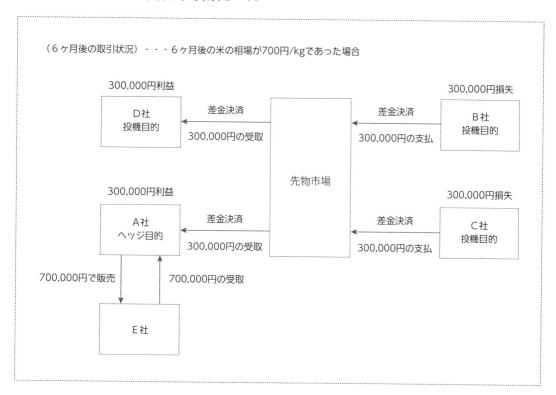

【デリバティブ取引の特徴】

・契約締結時には、少額の資金しか必要としない。

・将来の期日に差金決済が行われ、多額の損益が生じる可能性がある。

3 会計処理の基本的考え方

　　従来は、契約を締結しても金銭決済されるまでは会計上何ら処理されなかった（オフバランス）。

　　しかし、契約締結時からリスクが生じているため，デリバティブをオフバランスのままにすることは、投資家の判断を誤らせてしまう可能性がある。

　　よって、金融商品会計基準は、デリバティブ取引を時価評価し、発生する正味の債権債務を資産又は負債に計上するとともに、評価差額を当期の損益として計上することにした。

第2節　先物取引

1　概要

(1)　意義

先物取引とは、将来の一定の期日に、一定の価額で売買することを約束した取引をいう。つまり、将来の取引価額を現時点で約束しておき、現物価額がどのように変化しようとも、約束した先物価格で決済を行う取引である。なお、先物取引は市場を通じて行われる。

先物価格	将来の一定の期日に、一定の価額で売買することを約束した価額
現物価格	現在売買する場合の価額

※　現物価格と先物価格は期日に一致する。

(2)　先物取引の種類

通貨先物取引　債券先物取引　金利先物取引　商品先物取引　株価指数先物取引

(3)　先物取引に係る利益（損失）

将来の相場予想	取引	損得計算
値下がり	売建※1	予想どおり値下がり → 利益
		予想に反し値上がり → 損失
値上がり	買建※2	予想どおり値上がり → 利益
		予想に反し値下がり → 損失

※1　将来の一定の期日に、一定の価額で売る約束をいう。
※2　将来の一定の期日に、一定の価額で買う約束をいう。

具体例 現物価格と先物価格

商品の4月1日時点の現物価格：100円

商品の4月1日時点の6月30日に売買する先物価格：110円

```
        4/1                           6/30
  ┌──────┼─────────────────────────────┼──────────┐

        現物価格100円
        先物価格110円
```

A社：6月30日の商品の現物価格が110円以下になると予想…売建（6月30日に110円で売る約束）

B社：6月30日の商品の現物価格が110円以上になると予想…買建（6月30日に110円で買う約束）

〔ケース1〕 6月30日の現物価格が120円であった場合

A社：商品を外部から120円で購入し、110円でB社に販売・・・10円損失 ⎤

B社：商品をA社から110円で購入し、120円で外部に販売・・・10円利益 ⎦

〔ケース2〕 6月30日の現物価格が90円であった場合

A社：商品を外部から90円で購入し、110円でB社に販売・・・20円利益 ⎤

B社：商品をA社から110円で購入し、90円で外部に販売・・・20円損失 ⎦

（ケース1）

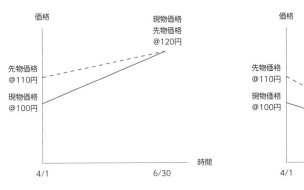

（ケース2）

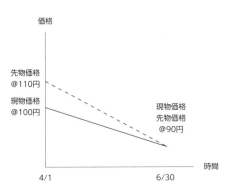

---

2 会計処理

(1) 契約時

契約時点では、当該契約からは利益も損失も生じていないため、仕訳なしとなる。

仕 訳 な し

ただし、先物取引に参加するためには、証券会社に担保として現金を差し入れる必要がある。当該金額は委託証拠金と呼ばれ、決済時に返還される。委託証拠金を支払った場合は「**先物取引差入証拠金**」勘定**（資産）**に計上する。なお、問題上、委託証拠金については省略されることもある。

（借）先物取引差入証拠金	×××	（貸）現 金 預 金	×××

(2)　決算時

　　先物取引から生じる正味の債権・債務は、「先物取引資産」勘定（資産）、「先物取引負債」勘定（負債）により、時価をもって貸借対照表価額とする。評価差額は、「先物取引損益」勘定により、当期の損益として計上する。

> 先物取引損益 ＝ 先物元本 × （契約時の先物価格 － 決算時の先物価格）

〔利益が発生した場合〕

（借）先 物 取 引 資 産	×××	（貸）先 物 取 引 損 益	×××

〔損失が発生した場合〕

（借）先 物 取 引 損 益	×××	（貸）先 物 取 引 負 債	×××

(3)　翌期首

　　通常、翌期首において再振替仕訳を行う。

〔利益が発生した場合〕

（借）先 物 取 引 損 益	×××	（貸）先 物 取 引 資 産	×××

〔損失が発生した場合〕

（借）先 物 取 引 負 債	×××	（貸）先 物 取 引 損 益	×××

(4)　決済時

　　差金決済を行い、契約時の先物価格と決済時の先物価格との差額を「先物取引損益」勘定により、損益に計上する。

> 先物取引損益 ＝ 先物元本 × （契約時の先物価格 － 決済時の先物価格）

〔利益が生じた場合〕

（借）現 　金 　預 　金	×××	（貸）先 物 取 引 損 益	×××

〔損失が生じた場合〕

（借）先 物 取 引 損 益	×××	（貸）現 　金 　預 　金	×××

　　また、委託証拠金の返還を受ける。

（借）現 　金 　預 　金	×××	（貸）先物取引差入証拠金	×××

■ 例題1　商品先物取引①（買建）

以下の資料に基づき、必要な仕訳及び各期の損益を示しなさい。

(1)　×4年2月1日に甲商品について、4月末日を限月とする甲商品先物を10個@500円で買い建てた。
　　なお、当該取引について、委託証拠金300円を支払った。

(2)　×4年3月31日（決算日）における4月末を限月とする甲商品先物価格は@520円であった。

(3)　×4年4月1日（期首）

(4)　×4年4月30日に先物取引の反対売買を行い、差金決済した。なお、決済時点における4月末日を
　　限月とする甲商品先物価格は、@550円であった。また、委託証拠金が返金された。

■ 解答解説 （単位：円） ||||||||||||||||||||||||||||||||||||||||||||||||||||||||||||||||||||||||||||||||||||||||||||||||||

1．仕訳

(1)　×4年2月1日（契約日）

（借）先物取引差入証拠金	300	（貸）現 金 預 金	300

(2)　×4年3月31日（決算日）

（借）先 物 取 引 資 産	200	（貸）先 物 取 引 損 益	200

※　｜@520（決算時先物価格）－@500（契約時先物価格）｜×10個＝200（益）

(3)　×4年4月1日（期首）

（借）先 物 取 引 損 益	200	（貸）先 物 取 引 資 産	200

(4)　×4年4月30日（決済日）

①　先物取引の決済

（借）現 金 預 金	500	（貸）先 物 取 引 損 益	500

※　｜@550（決済時先物価格）－@500（契約時先物価格）｜×10個＝500（益）

②　委託証拠金の返還

（借）現 金 預 金	300	（貸）先物取引差入証拠金	300

2．各期の損益

×4年3月期・・・先物取引益：200

×5年3月期・・・先物取引益：△200（期首）＋500（決済日）＝300

266

(第12章 - 8)

■ 例題2　商品先物取引②（買建）　重要度 B

以下の資料に基づき、必要な仕訳及び各期の損益を示しなさい。

⑴　×4年3月1日に甲商品について、4月末日を限月とする甲商品先物を10個@500円で買い建てた。
　　なお、当該取引について、委託証拠金100円を支払った。

⑵　×4年3月31日（決算日）における4月末を限月とする甲商品先物価格は@480円であった。

⑶　×4年4月1日（期首）

⑷　×4年4月30日に先物取引の反対売買を行い、差金決済した。なお、決済時点における4月末日を
　　限月とする甲商品先物価格は、@440円であった。また、委託証拠金が返金された。

■ 解答解説（単位：円）||||||||||||||||||||||||||||||||||||||||||||||||||||||||||||||||||||||||

1．仕訳

⑴　×4年3月1日（契約日）

（借）先物取引差入証拠金	100	（貸）現　金　預　金	100

⑵　×4年3月31日（決算日）

（借）先物取引損益	200	（貸）先物取引負債	200

※　｜@500（契約時先物価格）－@480（決算時先物価格）｜×10個＝200（損）

⑶　×4年4月1日（期首）

（借）先物取引負債	200	（貸）先物取引損益	200

⑷　×4年4月30日（決済日）

①　先物取引の決済

（借）先物取引損益	600	（貸）現　金　預　金	600

※　｜@500（契約時先物価格）－@440（決済時先物価格）｜×10個＝600（損）

②　委託証拠金の返還

（借）現　金　預　金	100	（貸）先物取引差入証拠金	100

2．各期の損益

×4年3月期・・・先物取引損：△200

×5年3月期・・・先物取引損：200（期首）－600（決済日）＝△400

第12章　デリバティブ（金融商品会計）

■ 例題3　債券先物取引①（売建）

以下の資料に基づき、必要な仕訳及び各期の損益を示しなさい。

(1)　×1年1月20日に国債先物額面500,000円（5,000口）を額面100円につき108円で売り建てた。なお、委託証拠金として16,000円を証券会社に支払った。

(2)　×1年3月31日（決算日）における先物価格は104円であった。

(3)　×1年4月1日（期首）

(4)　×1年5月20日に先物価格が102円に値下がりしたため、反対売買による差金決済を行った。また、委託証拠金が返金された。

■ 解答解説 （単位：円）||||||||||||||||||||||||||||||||||||||||||||||||||||||||||||||||||||||||||||

1．仕訳

(1)　×1年1月20日（契約日）

（借）先物取引差入証拠金	16,000	（貸）現　金　預　金	16,000

(2)　×1年3月31日（決算日）

（借）先物取引資産	20,000	（貸）先物取引損益	20,000

　　※　｜@108（契約時先物価格）－@104（決算時先物価格）｜×5,000口＝20,000（益）

(3)　×1年4月1日（期首）

（借）先物取引損益	20,000	（貸）先物取引資産	20,000

(4)　×1年5月20日（決済日）

①　先物取引の決済

（借）現　金　預　金	30,000	（貸）先物取引損益	30,000

　　※　｜@108（契約時先物価格）－@102（決済時先物価格）｜×5,000口＝30,000（益）

②　委託証拠金の返還

（借）現　金　預　金	16,000	（貸）先物取引差入証拠金	16,000

2．各期の損益

　　×1年3月期・・・先物取引益：20,000

　　×2年3月期・・・先物取引益：△20,000（期首）＋30,000（決済日）＝10,000

268
（第12章 - 10）

■ 例題 4　債券先物取引②（売建）　　　　　　　　　　　　重要度 B

以下の資料に基づき、必要な仕訳及び各期の損益を示しなさい。

⑴　×1年1月20日に国債先物額面500,000円（5,000口）を額面100円につき108円で売り建てた。なお、委託証拠金として16,000円を証券会社に支払った。

⑵　×1年3月31日（決算日）における先物価格は110円であった。

⑶　×1年4月1日（期首）

⑷　×1年5月20日に先物価格が113円に値上がりし、反対売買による差金決済を行った。また、委託証拠金が返金された。

■ 解答解説（単位：円）||||||||||||||||||||||||||||||||||||||||||||||||||||||||||||||||||||||||||||||||||

1．仕訳

⑴　×1年1月20日（契約日）

（借）先物取引差入証拠金	16,000	（貸）現　金　預　金	16,000

⑵　×1年3月31日（決算日）

（借）先 物 取 引 損 益	10,000	（貸）先 物 取 引 負 債	10,000

　　※　｜@110（決算時先物価格）－@108（契約時先物価格）｜×5,000口＝10,000（損）

⑶　×1年4月1日（期首）

（借）先 物 取 引 負 債	10,000	（貸）先 物 取 引 損 益	10,000

⑷　×1年5月20日（決済日）

①　先物取引の決済

（借）先 物 取 引 損 益	25,000	（貸）現　金　預　金	25,000

　　※　｜@113（決済時先物価格）－@108（契約時先物価格）｜×5,000口＝25,000（損）

②　委託証拠金の返還

（借）現　金　預　金	16,000	（貸）先物取引差入証拠金	16,000

2．各期の損益

　　×1年3月期・・・先物取引損：△10,000

　　×2年3月期・・・先物取引損：10,000（期首）－25,000（決済日）＝△15,000

第3節　オプション取引

1 概要

(1) 意義

オプション取引とは、原資産を一定の期日までに**一定の価額で売買する「権利」を売買する取引**をいう。買い手は売り手からオプション（権利）を購入し、その対価として**オプション料を支払う**。なお、オプション料は、先物取引の委託証拠金とは異なり、オプションの購入代金であるため、返還はされない。

買い手はオプション料を支払うことで、オプションを行使するか、放棄するかを選択することができる点が、強制的に決済が必要な先物取引との大きな違いである。つまり、オプションの買い手は、損失が生じる場合には権利を行使しないことができる。

なお、オプション取引の売り手は、買い手がオプションを行使した場合には、それに応じる義務を負っている。

買い手	オプションを購入し、オプション料を支払う	オプションを行使する権利
売り手	オプションを販売し、オプション料を受け取る	オプションを引き受ける義務

(2) オプション取引の種類

通貨オプション取引　金利先物オプション取引　債券先物オプション取引　株価指数オプション取引

(3) コール・オプション及びプット・オプションによる分類

権利の種類	取引	買い手・売り手	
買う権利	コール・オプション	買い：買う権利の買い手	（買建）
		売り：買う権利の売り手	（売建）
売る権利	プット・オプション	買い：売る権利の買い手	（買建）
		売り：売る権利の売り手	（売建）

2 買い手側の会計処理

(1) 契約時

オプション料を「買建オプション」勘定（資産）として計上する。

（借）買 建 オ プ シ ョ ン	×××	（貸）現　金　預　金	×××

(2) 決算時

決算時に時価評価を行い、評価差額を「買建オプション」勘定（資産）、「オプション損益」勘定に計上する。評価差額は、オプションの取得原価と期末時価との差額で算定する。

（借）買 建 オ プ シ ョ ン	×××	（貸）オ プ シ ョ ン 損 益	×××

(3) 翌期首

通常、翌期首において再振替仕訳を行う。

（借）オ プ シ ョ ン 損 益	×××	（貸）買 建 オ プ シ ョ ン	×××

(4) 転売時又は権利行使時

決済差額とオプション料の差額を「オプション損益」勘定として計上する。

（借）現　金　預　金	×××	（貸）買 建 オ プ シ ョ ン	×××
		オ プ シ ョ ン 損 益	×××

(5) 権利行使をせずに満期を迎えた場合（権利放棄をした場合）

オプション料を損失として、「オプション損益」勘定（費用）により計上する。

（借）オ プ シ ョ ン 損 益	×××	（貸）買 建 オ プ シ ョ ン	×××

■ 例題5　通貨オプション取引（コール・オプション）

重要度Ⓒ

以下の資料に基づき、各問に答えなさい。

(1)　×1年3月1日に以下の条件で通貨オプションを締結した。

　①　種類：コール・オプションの買建て（ドルコール）

　②　想定元本：500ドル

　③　期限：2ヶ月

　④　権利行使価格：1ドル＝120円

　⑤　取得時のコール・オプションの価格：1円／ドル

(2)　×1年3月31日（決算日）のコール・オプションの価格は1.5円／ドルである。

(3)　×1年4月1日（期首）

(4)　×1年4月30日（権利行使期限）

問1　×1年4月30日の為替相場が1ドル＝124円の場合の仕訳及び各期の損益を示しなさい。

問2　×1年4月30日の為替相場が1ドル＝118円の場合の仕訳及び各期の損益を示しなさい。

問3　×1年4月20日にコール・オプションを転売した場合の仕訳及び各期の損益を示しなさい。

　　　なお、転売時のコール・オプションの価格は3円／ドルであった。

■ 解答解説（単位：円）

問1

1．仕訳

(1)　×1年3月1日（契約日）

（借）買建オプション	500	（貸）現　金　預　金	500

　※　500ドル（想定元本）×@1円（取得価格）＝500

(2)　×1年3月31日（決算日）

（借）買建オプション	250	（貸）オプション損益	250

　※　500ドル（想定元本）×｜@1.5円（時価）－@1円（取得価格）｜＝250

(3)　×1年4月1日（期首）

（借）オプション損益	250	（貸）買建オプション	250

(4)　×1年4月30日（権利行使時）

（借）現　金　預　金	2,000[※1]	（貸）買建オプション	500
		オプション損益	1,500[※2]

　※1　現金預金：500ドル（想定元本）×｜@124円（権利行使時相場）－@120円（権利行使価格）｜＝2,000

　※2　オプション損益：差額

2．各期の損益

×1年3月期・・・オプション益：250

×2年3月期・・・オプション益：△250（期首）＋1,500（権利行使時）＝1,250

問2

1．仕訳

(1)　×1年3月1日（契約日）

（借）買建オプション	500	（貸）現　金　預　金	500

(2)　×1年3月31日（決算日）

（借）買建オプション	250	（貸）オプション損益	250

(3)　×1年4月1日（期首）

（借）オプション損益	250	（貸）買建オプション	250

(4)　×1年4月30日（権利放棄時）

（借）オプション損益	500	（貸）買建オプション	500

※　権利行使すると損失を被るので権利行使は行わないが、オプション料が損失となる。

2．各期の損益

×1年3月期・・・オプション益：250

×2年3月期・・・オプション損：△250（期首）－500（権利放棄時）＝△750

問3

1．仕訳

(1)　×1年3月1日（契約日）

（借）買建オプション	500	（貸）現　金　預　金	500

(2)　×1年3月31日（決算日）

（借）買建オプション	250	（貸）オプション損益	250

(3)　×1年4月1日（期首）

（借）オプション損益	250	（貸）買建オプション	250

(4)　×1年4月20日（転売時）

（借）現　金　預　金	1,500[※1]	（貸）買建オプション	500
		オプション損益	1,000[※2]

※1　現金預金：500ドル（想定元本）×@3円（売却価格）＝1,500
※2　オプション損益：差額

第12章　デリバティブ（金融商品会計）

２．各期の損益

×１年３月期・・・オプション益：250

×２年３月期・・・オプション益：△250（期首）＋1,000（転売時）＝750

参考 オプション価格の内訳

オプション価格は「本質価値」と「時間価値」から構成されている。

本質価値とは、現在の原資産価格と権利行使価格の差であり、時間の経過からは独立した価値部分（今権利行使したら得られる価値）である。

一方、時間価値とは、オプション価格のうち、時間の経過に依存して変化する価値部分をいい、満期日までの原資産価格の変動性と金利に対する価値（満期日までの不確実性に対する価値）である。

$$\text{オプション価格 ＝ 本質価値 ＋ 時間価値}$$

$$\text{本質価値 ＝ 権利行使価格 － 現在の原資産価格}$$

$$\text{時間価値 ＝ オプション価格 － 本質価値}$$

問1 において、仮に×１年３月31日の為替相場が１ドル＝121円であった場合、オプション価格の内訳は以下のようになる。

	オプション価格	本質価値	時間価値
×1年3月1日	1円／ドル	0円／ドル	1円／ドル
×1年3月31日	1.5円／ドル	1円／ドル	0.5円／ドル
×1年4月30日	4円／ドル	4円／ドル	0円／ドル

第4節　スワップ取引

1　概要

(1)　意義

スワップ取引とは、将来生じるキャッシュ・フローを交換することを約束する取引である。

(2)　スワップ取引の種類

金利スワップ取引	固定金利と変動金利を交換する取引
通貨スワップ取引	円貨の支払と外貨の支払を交換する取引

具体例 金利スワップ取引

当社は将来金利が上昇すると見込んでいる。そこで、金利差による利益を獲得するために、固定金利（5％）を支払い、変動金利を受け取るという金利スワップ契約を締結した。

（ケース1）変動金利が8％に上昇した場合
固定金利5％を銀行に支払い、変動金利8％を受け取るため、正味3％の金額を差金決済する。

（ケース2）変動金利が1％に下落した場合
固定金利5％を銀行に支払い、変動金利1％を受け取るため、正味4％の金額を差金決済する。

2　会計処理

(1)　契約時

仕　訳　な　し

(2)　金利交換時

金利スワップ取引に伴う変動金利の受取りと固定金利の支払いの差額を、「金利スワップ損益」勘定として計上する。

金利スワップ損益 ＝ 想定元本 × （変動金利の利率 － 固定金利の利率）

※　利息の計算と同様に、月割計算が必要な場合には、月割計算を行う。

〔利益が発生している場合〕

（借）現　金　預　金	×××	（貸）金利スワップ損益	×××

〔損失が発生している場合〕

(借) 金利スワップ損益	×××	(貸) 現 金 預 金	×××

(3) 決算時

　　金利スワップはデリバティブである以上、当該金利スワップは時価評価され「金利スワップ資産」勘定 **(資産)** に計上し、評価差額は当期の損益として、「金利スワップ損益」勘定により計上する。なお、金利スワップの時価は、当該金利スワップ契約からもたらされる将来の利益もしくは損失の現在価値として算定できるが、通常、金利スワップの時価は問題で明示される。

金利スワップの時価 ＝ 金利スワップ損益

〔利益が発生している場合〕

(借) 金利スワップ資産	×××	(貸) 金利スワップ損益	×××

〔損失が発生している場合〕

(借) 金利スワップ損益	×××	(貸) 金利スワップ負債	×××

　※　変動金利の指標には、東京市場の銀行間取引金利であるＴＩＢＯＲ等がある。

■ 例題6　金利スワップ取引

以下の資料に基づき、必要な仕訳を示しなさい。

(1)　当社は×1年7月1日に以下の条件で金利スワップ契約を締結した。

　　①　想定元本：10,000円

　　②　金利：変動金利を受取り、固定金利年2.5％を支払う

　　③　金利交換日：6月末、12月末

　　④　支払金利は支払日から6ヶ月前の変動金利水準が適用される。なお、×1年7月1日の変動金利
　　　水準は年3％とする。

(2)　×1年12月31日（決算日）

　　当該金利スワップ契約の時価は50円である。

■ 解答解説 （単位：円）

(1)　×1年7月1日（契約日）

仕　訳　な　し

(2)　×1年12月31日（金利交換日及び決算日）

　①　金利交換

（借）現　金　預　金	25	（貸）金利スワップ損益	25

　　※　10,000（想定元本）×｜3％（変動受取）－2.5％（固定支払）｜×6ヶ月（X1.7〜X1.12）/12ヶ月＝25

　②　時価評価

（借）金利スワップ資産	50	（貸）金利スワップ損益	50

固定金利2.5％を銀行に支払い、変動金利3％を受け取るため、正味0.5％の金額を差金決済する。

当社　←　差金決済0.5％　←　銀行

第5節 ヘッジ取引

1 意義

ヘッジ取引とは、①ヘッジ対象の資産又は負債に係る相場変動を相殺する（公正価値ヘッジ）か、②ヘッジ対象の資産又は負債に係るキャッシュ・フローを固定してその変動を回避する（キャッシュ・フロー・ヘッジ）ことにより、ヘッジ対象である資産、負債の価格変動、金利変動及び為替変動といった相場変動等による損失の可能性を減殺することを目的として、デリバティブ取引をヘッジ手段として用いる取引をいう。

ヘッジ目的	保有する資産・負債に係る相場変動リスクを回避すること
投機目的	少額の資金で大きな利益を得ること

2 ヘッジ会計

(1) 意義

ヘッジ会計とは、ヘッジ取引のうち一定の要件を満たすものについて、ヘッジ対象に係る損益とヘッジ手段に係る損益を同一の会計期間に認識し、ヘッジの効果を適切に反映させるための特殊な会計処理をいう。

なお、ヘッジ会計の会計処理として、「繰延ヘッジ」と「時価ヘッジ」がある。

(2) 必要性

ヘッジ対象の相場変動等による損失の可能性をヘッジ手段により減殺している効果を財務諸表に適切に表示するためには、ヘッジ対象に係る損益とヘッジ手段に係る損益を同一の会計期間に認識する必要がある。

しかし、ヘッジ手段（デリバティブ取引）に係る損益は、毎期時価評価されるのに対し、ヘッジ対象に係る損益は、時価評価されるとは限らないため、両者の損益が同一の会計期間に認識されないことが多い。

そのため、両者の損益が同一の会計期間に認識されない場合は、両者の損益を同一の会計期間に認識し、ヘッジの効果を適切に財務諸表に反映させるための特殊な会計処理であるヘッジ会計を行う必要性が生じる。なお、ヘッジ会計は本来の会計処理方法による純損益への計上時期を例外的にずらすものであるため、利益操作に用いられる危険性がある。よって、ヘッジ会計を適用するための要件は厳格に定められており、ヘッジ目的の取引に限定される。

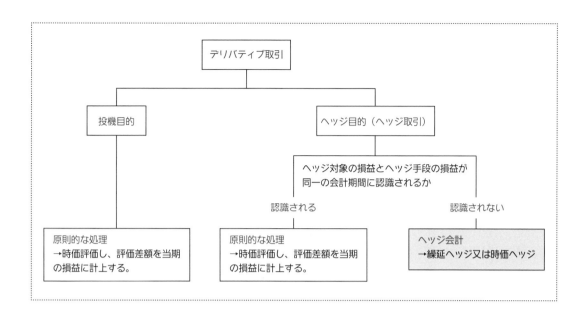

第12章　デリバティブ（金融商品会計）

3 繰延ヘッジ

(1) 意義

繰延ヘッジとは、ヘッジ手段の時価評価によって生じた損益を、「繰延ヘッジ損益」勘定（純資産）を用いてヘッジ対象に係る損益が認識されるまで、純資産に繰り延べる方法である。

(2) 会計処理

その他有価証券（ヘッジ対象）を取得し、債券先物（ヘッジ手段）の売建を行った場合、繰延ヘッジによる会計処理（税効果を適用しない場合）を示すと以下のようになる。

① 取得時

（借）投 資 有 価 証 券	×××	（貸）現 金 預 金	×××

② 決算時

〔ヘッジ対象に係る仕訳〕

（借）その他有価証券評価差額金	×××	（貸）投 資 有 価 証 券	×××

〔ヘッジ手段に係る仕訳〕

（借）先 物 取 引 資 産	×××	（貸）繰 延 ヘ ッ ジ 損 益	×××

※ ヘッジ手段に係る損益は、「繰延ヘッジ損益」勘定（純資産）により繰り延べる。

③ 翌期首

〔ヘッジ対象に係る仕訳〕

（借）投 資 有 価 証 券	×××	（貸）その他有価証券評価差額金	×××

〔ヘッジ手段に係る仕訳〕

（借）繰 延 ヘ ッ ジ 損 益	×××	（貸）先 物 取 引 資 産	×××

④ 決済時

〔ヘッジ対象に係る仕訳〕

（借）現 金 預 金	×××	（貸）投 資 有 価 証 券	×××
投資有価証券売却損益	×××		

〔ヘッジ手段に係る仕訳〕

（借）現 金 預 金	×××	（貸）投資有価証券売却損益	×××

※ ヘッジ手段から生じた損益は、ヘッジ対象に係る勘定科目と同一のものを使用する。

(3) 貸借対照表の表示

繰延ヘッジ損益は、貸借対照表の純資産の部の「評価・換算差額等」の区分に表示する（その他有価証券評価差額金と同様の取り扱い）。

4　時価ヘッジ

(1)　意義

時価ヘッジとは、ヘッジ対象の相場変動等を損益に反映させ、損益の計上タイミングをヘッジ手段に合わせる方法である。時価ヘッジは、現行制度上、その他有価証券にのみ適用される。

(2)　会計処理

その他有価証券（ヘッジ対象）を取得し、債券先物（ヘッジ手段）の売建を行った場合、時価ヘッジによる会計処理を示すと以下のようになる。

① 取得時

（借）投 資 有 価 証 券	×× ×	（貸）現　金　預　金	×× ×

② 決算時

〔ヘッジ対象に係る仕訳〕

（借）投資有価証券評価損益	×× ×	（貸）投 資 有 価 証 券	×× ×

※　ヘッジ対象に係る損益を、当期の損益として計上する。

〔ヘッジ手段に係る仕訳〕

（借）先 物 取 引 資 産	×× ×	（貸）投資有価証券評価損益	×× ×

③ 翌期首

〔ヘッジ対象に係る仕訳〕

（借）投 資 有 価 証 券	×× ×	（貸）投資有価証券評価損益	×× ×

〔ヘッジ手段に係る仕訳〕

（借）投資有価証券評価損益	×× ×	（貸）先 物 取 引 資 産	×× ×

④ 決済時

〔ヘッジ対象に係る仕訳〕

（借）現　金　預　金	×× ×	（貸）投 資 有 価 証 券	×× ×
投資有価証券売却損益	×× ×		

〔ヘッジ手段に係る仕訳〕

（借）現　金　預　金	×× ×	（貸）投資有価証券売却損益	×× ×

■ 例題7　ヘッジ会計①（先物取引）

重要度 B

　以下の資料に基づき、各問に答えなさい。なお、その他有価証券の評価差額については全部純資産直入法による。また、指示のない限り、税効果会計は考慮しない。

(1)　当社は×1年2月1日に国債額面総額300,000円（3,000口）を1口100円について100円で取得し、その他有価証券として保有している。なお、当該国債価格の値下がりが予想されるため、想定元本300,000円の債券先物の売建取引を行った。

(2)　×1年3月31日（決算日）

(3)　×1年4月1日（期首）

(4)　×1年5月15日に現物国債を売却し、先物取引を反対売買により決済した。

〔国債現物価格と債券先物価格の推移〕

	国債現物価格	債券先物価格
×1年2月1日	100円	103円
×1年3月31日	98円	101円
×1年5月15日	96円	98円

問1　ヘッジ会計を適用しない場合の仕訳を示しなさい。

問2　繰延ヘッジを適用した場合の仕訳を示しなさい。

問3　時価ヘッジを適用した場合の仕訳を示しなさい。

問4　繰延ヘッジ及び税効果会計（法定実効税率：40%）を適用した場合の決算時の仕訳を示しなさい。

■ 解答解説（単位：円）||||||||||||||||||||||||||||||||||||||||||||||||||||||||||||||||||||||||||||||

問1　ヘッジ会計を適用しない場合

(1)　×1年2月1日（取得日）

（借）投 資 有 価 証 券	300,000	（貸）現 　 金 　 預 　 金	300,000

(2)　×1年3月31日（決算日）

〔ヘッジ対象に係る仕訳〕

（借）その他有価証券評価差額金	6,000	（貸）投 資 有 価 証 券	6,000

　　※　｜@100（取得時現物価格）－@98（決算時現物価格）｜×3,000口＝6,000（損）

〔ヘッジ手段に係る仕訳〕

（借）先 物 取 引 資 産	6,000	（貸）先 物 取 引 損 益	6,000

　　※　先物取引損益：｜@103（契約時先物価格）－@101（決算時先物価格）｜×3,000口＝6,000（益）

(3)　×1年4月1日（期首）

〔ヘッジ対象に係る仕訳〕

（借）投 資 有 価 証 券	6,000	（貸）その他有価証券評価差額金	6,000

〔ヘッジ手段に係る仕訳〕

（借）　先 物 取 引 損 益	6,000	（貸）　先 物 取 引 資 産	6,000

⑷　×1年5月15日（決済日）

〔ヘッジ対象に係る仕訳〕

（借）　現 　 金 　 預 　 金	288,000	（貸）　投 資 有 価 証 券	300,000
投資有価証券売却損益	12,000※		

　　※　｜@100（取得時現物価格）－@96（決済時現物価格）｜×3,000口＝12,000（損）

〔ヘッジ手段に係る仕訳〕

（借）　現 　 金 　 預 　 金	15,000	（貸）　先 物 取 引 損 益	15,000

　　※　｜@103（契約時先物価格）－@98（決済時先物価格）｜×3,000口＝15,000（益）

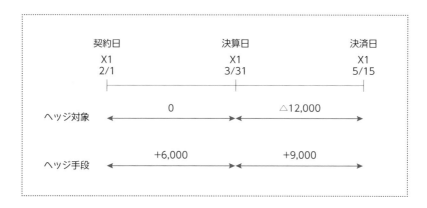

問2　繰延ヘッジを適用した場合

⑴　×1年2月1日（取得日）

（借）　投 資 有 価 証 券	300,000	（貸）　現 　 金 　 預 　 金	300,000

⑵　×1年3月31日（決算日）

〔ヘッジ対象に係る仕訳〕

（借）　その他有価証券評価差額金	6,000	（貸）　投 資 有 価 証 券	6,000

〔ヘッジ手段に係る仕訳〕

（借）　先 物 取 引 資 産	6,000	（貸）　繰 延 ヘ ッ ジ 損 益	6,000

⑶　×1年4月1日（期首）

〔ヘッジ対象に係る仕訳〕

（借）　投 資 有 価 証 券	6,000	（貸）　その他有価証券評価差額金	6,000

〔ヘッジ手段に係る仕訳〕

（借）　繰 延 ヘ ッ ジ 損 益	6,000	（貸）　先 物 取 引 資 産	6,000

(4)　×1年5月15日（決済日）

〔ヘッジ対象に係る仕訳〕

| （借）現　金　預　金 | 288,000 | （貸）投 資 有 価 証 券 | 300,000 |
| 　　　投資有価証券売却損益 | 12,000 | | |

〔ヘッジ手段に係る仕訳〕

| （借）現　金　預　金 | 15,000 | （貸）投資有価証券売却損益 | 15,000 |

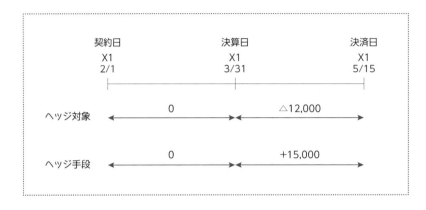

問3　時価ヘッジを適用した場合

(1)　×1年2月1日（取得日）

| （借）投 資 有 価 証 券 | 300,000 | （貸）現　金　預　金 | 300,000 |

(2)　×1年3月31日（決算日）

〔ヘッジ対象に係る仕訳〕

| （借）投資有価証券評価損益 | 6,000 | （貸）投 資 有 価 証 券 | 6,000 |

〔ヘッジ手段に係る仕訳〕

| （借）先 物 取 引 資 産 | 6,000 | （貸）投資有価証券評価損益 | 6,000 |

(3)　×1年4月1日（期首）

〔ヘッジ対象に係る仕訳〕

| （借）投 資 有 価 証 券 | 6,000 | （貸）投資有価証券評価損益 | 6,000 |

〔ヘッジ手段に係る仕訳〕

| （借）投資有価証券評価損益 | 6,000 | （貸）先 物 取 引 資 産 | 6,000 |

(4)　×1年5月15日（決済日）

〔ヘッジ対象に係る仕訳〕

| （借）現　金　預　金 | 288,000 | （貸）投 資 有 価 証 券 | 300,000 |
| 　　　投資有価証券売却損益 | 12,000 | | |

〔ヘッジ手段に係る仕訳〕

(借) 現 金 預 金	15,000	(貸) 投資有価証券売却損益	15,000

問4 繰延ヘッジ・税効果会計を適用した場合

〔ヘッジ対象に係る仕訳〕

(借) 繰 延 税 金 資 産	2,400	(貸) 投 資 有 価 証 券	6,000
その他有価証券評価差額金	3,600※		

※ ｜@100 (取得時現物価格) −@98 (決算時現物価格)｜ ×3,000口× ｜1−40% (税率)｜ = 3,600 (評価損)

〔ヘッジ手段に係る仕訳〕

(借) 先 物 取 引 資 産	6,000	(貸) 繰 延 税 金 負 債	2,400
		繰 延 ヘ ッ ジ 損 益	3,600※

※ ｜@103 (売建時先物価格) −@101 (決算時先物価格)｜ ×3,000口× ｜1−40% (税率)｜ = 3,600 (益)

5 ヘッジ会計における金利スワップの会計処理

ヘッジ会計における金利スワップの会計処理は以下のとおりである。

繰延ヘッジ (原則)	ヘッジ会計における金利スワップの原則的な処理方法は、時価評価を行い、損益は純資産の部に繰り延べる。
特例処理	金利スワップを時価評価せず、金銭の受払等の純額を当該資産又は負債に係る利息に加減して処理することができる。

(1) **繰延ヘッジ**

変動金利の借入を行い、変動金利を固定金利に変換する金利スワップを締結した場合の会計処理を示すと以下のようになる。

① 借入時（契約時）

(借) 現 金 預 金	×××	(貸) 借 入 金	×××

② 利息支払時

〔ヘッジ対象に係る仕訳〕

ヘッジ対象に係る変動金利の支払額を「支払利息」勘定として計上する。

(借) 支 払 利 息	×××	(貸) 現 金 預 金	×××

〔ヘッジ手段に係る仕訳〕

変動金利の受取額と固定金利の支払額の純額を「支払利息」勘定として計上する。

(借) 現 金 預 金	×××	(貸) 支 払 利 息	×××

③ 決算時

金利スワップ契約を時価評価し、評価差額を「繰延ヘッジ損益」勘定（純資産）に繰り延べる。

(借) 金利スワップ資産	×××	(貸) 繰 延 ヘ ッ ジ 損 益	×××

(2) **特例処理**

変動金利の借入を行い、変動金利を固定金利に変換する金利スワップを締結した場合の会計処理を示すと以下のようになる。

① 借入時（契約時）

(借) 現 金 預 金	×××	(貸) 借 入 金	×××

② 利息支払時

〔ヘッジ対象に係る仕訳〕

(借) 支 払 利 息	×××	(貸) 現 金 預 金	×××

〔ヘッジ手段に係る仕訳〕

(借) 現 金 預 金	×××	(貸) 支 払 利 息	×××

③ 決算時

特例処理の場合、金利スワップ契約を時価評価しない。

仕 訳 な し

■ 例題8　ヘッジ会計②（金利スワップ）　重要度 B

以下の資料に基づき、各問に答えなさい。

(1)　×1年4月1日に、A銀行より以下の条件で借り入れを行った

①　借入金額：2,000,000円

②　借入期間：3年間

③　金利：変動金利（6ヶ月TIBOR＋0.4%）を支払う

④　利払日：3月末、9月末

(2)　×1年4月1日に、A銀行に支払う変動金利を固定金利に変換するため、B銀行と以下の条件で金利スワップ契約を締結した。

①　想定元本：2,000,000円

②　契約期間：3年間

③　金利：変動金利（6ヶ月TIBOR＋0.4%）を受け取り、固定金利年3.5%を支払う。

④　利払日：3月末、9月末

(3)　各利払日において適用される6ヶ月TIBORは以下のとおりである。

×1年9月30日	年3.2%
×2年3月31日	年3.4%

(4)　当期末の金利スワップの時価は19,000円であった。

問1　繰延ヘッジを適用した場合の仕訳及び繰延ヘッジ損益と支払利息の財務諸表計上額を示しなさい。

問2　特例処理を適用した場合の仕訳及び繰延ヘッジ損益と支払利息の財務諸表計上額を示しなさい。

■ 解答解説 （単位：円）||||||||||||||||||||||||||||||||||||||||||||||||||||||||||||||||||||||||||||||||||

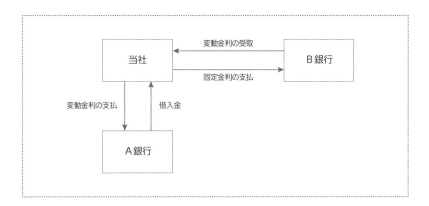

問1　繰延ヘッジを適用した場合

1．仕訳

(1)　×1年4月1日

（借）現　金　預　金	2,000,000	（貸）借　　入　　金	2,000,000

(2) 利払日

① ×1年9月30日

〔ヘッジ対象に係る仕訳〕

(借) 支 払 利 息	36,000	(貸) 現 金 預 金	36,000

※　変動金利：2,000,000（元本）×｜3.2%（TIBOR）＋0.4%｜×6ヶ月（X1.4～X1.9）／12ヶ月＝36,000

〔ヘッジ手段に係る仕訳〕

(借) 現 金 預 金	1,000	(貸) 支 払 利 息	1,000[※1]

※1　支払利息：36,000（変動金利）－35,000（固定金利[※2]）＝1,000
※2　固定金利：2,000,000（想定元本）×3.5%×6ヶ月（X1.4～X1.9）／12ヶ月＝35,000

② ×2年3月31日

〔ヘッジ対象に係る仕訳〕

(借) 支 払 利 息	38,000	(貸) 現 金 預 金	38,000

※　変動金利：2,000,000（元本）×｜3.4%（TIBOR）＋0.4%｜×6ヶ月（X1.10～X2.3）／12ヶ月＝38,000

〔ヘッジ手段に係る仕訳〕

(借) 現 金 預 金	3,000	(貸) 支 払 利 息	3,000[※1]

※1　支払利息：38,000（変動金利）－35,000（固定金利[※2]）＝3,000
※2　固定金利：35,000（X1.9.30と同様）

(3) 決算日（時価評価）

(借) 金利スワップ資産	19,000	(貸) 繰 延 ヘッジ 損 益	19,000

※　金利スワップ契約を時価評価し、評価差額を「繰延ヘッジ損益」勘定（純資産）に繰り延べる。

2．財務諸表計上額

繰延ヘッジ損益：19,000

支払利息：$\underline{36,000 - 1,000}$（2）① ＋ $\underline{38,000 - 3,000}$（2）② ＝ 70,000

※　ヘッジ会計を適用した場合、下記のように直接算定することもできる。
2,000,000（元本）×3.5%（固定金利）＝70,000

問2 特例処理を適用した場合

1．仕訳

(1) ×1年4月1日～×2年3月31日（利払日）まで

×2年3月31日（利払日）までの仕訳は、問1と同じになる。

(2) ×2年3月31日（決算日）

仕 訳 な し

※　特例処理の場合、金利スワップ契約の時価評価は行わない。

2．財務諸表計上額

繰延ヘッジ損益：ゼロ

支払利息：70,000（問1と同じ）

第 **13**章

リース会計

第1節　リース取引の概略

1 意義 ✓ 簿記3,2級

　リース取引とは、特定の物件の所有者たる**貸手（レッサー）**が、当該物件の**借手（レッシー）**に対し、合意された期間（以下「**リース期間**」という。）にわたり、これを使用する権利を与え、借手は、合意された使用料（以下「**リース料**」という。）を貸手に支払う取引をいう。

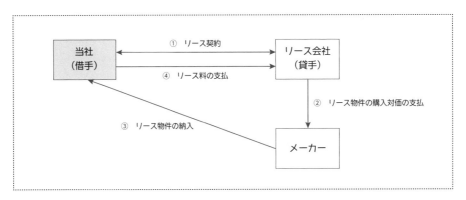

2 分類

(1) リース取引の経済的実質による分類

　リース取引は、その経済的実質に基づいて、**ファイナンス・リース取引（FL）**と**オペレーティング・リース取引（OL）**とに分類される。

ファイナンス・リース取引	経済的実質が売買取引であるリース取引
オペレーティング・リース取引	ファイナンス・リース取引以外のリース取引

(2) ファイナンス・リース取引の所有権移転の有無による分類

　借手側はリース物件を賃借しているのみであるため、リース物件の所有権は貸手側にある。そのため、本来はリース期間の満了時にリース物件は貸手に返却される。これを**所有権移転外ファイナンス・リース取引**という。対して、契約等により、リース期間終了後に借手にリース物件の所有権が移転する場合がある。このようなリース取引は、**所有権移転ファイナンス・リース取引**となる。

〔リース取引の分類〕

リース取引	ファイナンス・リース取引	所有権移転ファイナンス・リース取引	売買処理
		所有権移転外ファイナンス・リース取引	
	オペレーティング・リース取引		賃貸借処理

> **参考** 所有権移転ファイナンス・リース取引
>
> 下記に該当するファイナンス・リース取引は、所有権移転ファイナンス・リース取引となる。
> ・リース契約上、割安購入選択権（借手がリース物件を有利な価額で買い取る権利）が与えられており、その行使が確実に予想されるリース取引
> ・リース物件が、借手の用途に合わせた特別な仕様である場合のリース取引

3　ファイナンス・リース取引の具体的な判断基準

　①解約不能の要件及び②フルペイアウトの要件の**両方を満たす**リース取引は、ファイナンス・リース取引に該当する。

① 　解約不能（ノンキャンセラブル）の要件

　　リース契約に基づくリース期間の中途において当該契約を解除することができないリース取引又はこれに準ずるリース取引は、解約不能の要件を満たすと判定する。

② 　フルペイアウトの要件

　　借手が、リース物件からもたらされる経済的利益を実質的に享受することができ、かつ、当該リース物件の使用に伴って生じるコストを実質的に負担するリース取引は、フルペイアウトの要件を満たすと判定する。

　　なお、ファイナンス・リース取引に該当するかどうかについては、上記2つの要件を満たす必要があり、その経済的実質に基づいて判断するものであるが、次の**いずれかに該当する場合**には、ファイナンス・リース取引と判定される（金額基準）。

現在価値基準	解約不能のリース期間中のリース料総額の割引現在価値が、見積現金購入価額の概ね90％以上であること
経済的耐用年数基準	解約不能のリース期間が、当該リース物件の経済的耐用年数の概ね75％以上であること

第13章　リース会計

■ 例題1　ファイナンス・リース取引の判定　　　　　　　　　　　　重要度 B

以下のリース契約について、ファイナンス・リース取引であるか否か判定しなさい。

① リース期間：3年間（中途解約不可）

② リース料総額の割引現在価値：27,232円

③ リース資産の見積現金購入価額：27,751円

④ リース資産の経済的耐用年数：4年

■ 解答解説（単位：円）||||||||||||||||||||||||||||||||||||||||||||||||||||||||||||||||||||||||||||||||||||||||||||||||||||||||||

1．金額基準

(1) 現在価値基準

27,232（リース料総額の割引現在価値）≧ 27,751（見積現金購入価額）×90% ≒ 24,976

(2) 経済的耐用年数基準

リース期間3年 ≧ 4年（耐用年数）×75% = 3年

2．ファイナンス・リース取引の判定

現在価値基準及び経済的耐用年数基準の要件の両方を満たすため、ファイナンス・リース取引に該当する（実際には、どちらか一方を満たせばファイナンス・リース取引に該当すると判断する）。

第2節 オペレーティング・リース取引の借手側の会計処理

1 会計処理 ✓ 簿記3,2級

オペレーティング・リース取引は、賃貸借処理を行う。具体的には、リース料について「支払リース料」勘定（費用）で処理する。「支払リース料」は販売費及び一般管理費の区分に計上される。

〔リース料支払時〕

（借）支 払 リ ー ス 料	×××	（貸）現 金 預 金	×××

■ 例題2　オペレーティング・リース取引　　　　重要度 A

以下の資料に基づき、必要な仕訳を示しなさい。

(1) ×1年4月1日に備品を以下の条件でリースした。なお、当該取引はオペレーティング・リース取引に該当する。

　① リース期間：3年間

　② リース料：10,000円／年

　③ リース料支払日：毎年3月末に1年分を後払い

(2) ×2年3月31日（リース料支払日）

■ 解答解説（単位：円）||||||||||||||||||||||||||||||||

(1) ×1年4月1日（リース取引開始日）

仕　訳　な　し

(2) ×2年3月31日（リース料支払日）

（借）支 払 リ ー ス 料	10,000	（貸）現 金 預 金	10,000

1　基本的な会計処理

　ファイナンス・リース取引は、購入に準じて、売買処理を行う。

① リース開始時

　　リース取引開始日に、リース物件及びリース債務を「リース資産」勘定（資産）及び「リース債務」勘定（負債）として計上する。

（借）リ ー ス 資 産	×××	（貸）リ ー ス 債 務	×××

② リース料支払時

　　リース料支払額を利息相当額部分と元本返済部分に区別する。

（借）支 払 利 息	×××※1	（貸）現 金 預 金	×××
リ ー ス 債 務	×××※2		

　　　※1　支払利息：未返済の元本残高×利率
　　　※2　リース債務：リース料支払額－支払利息

③ 減価償却費の計上

（借）減 価 償 却 費	×××	（貸）減 価 償 却 累 計 額	×××

　　　※　リース資産に計上した金額に基づき、減価償却を行う。

具体例 ファイナンス・リース取引

① ×1年4月1日に、備品をリースした。
② リース期間3年、リース料年1,000円（毎年3月末後払い）
③ 利率年3％

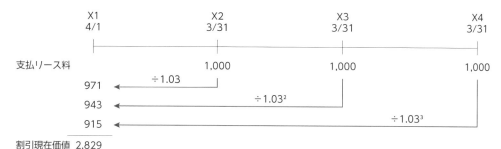

(1) ×1年4月1日（リース開始時）

（借）リース資産	2,829	（貸）リース債務	2,829

(2) ×2年3月31日

① リース料支払時

（借）支払利息	85	（貸）現金預金	1,000
リース債務	915		

　※　支払利息：2,829（リース債務残高）× 3 ％ ≒ 85
　※　リース債務：1,000 － 85（支払利息）= 915

② 減価償却費の計上

（借）減価償却費	943	（貸）減価償却累計額	943

　　※　2,829（リース資産計上額）÷ 3 年 = 943

(3) ×3年3月31日

① リース料支払時

（借）支払利息	57	（貸）現金預金	1,000
リース債務	943		

　※　支払利息：1,914（リース債務残高）× 3 ％ ≒ 57
　※　リース債務：1,000 － 57（支払利息）= 943

② 減価償却費の計上

（借）減価償却費	943	（貸）減価償却累計額	943

(4) ×4年3月31日

① リース料支払時

（借）支払利息	29	（貸）現金預金	1,000
リース債務	971		

　※　支払利息：1,000 － 971（リース債務残高）= 29

② 減価償却費の計上

（借）減価償却費	943	（貸）減価償却累計額	943

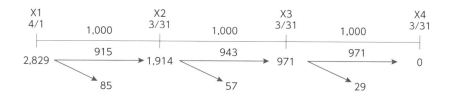

第13章　リース会計

2 リース開始時

(1) リース資産及びリース債務の計上額

リース資産及びリース債務の計上額は、**所有権が移転するか否か**、また、**貸手の購入価額が明らかである**るか否かにより異なる。

	借手においてリース物件の貸手の購入価額が	
	明らかな場合	**明らかでない場合**
所有権移転FL	貸手の購入価額	① リース料総額の割引現在価値 ② 見積現金購入価額※ 　上記のいずれか低い額
所有権移転外FL	① リース料総額の割引現在価値 ② 貸手の購入価額 　上記のいずれか低い額	

※　見積現金購入価額：借手が現金で購入するものと仮定した場合の合理的見積金額

(2) 割引現在価値の算定に用いる利子率

借手において貸手の計算利子率を	
知り得る場合	**知り得ない場合**
貸手の計算利子率	借手の追加借入利子率

※　借手の追加借入利子率：借手が借り入れを行う際に適用されると見積もられる利子率

3 リース料支払時

(1) リース料の支払

リース料の支払額は、**利息相当額部分**と**元本返済部分**に区分して処理する。なお、利息計算は、原則として**利息法**による。なお、リース資産総額に重要性が乏しいと認められる場合には、利息計算を定額法によることができる。

> リース料の支払額 ＝ 元本返済額 ＋ 利息の支払額
> 支払利息 ＝ 未返済元本 × 利子率
> 元本返済額 ＝ リース料の支払額 − 支払利息

(2) 支払利息を算定するための利子率

利息計算の利子率は、リース料総額の割引現在価値が、リース開始時における**リース債務の計上額**と等しくなる利子率を用いる。

リース債務の計上額	利子率
貸手の購入価額	リース料総額の割引現在価値と貸手の購入価額が等しくなる割引率
見積現金購入価額	リース料総額の割引現在価値と見積現金購入価額が等しくなる割引率
リース料総額の割引現在価値	リース料総額の割引現在価値の算定に用いた割引率

4　減価償却費の算定

　　減価償却費の算定方法は、**所有権が移転するか否かにより異なる。**所有権移転ファイナンス・リース取引の場合には、自己所有の同種の資産と同様に算定するが、所有権移転外ファイナンス・リース取引の場合には、自己所有の同種の資産とは異なる方法により算定する。

	耐用年数	残存価額	償却方法
所有権移転ＦＬ	経済的耐用年数	同種の資産と同様	同種の資産の償却方法
所有権移転外ＦＬ	リース期間	ゼロ	合理的な方法

5　貸借対照表の表示

(1)　リース資産

　　原則として有形固定資産、無形固定資産の別に一括して「リース資産」として計上するが、有形固定資産又は無形固定資産に属する各科目に含めることも認められる。

	勘定科目・表示科目	表示区分
原則	「リース資産」	固定資産（有形固定資産又は無形固定資産）
容認	「備品」「ソフトウェア」等	固定資産（有形固定資産又は無形固定資産）

(2)　リース債務

　　一年基準に基づき流動負債と固定負債に区分する。

	勘定科目・表示科目	表示区分
1年以内に支払の期限が到来する額	「リース債務」	流動負債
1年を超えて支払の期限が到来する額	「リース債務」	固定負債

第13章　リース会計

■ 例題3　貸手の購入価額が判明しない場合・所有権移転外ＦＬ　　　　　重要度 **A**

以下の資料に基づき、各問に答えなさい。なお、当期は×1年4月1日から×2年3月31日までの一年間である。

(1) 当社（借手）は×1年4月1日に備品を以下の条件でリースした。

① リース期間：3年間

② リース料：10,000円／年

③ リース料支払日：毎年3月末に1年分を後払い

(2) 上記リース契約は、所有権移転外ファイナンス・リース取引に該当する。

(3) リース資産の見積現金購入価額は27,751円である。なお、借手において貸手の購入価額は不明である。

(4) 当社の追加借入利子率は年5％である。

(5) リース資産と同種の資産の減価償却は、耐用年数4年、残存価額10％、定額法により行っている。

(6) 計算上、端数が生じた場合は最終数値の円未満を四捨五入する。

問1 当期の損益計算書における各費用の金額を答えなさい。

問2 当期末の貸借対照表におけるリース資産（減価償却累計額控除後）の金額を答えなさい。

問3 当期末の貸借対照表におけるリース債務の金額を表示区分別に答えなさい。

■ 解答解説（単位：円）||||||||||||||||||||||||||||||||||||||||||||||||||||||||||||||||||||||||||||||||||||||||||||

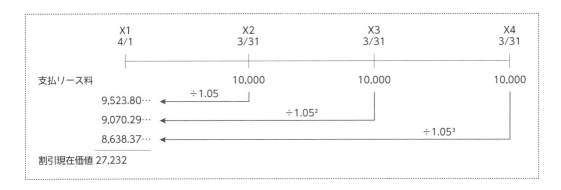

1．リース料総額の割引現在価値の算定

$$10,000 \div 1.05 + 10,000 \div 1.05^2 + 10,000 \div 1.05^3 \fallingdotseq 27,232$$

2．期中仕訳

(1) ×1年4月1日（リース開始時）

（借）リ ー ス 資 産	27,232	（貸）リ ー ス 債 務	27,232

※ リース資産及びリース債務の計上額

① リース料総額の割引現在価値：27,232

② 見積現金購入価額：27,751

③ 判定：① 27,232 ＜ ② 27,751　∴　27,232

⑵　×2年3月31日（リース料支払時）

（借）支　払　利　息	1,362※1	（貸）現　金　預　金	10,000
リ　ー　ス　債　務	8,638※2		

　　※1　支払利息：27,232（リース債務残高）×5％≒1,362
　　※2　リース債務：10,000（リース料）－1,362（支払利息）＝8,638

3．決算整理仕訳

（借）減　価　償　却　費	9,077	（貸）減価償却累計額	9,077

　　※　27,232（リース資産計上額）÷3年（リース期間）≒9,077

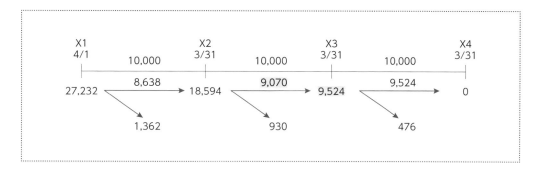

問1　各費用の金額

　　減価償却費：9,077

　　支払利息：1,362

問2　リース資産の金額

　　27,232（リース資産計上額）－9,077（減価償却累計額）＝18,155

問3　リース債務の金額

　　流動負債：9,070（2回目元本返済額）

　　固定負債：9,524（X3.3.31リース債務残高）

現価係数が与えられた場合、下記のように割引現在価値を算定することができる。

年／利率	1％	2％	3％	4％	5％
1年	0.9901	0.9804	0.9709	0.9615	0.9524
2年	0.9803	0.9612	0.9426	0.9246	0.9070
3年	0.9706	0.9423	0.9151	0.8890	0.8638

割引現在価値：<u>10,000×0.9524</u>＋<u>10,000×0.9070</u>＋<u>10,000×0.8638</u>＝27,232

年金現価係数が与えられた場合、下記のように割引現在価値を算定することができる。

年／利率	1％	2％	3％	4％	5％
1年	0.9901	0.9804	0.9709	0.9615	0.9524
2年	1.9704	1.9416	1.9135	1.8861	1.8594
3年	2.9410	2.8839	2.8286	2.7751	2.7232

割引現在価値：<u>10,000 × 2.7232</u> = 27,232

■ 例題4　貸手の購入価額が判明しない場合・所有権移転FL　　　　重要度A

以下の資料に基づき、各問に答えなさい。なお、当期は×1年4月1日から×2年3月31日までの一年間である。

(1) 当社（借手）は×1年4月1日に備品を以下の条件でリースした。

　① リース期間：3年間

　② リース料：10,000円／年

　③ リース料支払日：毎年3月末に1年分を後払い

(2) 上記リース契約は、所有権移転ファイナンス・リース取引に該当する。

(3) リース資産の見積現金購入価額は27,232円である。なお、借手において貸手の購入価額は不明である。

(4) 当社の追加借入利子率は年4％である。なお、リース料の割引現在価値が見積現金購入価額と等しくなる利率は年5％である。

(5) リース資産と同種の資産の減価償却は、耐用年数4年、残存価額10％、定額法により行っている。

(6) 計算上、端数が生じた場合は最終数値の円未満を四捨五入する。

問1　当期の損益計算書における各費用の金額を答えなさい。

問2　当期末の貸借対照表におけるリース資産（減価償却累計額控除後）の金額を答えなさい。

問3　当期末の貸借対照表におけるリース債務の金額を表示区分別に答えなさい。

■ 解答解説 （単位：円）||||||||||||||||||||||||||||||||||||||||||||||||||||||||||||||||||||

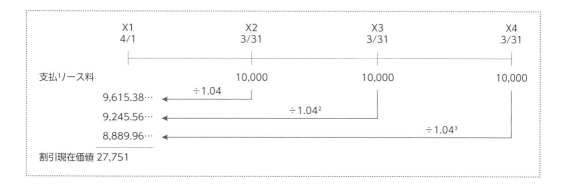

1．リース料総額の割引現在価値の算定

$$10{,}000 \div 1.04 + 10{,}000 \div 1.04^2 + 10{,}000 \div 1.04^3 \fallingdotseq 27{,}751$$

2．期中仕訳

(1)　×1年4月1日（リース開始時）

（借）リ ー ス 資 産	27,232	（貸）リ ー ス 債 務	27,232

※　リース資産及びリース債務の計上額

　① リース料総額の割引現在価値：27,751

　② 見積現金購入価額：27,232

　③ 判定：① 27,751 ＞ ② 27,232　∴　27,232

(2)　×2年3月31日（リース料支払時）

（借）支　払　利　息	1,362※1	（貸）現　金　預　金	10,000
リ　ー　ス　債　務	8,638※2		

※1　支払利息：27,232（リース債務残高）×5％※≒1,362

※2　リース債務：10,000（リース料）－1,362（支払利息）＝8,638

※　リース資産及びリース債務の計上額が27,232（見積現金購入価額）であるため、リース料総額の割引現在価値と見積現金購入
価額が等しくなる割引率（5％）を用いる。

3．決算整理仕訳

（借）減　価　償　却　費	6,127	（貸）減価償却累計額	6,127

※　27,232（リース資産計上額）×0.9÷4年（耐用年数）≒6,127

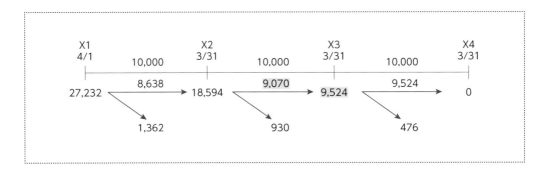

問1　各費用の金額

減価償却費：6,127

支払利息：1,362

問2　リース資産の金額

27,232（リース資産計上額）－6,127（減価償却累計額）＝21,105

問3　リース債務の金額

流動負債：9,070（2回目元本返済額）

固定負債：9,524（X3.3.31リース債務残高）

6　半年払い

　　リース料を半年毎に支払う場合は、**半年分の利息を月割計算**により算定する。

■ 例題5　リース料の半年払い　重要度C

　　以下の資料に基づき、各問に答えなさい。なお、当期は×1年4月1日から×2年3月31日までの一年間である。

　(1)　当社（借手）は×1年4月1日に備品を以下の条件でリースした。

　　　①　リース期間：3年間

　　　②　リース料：1,000円／月

　　　③　リース料支払日：毎年3月末及び9月末に半年分を後払い

　(2)　上記リース契約は、所有権移転外ファイナンス・リース取引に該当する。

　(3)　リース資産の見積現金購入価額は35,000円である。なお、借手において貸手の購入価額は不明である。

　(4)　当社の追加借入利子率は年8％である。

　(5)　リース資産と同種の資産の減価償却は、耐用年数8年、残存価額ゼロ、定額法により行っている。

　(6)　計算上、端数が生じた場合は最終数値の円未満を四捨五入する。

　問1　当期の損益計算書における各費用の金額を答えなさい。

　問2　当期末の貸借対照表におけるリース資産（減価償却累計額控除後）の金額を答えなさい。

　問3　当期末の貸借対照表におけるリース債務の金額を表示区分別に答えなさい。

■ 解答解説（単位：円）

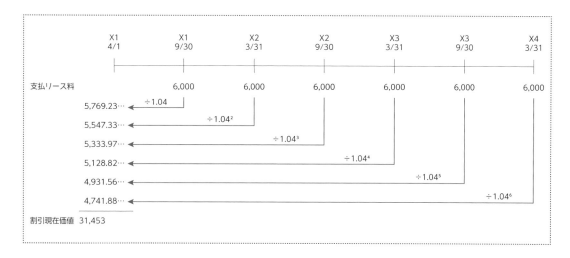

1．リース料総額の割引現在価値の算定

$$\underline{6{,}000 \div 1.04} + \underline{6{,}000 \div 1.04^2} + \underline{6{,}000 \div 1.04^3} + \underline{6{,}000 \div 1.04^4} + \underline{6{,}000 \div 1.04^5} + \underline{6{,}000 \div 1.04^6} \doteqdot 31{,}453$$

2．期中仕訳

(1) ×1年4月1日（リース開始時）

（借）リ ー ス 資 産	31,453	（貸）リ ー ス 債 務	31,453

※ リース資産及びリース債務の計上額
① リース料総額の割引現在価値：31,453
② 見積現金購入価額：35,000
③ 判定：① 31,453 ＜ ② 35,000　　∴ 31,453

(2) ×1年9月30日（第1回リース料支払時）

（借）支 払 利 息	1,258※1	（貸）現 金 預 金	6,000
リ ー ス 債 務	4,742※2		

※1 支払利息：31,453（リース債務残高）×8％×6ヶ月（X1.4～X1.9）／12ヶ月≒1,258
※2 リース債務：6,000（リース料）−1,258（支払利息）＝4,742

(3) ×2年3月31日（第2回リース料支払時）

（借）支 払 利 息	1,068※1	（貸）現 金 預 金	6,000
リ ー ス 債 務	4,932※2		

※1 支払利息：26,711（リース債務残高）×8％×6ヶ月（X1.10～X2.3）／12ヶ月≒1,068
※2 リース債務：6,000（リース料）−1,068（支払利息）＝4,932

3．決算整理仕訳

（借）減 価 償 却 費	10,484	（貸）減 価 償 却 累 計 額	10,484

※ 31,453（リース資産計上額）÷3年（リース期間）≒10,484

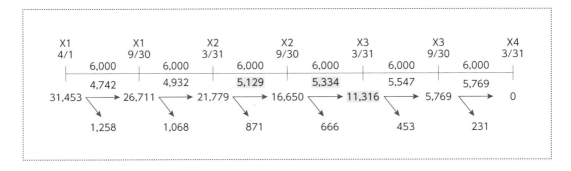

問1 各費用の金額

減価償却費：10,484

支払利息：1,258（X1.9）＋1,068（X2.3）＝2,326

問2 リース資産の金額

31,453（リース資産計上額）−10,484（減価償却累計額）＝20,969

問3 リース債務の金額

流動負債：5,129（3回目元本返済額）＋5,334（4回目元本返済額）＝10,463

固定負債：11,316（X3.3.31リース債務残高）

7 維持管理費用相当額

維持管理費用相当額とは、リース物件の維持管理に伴う諸費用をいう。維持管理費用相当額は、割引現在価値の算定に当たり、**リース料総額から控除**する。ただし、維持管理費用相当額の金額的重要性が乏しい場合には、リース料総額から控除しないことができる。

また、維持管理費用相当額は、リース料の支払いにおいて、元本返済額部分及び利息相当額部分と区別して「**維持管理費**」勘定（費用）で処理する。

■ 例題6 維持管理費用相当額   重要度 B

以下の資料に基づき、各問に答えなさい。なお、当期は×1年4月1日から×2年3月31日までの一年間である。

(1) 当社（借手）は×1年4月1日に備品を以下の条件でリースした。

① リース期間：3年間

② リース料：11,000円／年

③ 上記リース料に含まれる維持管理費用相当額は、1,000円／年である。

④ リース料支払日：毎年3月末に後払い

(2) 上記リース契約は、所有権移転外ファイナンス・リース取引に該当する。

(3) リース資産の見積現金購入価額は27,751円である。なお、借手において貸手の購入価額は不明である。

(4) 当社の追加借入利子率は年5％である。

(5) リース資産と同種の資産の減価償却は、耐用年数4年、残存価額10％、定額法により行っている。

(6) 計算上、端数が生じた場合は最終数値の円未満を四捨五入する。

問1 当期の損益計算書における各費用の金額を答えなさい。

問2 当期末の貸借対照表におけるリース資産（減価償却累計額控除後）の金額を答えなさい。

問3 当期末の貸借対照表におけるリース債務の金額を表示区分別に答えなさい。

第13章 リース会計

■ 解答解説 (単位：円) ‖‖

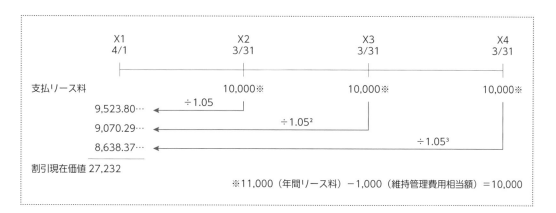

1. リース料総額の割引現在価値の算定

$$\underline{10{,}000}_{※} \div 1.05 + \underline{10{,}000}_{※} \div 1.05^2 + \underline{10{,}000}_{※} \div 1.05^3 \fallingdotseq 27{,}232$$

※ 11,000（リース料）－1,000（維持管理費用）＝ 10,000

2．期中仕訳

(1)　×1年4月1日（リース開始時）

（借）リ ー ス 資 産	27,232	（貸）リ ー ス 債 務	27,232

※　リース資産及びリース債務の計上額
①　リース料総額の割引現在価値：27,232
②　見積現金購入価額：27,751
③　判定：①　27,232 ＜ ②　27,751　　∴　27,232

(2)　×2年3月31日（リース料支払時）

（借）支 払 利 息	1,362[※1]	（貸）現 金 預 金	11,000
リ ー ス 債 務	8,638[※2]		
維 持 管 理 費	1,000		

※1　支払利息：27,232（リース債務残高）× 5 ％ ≒ 1,362
※2　リース債務：11,000（リース料）－ 1,362（支払利息）－ 1,000（維持管理費用）＝ 8,638

3．決算整理仕訳

（借）減 価 償 却 費	9,077	（貸）減 価 償 却 累 計 額	9,077

※　27,232（リース資産計上額）÷ 3 年（リース期間）≒ 9,077

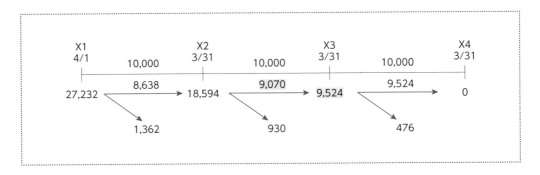

問1　各費用の金額

減価償却費：9,077

支払利息：1,362

維持管理費：1,000

問2　リース資産の金額

27,232（リース資産計上額）－ 9,077（減価償却累計額）＝ 18,155

問3　リース債務の金額

流動負債：9,070（2回目元本返済額）

固定負債：9,524（X3.3.31リース債務残高）

8　中途解約

　　リース契約を中途解約した場合は、リース資産の未償却残高を**リース資産除却損（費用）**とする。貸手に対して中途解約による規定損害金を支払う必要が生じた場合は、リース債務未払残高（未払利息の額も含む）と当該規定損害金との差額を支払額の確定時に**リース債務解約損（費用）**とする。なお、リース資産除却損とリース債務解約損はまとめて**リース解約損（費用）**として表示することができる。また、損益計算書の表示区分は、いずれも特別損失である。

■ 例題7　中途解約　　　　　　　　　　　　　　　　　　　　　　　　重要度C

　　例題6において翌期首（×2年4月1日）にリース取引を解約した場合の仕訳を示しなさい。なお、解約違約金は25,000円とする。

■ 解答解説（単位：円）|||||||||||||||||||||||||||||||||||||||||||||||||||||||||||||||||||||||||||||||||||

(1)　リース資産の除却

（借）減価償却累計額	9,077	（貸）リ ー ス 資 産	27,232
リース資産除却損	18,155※1		

　　　※1　リース資産除却損：貸借差額

(2)　解約違約金の支払

（借）リ ー ス 債 務	18,594	（貸）現 金 預 金	25,000
リース債務解約損	6,406※1		

　　　※1　リース債務解約損：貸借差額

第4節　セール・アンド・リースバック取引

1　意義

　セール・アンド・リースバック取引とは、企業が資金を調達する目的で、借手が保有する物件を貸手に売却し、貸手から当該リース物件のリースを受ける取引をいう。セール・アンド・リースバック取引は、自社保有資産をリース会社に売却しているが、その資産をリース取引によって自社が引き続き使用している以上、**資産の利用実態に変更がない取引**であるといえる。

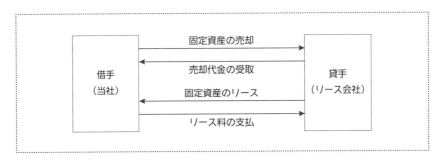

2　ファイナンス・リース取引に該当する場合

(1)　会計処理

①　セール・アンド・リースバック取引の契約時

1)　固定資産の売却

（借）現　金　預　金	×××	（貸）固　定　資　産	×××
減価償却累計額	×××	長 期 前 受 収 益	×××

　　※　上述のとおり、固定資産の利用実態に変更がないため、売却損益は実現していない。よって、売却損益を「長期前受収益」勘定
　　　又は「長期前払費用」勘定として繰延処理する。

2)　リース資産及びリース債務の計上

（借）リ　ー　ス　資　産	×××	（貸）リ　ー　ス　債　務	×××

　　※　セール・アンド・リースバック取引の場合、「借手においてリース物件の貸手の購入価額が明らかである場合」に該当するため、
　　　リース資産及びリース債務の計上額は、下記のように決定する。

	借手においてリース物件の貸手の購入価額が	
	明らかな場合	明らかでない場合
所有権移転ＦＬ	貸手の購入価額	① リース料総額の割引現在価値
所有権移転外ＦＬ	① リース料総額の割引現在価値 ② 貸手の購入価額 　　上記のいずれか低い額	② 見積現金購入価額 　　上記のいずれか低い額

② リース料支払時

（借）支 払 利 息	×××	（貸）現 金 預 金	×××
リ ー ス 債 務	×××		

③ 決算時

１）減価償却費の計上

（借）減 価 償 却 費	×××	（貸）減 価 償 却 累 計 額	×××

※ 所有権移転ＦＬの場合、売却前の残存価額が残るように減価償却費を計算する。

２）長期前受収益（長期前払費用）の振替

（借）長 期 前 受 収 益	×××	（貸）減 価 償 却 費	×××

※ リース資産の減価償却費の割合に応じ、繰延処理していた売却損益を減価償却費に加減する。

⑵ 長期前受収益及び長期前払費用

　　本会計処理で計上される「長期前受収益」勘定又は「長期前払費用」勘定は、固定資産の売却損益を各期に配分するための勘定科目であり、純粋な経過勘定としての「前受収益」又は「前払費用」とは異なるものである。そのため特段問題文に指示がない限り、解消時期に応じた長短分類をすることはせず、全額「長期前受収益」又は「長期前払費用」として固定負債又は固定資産の区分に表示する。

3 オペレーティング・リース取引に該当する場合

　　オペレーティング・リース取引に該当する場合には、**売却損益の繰り延べは行わない**。また、売買処理ではなく**賃貸借処理**を行う。

① セール・アンド・リースバック取引の契約時

（借）現 金 預 金	×××	（貸）固 定 資 産	×××
減 価 償 却 累 計 額	×××	固 定 資 産 売 却 益	×××

② リース料支払時

（借）支 払 リ ー ス 料	×××	（貸）現 金 預 金	×××

■ 例題8　セール・アンド・リースバック取引①（所有権移転ＦＬの場合）　重要度Ｂ

以下の資料に基づき、各問に答えなさい。なお、当期は×1年4月1日から×2年3月31日までの1年間である。

(1) 当社（借手）は×1年4月1日に所有する備品について、以下の条件でセール・アンド・リースバック取引を行った。当該備品は、×0年4月1日に400,000円で取得したものであり、耐用年数6年、残存価額10％、定額法により減価償却を行っていた。

　① 備品の売却価額：360,000円

　② リース期間：5年間

　③ リース料：95,000円／年

　④ リース料支払日：毎年3月末に後払い

(2) 上記契約は、所有権移転ファイナンス・リース取引に該当する。

(3) 貸手の計算利子率は年10％であり、当社はこれを知り得る。

(4) リースバック以後の経済的耐用年数は5年である。なお、リース資産の減価償却は、定額法により、リース期間終了時に本来の残存価額を残すように計算する。

問1　当期の損益計算書における各費用の金額を答えなさい。

問2　当期末の貸借対照表におけるリース資産（減価償却累計額控除後）の金額を答えなさい。

問3　当期末の貸借対照表におけるリース債務の金額を表示区分別に答えなさい。

■ 解答解説（単位：円）||||||||||||||||||||||||||||||||||||||||||||||||||||||||||||||||||||||||

1．期中仕訳

(1) ×1年4月1日（セール・アンド・リースバック取引契約時）

① 固定資産の売却

（借）現 金 預 金	360,000	（貸）備　　　　　品	400,000
減価償却累計額	60,000※1	長 期 前 受 収 益	20,000※2

※1　減価償却累計額：400,000（取得原価）×0.9÷6年（耐用年数）＝60,000
※2　長期前受収益：360,000（売却価額）－｛400,000（取得原価）－60,000（減価償却累計額※1）｝＝20,000（益）

② リース資産及びリース債務の計上

（借）リ ー ス 資 産	360,000	（貸）リ ー ス 債 務	360,000

※　貸手の購入価額（＝売却価額）

(2) ×2年3月31日（リース料支払時）

（借）支 払 利 息	36,000※1	（貸）現 金 預 金	95,000
リ ー ス 債 務	59,000※2		

※1　支払利息：360,000（リース債務残高）×10％＝36,000
※2　リース債務：95,000（リース料）－36,000（支払利息）＝59,000

2．決算整理仕訳

(1)　減価償却費の計上

（借）減　価　償　却　費	64,000	（貸）減価償却累計額	64,000

> ※　｛360,000（リース資産計上額）－ 400,000（取得原価）× 10%（残存価額）｝
>
> ÷ 5 年（経済的残存耐用年数）＝ 64,000

(2)　長期前受収益の振替

（借）長 期 前 受 収 益	4,000	（貸）減 価 償 却 費	4,000

> ※　20,000（売却益）÷ 5 年（経済的残存耐用年数）＝ 4,000

※ 最終年度の利息は、リース債務残高がゼロになるように、調整している。

問1　各費用の金額

減価償却費：64,000（リース資産の償却）－ 4,000（長期前受収益の振替）＝ 60,000 ※

支払利息：36,000

> ※　所有権移転ファイナンス・リース取引の場合、売却前後で経済的実態が一切変化していないため、減価償却費の金額は売却前と同額
> となる。
>
> 売却前の減価償却費：400,000（取得原価）× 0.9 ÷ 6 年（耐用年数）＝ 60,000

問2　リース資産の金額

360,000（リース資産計上額）－ 64,000（減価償却累計額）＝ 296,000

問3　リース債務の金額

流動負債：64,900（2 回目元本返済額）

固定負債：236,100（X3.3.31 リース債務残高）

■ 例題9　セール・アンド・リースバック取引②（所有権移転外ＦＬの場合）　　　重要度B

以下の資料に基づき、各問に答えなさい。なお、当期は×1年4月1日から×2年3月31日までの1年間である。

(1)　当社（借手）は×1年4月1日に所有する備品について、以下の条件でセール・アンド・リースバック取引を行った。当該備品は、×0年4月1日に400,000円で取得したものであり、耐用年数6年、残存価額10%、定額法により減価償却を行っていた。

　　①　備品の売却価額：360,000円（リース料総額の割引現在価値に等しい）

　　②　リース期間：5年間

　　③　リース料：95,000円／年

　　④　リース料支払日：毎年3月末に後払い

(2)　上記契約は、所有権移転外ファイナンス・リース取引に該当する。

(3)　貸手の計算利子率は年10%であり、当社はこれを知り得る。

(4)　リースバック以後のリース資産の経済的耐用年数は5年であり、定額法により減価償却を行う。

問1　当期の損益計算書における各費用の金額を答えなさい。

問2　当期末の貸借対照表におけるリース資産（減価償却累計額控除後）の金額を答えなさい。

問3　当期末の貸借対照表におけるリース債務の金額を表示区分別に答えなさい。

■ 解答解説（単位：円）||||||||||||||||||||||||||||||||||||||||||||||||||||||||||||||||||||||||||||||||||||||||

1．期中仕訳

(1)　×1年4月1日（セール・アンド・リースバック取引契約時）

①　固定資産の売却

| (借) 現　金　預　金 | 360,000 | (貸) 備　　　　　品 | 400,000 |
| 減 価 償 却 累 計 額 | 60,000※1 | 長 期 前 受 収 益 | 20,000※2 |

　※1　減価償却累計額：400,000（取得原価）× 0.9 ÷ 6年（耐用年数）= 60,000
　※2　長期前受収益：360,000（売却価額）-｜400,000（取得原価）- 60,000（減価償却累計額※1）｜= 20,000（益）

②　リース資産及びリース債務の計上

| (借) リ ー ス 資 産 | 360,000 | (貸) リ ー ス 債 務 | 360,000 |

　※　リース資産及びリース債務の計上額
　　①　リース料総額の割引現在価値：360,000
　　②　貸手の購入価額（＝売却価額）：360,000
　　③　判定：①360,000 = ②360,000　　∴　360,000

(2)　×2年3月31日（リース料支払時）

| (借) 支 払 利 息 | 36,000※1 | (貸) 現 金 預 金 | 95,000 |
| リ ー ス 債 務 | 59,000※2 | | |

　※1　支払利息：360,000（リース債務残高）× 10% = 36,000
　※2　リース債務：95,000（リース料）- 36,000（支払利息）= 59,000

2．決算整理仕訳

⑴　減価償却費の計上

（借）減 価 償 却 費	72,000	（貸）減価償却累計額	72,000

　　　※　360,000（リース資産計上額）÷ 5 年（リース期間）＝ 72,000

⑵　長期前受収益の振替

（借）長 期 前 受 収 益	4,000	（貸）減 価 償 却 費	4,000

　　　※　20,000（売却益）÷ 5 年（リース期間）＝ 4,000

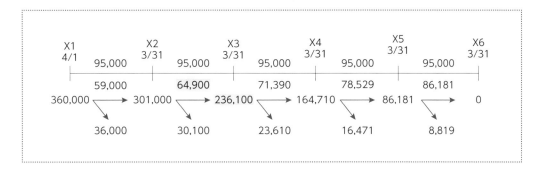

問1　各費用の金額

減価償却費：72,000（リース資産の償却）－ 4,000（長期前受収益の振替）＝ 68,000 ※

支払利息：36,000

　　　※　所有権移転外ファイナンス・リース取引の場合、売却前後で経済的実態が変化する（リース期間終了後に返却する必要がある）
　　　　　ため、減価償却費の金額は売却前と同額とはならない。

問2　リース資産の金額

360,000（リース資産計上額）－ 72,000（減価償却累計額）＝ 288,000

問3　リース債務の金額

流動負債：64,900（ 2 回目元本返済額）

固定負債：236,100（X3.3.31 リース債務残高）

第5節　リース取引の貸手側の会計処理

1　リース取引の貸手側の基本的な処理

(1)　ファイナンス・リース取引

　　貸手の場合も借手側と同様に売買処理を行う。ファイナンス・リース取引により生じる資産は、所有権移転ファイナンス・リース取引については「リース債権」勘定（資産）、所有権移転外ファイナンス・リース取引については「リース投資資産」勘定（資産）を計上する。

　　また、貸手における利息相当額の総額は、リース契約締結時に合意されたリース料総額と見積残存価額の合計から、これに対応するリース資産の取得価額を控除することによって算定する。なお、当該利息相当額は原則として、利息法に基づき各期に配分する。

(2)　オペレーティング・リース取引

　　オペレーティング・リース取引の場合には、リース料受取時に当該受取額を「受取リース料」勘定（収益）として計上する。

〔リース料受取時〕

(借) 現　金　預　金	×××	(貸) 受　取　リ　ー　ス　料	×××

2　ファイナンス・リース取引の貸手側の具体的な処理

　　ファイナンス・リース取引の貸手側の会計処理は、以下の3つの方法から選択することになる。なお、いずれの方法を用いた場合であっても、各期の利息相当額及びリース債権（リース投資資産）の貸借対照表計上額は同額となる。

> (a)　リース取引開始日に売上高と売上原価を計上する方法
> (b)　リース料受取時に売上高と売上原価を計上する方法
> (c)　売上高を計上せずに利息相当額を各期へ配分する方法

	リース開始時	リース料受取時	決算時
(a)	リース料総額で「リース債権」及び「売上高」を計上し、リース物件の取得価額を「売上原価」として計上する。	受取リース料をリース債権から減額する。	利息相当額総額から当期末までに認識すべき額を除いた金額を「繰延リース利益」（資産の控除項目）として繰り延べる（翌期の決算では、翌期に帰属する利息を戻し入れる）。
(b)	リース物件の取得価額を「リース債権」として計上する。	受取リース料を「売上高」として計上する。また、貸手の計算利子率で算定した元本返済金額を「リース債権」から取崩し、「売上原価」として計上する。	なし
(c)	(b)と同じ	元本返済金額をリース債権から減額し、利息相当額を「受取利息」として計上する。	なし

　※　「繰延リース利益」は貸借対照表上、「リース債権」から控除して表示する。
　※　所有権移転外ファイナンス・リース取引の場合、「リース債権」勘定は「リース投資資産」勘定で処理する。

■ 例題10　貸手側の処理　　　　　　　　　　　　　　　　　　　重要度 C

以下の資料に基づき、×1年度（×1年4月1日～×2年3月31日）及び×2年度（×2年4月1日～×3年3月31日）の仕訳を示しなさい。

(1)　当社（貸手）は×1年4月1日に備品（購入価額41,000円）を以下の条件でリースした。

　　①　リース期間：5年間

　　②　リース料：10,000円／年

　　③　リース料支払日：毎年3月末に1年分を受取

(2)　上記リース契約は、所有権移転ファイナンス・リース取引に該当する。

(3)　当社の計算利子率は年7％である。

(4)　当社は毎年3月31日を決算日とする1年決算会社である。

(5)　計算上、端数が生じた場合は最終数値の円未満を四捨五入する。

問1　リース取引開始日に売上高と売上原価を計上する方法によった場合
問2　リース料受取時に売上高と売上原価を計上する方法によった場合
問3　売上高を計上せずに利息相当額を各期へ配分する方法によった場合

■ 解答解説（単位：円）||||||||||||||||||||||||||||||||||||||||||||||||||||||||||||||||||||

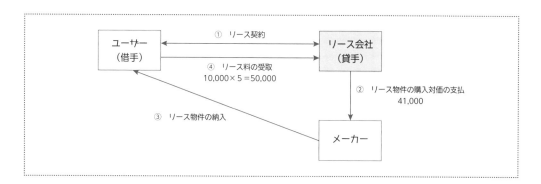

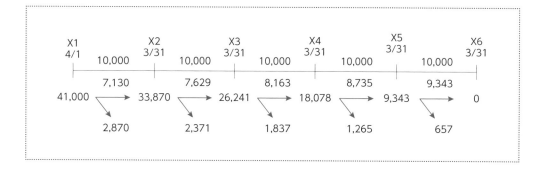

問1 リース取引開始日に売上高と売上原価を計上する方法

1. ×1年度

(1) ×1年4月1日（リース開始時）

（借）リ ー ス 債 権	50,000	（貸）売		上	50,000※1
（借）売 上 原 価	41,000※2	（貸）買	掛	金	41,000

※1　売上：10,000（年間リース料）×5年＝50,000
※2　売上原価：リース物件（備品）の購入価額

(2) ×2年3月31日（リース料受取時）

（借）現 金 預 金	10,000	（貸）リ ー ス 債 権	10,000

(3) 決算整理仕訳

（借）繰延リース利益繰入	6,130	（貸）繰 延 リ ー ス 利 益	6,130

※　9,000（利息相当額総額）－2,870（X1年度利息相当額）＝6,130

(4) 財務諸表

貸借対照表		損益計算書	
リ ー ス 債 権　33,870※		売 上 高	50,000
		売 上 原 価	41,000
		繰延リース利益繰入	6,130
		利 益	2,870

※　50,000（リース開始時）－10,000（X1年度リース料受取）－6,130（繰延リース利益）＝33,870

2. ×2年度

(1) ×3年3月31日（リース料受取時）

（借）現 金 預 金	10,000	（貸）リ ー ス 債 権	10,000

(2) 決算整理仕訳

（借）繰 延 リ ー ス 利 益	2,371	（貸）繰 延 リ ー ス 利 益 戻 入 益	2,371

※　2,371（X2年度利息相当額）

(3) 財務諸表

貸借対照表		損益計算書	
リ ー ス 債 権　26,241※1		繰延リース利益戻入	2,371
		利 益	2,371

※1　50,000（リース開始時）－10,000（X1年度リース料受取）
　　　　　　　－10,000（X2年度リース料受取）－3,759（繰延リース利益※2）＝26,241
※2　6,130（X1年度末）－2,371（戻入）＝3,759

316
（第13章 - 28）

問2　リース料受取時に売上高と売上原価を計上する方法

1．×1年度

(1)　×1年4月1日（リース開始時）

（借）リ ー ス 債 権	41,000	（貸）買 掛 金	41,000

(2)　×2年3月31日（リース料受取時）

（借）現 金 預 金	10,000	（貸）売 上	10,000
（借）売 上 原 価	7,130※	（貸）リ ー ス 債 権	7,130

※　売上原価：7,130（X1年度元本回収額）

(3)　財務諸表

貸借対照表			損益計算書	
リ ー ス 債 権	33,870※		売 上 高	10,000
			売 上 原 価	7,130
			利 益	2,870

※　41,000（リース開始時）－ 7,130（X1年度元本回収額）＝ 33,870

2．×2年度

(1)　×3年3月31日（リース料受取時）

（借）現 金 預 金	10,000	（貸）売 上	10,000
（借）売 上 原 価	7,629※	（貸）リ ー ス 債 権	7,629

※　売上原価：7,629（X2年度元本回収額）

(2)　財務諸表

貸借対照表			損益計算書	
リ ー ス 債 権	26,241※		売 上 高	10,000
			売 上 原 価	7,629
			利 益	2,371

※　33,870（X2.3.31リース債権残高）－ 7,629（X2年度元本回収額）＝ 26,241

問3　売上高を計上せず利息相当額を各期へ配分する方法

1．×1年度

(1)　×1年4月1日（リース開始時）

（借）リ ー ス 債 権	41,000	（貸）買 掛 金	41,000

(2)　×2年3月31日（リース料受取時）

（借）現 金 預 金	10,000	（貸）受 取 利 息	2,870
		リ ー ス 債 権	7,130※

※　リース債権：7,130（X1年度元本回収額）

(3) 財務諸表

貸借対照表		損益計算書	
リ ー ス 債 権　33,870※		受 取 利 息　2,870	
		利　益　2,870	

※　リース債権：41,000（リース開始時）－7,130（X1年度元本回収額）＝33,870

２．×２年度

(1)　×３年３月31日（リース料受取時）

(借) 現　金　預　金	10,000	(貸) 受　取　利　息	2,371
		リ　ー　ス　債　権	7,629※

※　リース債権：7,629（X2年度元本回収額）

(2)　財務諸表

貸借対照表		損益計算書	
リ ー ス 債 権　26,241※		受 取 利 息　2,371	
		利　益　2,371	

※　33,870（X2.3.31リース債権残高）－7,629（X2年度元本回収額）＝26,241

研究開発費・
ソフトウェア

第1節　研究開発費

1 意義 ✓ 簿記3,2級

　研究とは、新しい知識の発見を目的とした計画的な調査及び探求をいう。開発とは、新しい製品・サービス・生産方法についての計画若しくは設計又は既存の製品等を著しく改良するための計画若しくは設計として、研究の成果その他の知識を具体化することをいう。

2 開発費と研究開発費の関係

	分類	会計処理
①	新製品又は新技術の研究及び開発	研究開発費
②	新技術の採用	研究開発費又は開発費
	新経営組織の採用	開発費
③	資源の開発	開発費
④	市場の開拓	開発費

3 研究開発費に係る会計処理

(1) 会計処理 ✓ 簿記3,2級
　研究開発費は、すべて発生時に費用として処理しなければならない。

(2) 研究開発目的の固定資産

原価の内容	会計処理
特定の研究開発目的にのみ使用され、他の目的に使用できない場合	取得時に研究開発費として処理する。
ある特定の研究開発目的に使用された後に他の目的に使用できる場合	固定資産として資産計上し、当該資産の減価償却費を研究開発費として処理する。

(3) 損益計算書の表示
　研究開発費は通常、販売費及び一般管理費として処理する。ただし、製造現場において研究開発活動が行われ、かつ、当該研究開発に要した費用を一括して製造現場で発生する原価に含めて計上しているような場合には、研究開発費を当期製造費用に算入することが認められている。

	表示区分
通常	販売費及び一般管理費
容認	当期製造費用

■ 例題1　研究開発費等①　　　　　　　　　　　　　重要度 B

以下の資料に基づき、必要な仕訳を示しなさい。

(1)　×1年4月1日に、新製品の研究のため、16,000円の支出を行った。なお、当該支出の内訳は次のとおりである。

①　機械装置の購入代金　8,000円（他の目的には使用できない）

②　原材料の購入代金　　3,000円

③　人件費の支払額　　　5,000円

(2)　×1年7月1日に、市場の開拓のため、10,000円の特別な支出を行った。

■ 解答解説（単位：円）

(1)　×1年4月1日

（借）研　究　開　発　費	16,000	（貸）現　金　預　金	16,000

※　8,000（機械装置）＋3,000（原材料）＋5,000（人件費）＝16,000

(2)　×1年7月1日

（借）開　発　費（費用）	10,000	（貸）現　金　預　金	10,000

※　問題文に繰延資産として計上する旨の指示がないため、原則どおり、支出時に費用処理する。

■ 例題2　研究開発費等②　　　　　　　　　　　　　重要度 B

以下の資料に基づき、必要な仕訳を示しなさい。なお、決算日は3月31日である。

(1)　×1年4月1日に、新製品の研究のため、100,000円の支出を行った。当該支出の内訳は次のとおりである。なお、当期末において、研究活動は終了していない。

①　備品の購入代金　　　60,000円（研究開発終了後、他の目的に転用できる）

②　原材料の購入代金　　20,000円

③　人件費の支払額　　　20,000円

(2)　備品については、耐用年数5年、残存価額ゼロ、定額法により減価償却を行う。

■ 解答解説（単位：円）

1．期中仕訳

（借）備　　　　　品	60,000※1	（貸）現　金　預　金	100,000
研　究　開　発　費	40,000※2		

※1　他の目的に転用できるため、備品を計上する。
※2　研究開発費：20,000（原材料）＋20,000（人件費）＝40,000

2．決算整理仕訳

（借）研　究　開　発　費	12,000	（貸）減価償却累計額	12,000

※　60,000（取得原価）÷5年（耐用年数）＝12,000

第2節　ソフトウェア

1　意義　　　　　　　　　　　　　　　　　　　　　　　　　　　✓ 簿記3,2級

ソフトウェアとは、コンピュータを機能させるように指令を組み合わせて表現したプログラム等をいう。

2　分類

ソフトウェアは、**制作目的別**に分類され、それぞれ会計処理が設定されている。

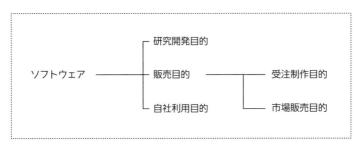

3　研究開発目的のソフトウェア

　研究開発目的のソフトウェアの制作費は**研究開発費として処理する**。なお、研究開発目的以外のソフトウェアの制作費についても、研究開発に該当する部分は研究開発費として処理する。

4　販売目的のソフトウェア

(1)　受注制作目的のソフトウェア
受注制作目的のソフトウェアについては、工事契約に準じて会計処理を行う。

(2)　市場販売目的のソフトウェア
①　制作費に係る会計処理
　ソフトウェアを市場で販売する場合、製品マスター（複写可能な完成品）を制作し、これを複写したものを販売することになる。

　始めに、製品マスターの制作過程において、最初に製品化された製品マスターが完成するまでの制作活動は研究開発と考えられる。よって、①最初に製品化された製品マスターが完成するまでに要した費用は研究開発費として処理する。

　次に、最初に製品化された製品マスター完成後の制作費（②製品マスターの改良・強化に要した費用）はソフトウェアとして資産計上する。ただし、③製品マスターの改良が著しいものと認められる場合は研究開発費として処理し、④機能維持に要した費用は発生時の費用として処理する。

　最後に、販売過程において、⑤製品としてのソフトウェアの制作原価は製造原価又は棚卸資産として処理する。

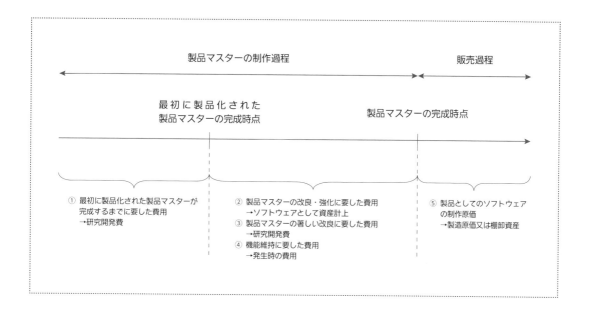

① 最初に製品化された製品マスターが完成するまでに要した費用
→研究開発費

② 製品マスターの改良・強化に要した費用
→ソフトウェアとして資産計上
③ 製品マスターの著しい改良に要した費用
→研究開発費
④ 機能維持に要した費用
→発生時の費用

⑤ 製品としてのソフトウェアの制作原価
→製造原価又は棚卸資産

■ 例題3　市場販売目的のソフトウェア①

重要度 B

以下の資料に基づき、ソフトウェアの金額及び研究開発費の金額を答えなさい。

(1) 市場販売目的のソフトウェアの制作を開始し、当期末に製品マスターの制作過程が終了している。

(2) 当期に発生したソフトウェアの制作費は次のとおりである。

　① 最初に製品化された製品マスターの制作費：10,000円

　② 最初に製品化された製品マスター完成後に生じた費用

　　・ソフトウェアの操作性の向上等のための費用：3,000円

　　・機能の大幅な改良のための費用：7,000円

　　・バグ取り、ウィルス防止等の修繕・維持・保全のための費用：2,000円

■ 解答解説 （単位：円）

ソフトウェア：3,000

研究開発費：10,000 ＋ 7,000 ＝ 17,000

第14章　研究開発費・ソフトウェア

② 販売可能な有効期間

販売可能な有効期間の見積りは、原則として３年以内とする。

③ 減価償却費

無形固定資産として計上したソフトウェアの取得原価は、当該ソフトウェアの性格に応じて、合理的な方法により償却しなければならない。

ここで、減価償却費の計算は、「見込販売数量に基づく方法」、「見込販売収益に基づく方法」を選択することができる。なお、毎期の償却額は残存有効期間に基づく均等配分額を下回ってはならない。

① 前期末のソフトウェアの未償却残高 × $\dfrac{\text{当期の実績販売数量（収益）}}{\text{当期首における見込販売数量（収益）}}$

② 前期末のソフトウェアの未償却残高 ÷ 残存有効期間
①と②のうち、大きい方の金額が減価償却費となる。

④ 見込販売数量（収益）を変更した場合
　1）当期首（前期末）に変更した場合

① 前期末のソフトウェアの未償却残高 × $\dfrac{\text{当期の実績販売数量（収益）}}{\text{当期首における変更後の見込販売数量（収益）}}$

② 前期末のソフトウェアの未償却残高 ÷ 残存有効期間
①と②のうち、大きい方の金額が減価償却費となる。

　2）当期末に変更した場合

① 前期末のソフトウェアの未償却残高 × $\dfrac{\text{当期の実績販売数量（収益）}}{\text{当期首における変更前の見込販売数量（収益）}}$

② 前期末のソフトウェアの未償却残高 ÷ 残存有効期間
①と②のうち、大きい方の金額が減価償却費となる。

⑤ 各事業年度末の未償却残高が翌期以降の見込販売収益を上回る場合

通常の償却を実施した後の未償却残高が翌期以降の見込販売収益の額を上回った場合、当該超過額は一時の費用又は損失として処理する。

■ 例題4　市場販売目的のソフトウェア②　　　　　　　　　重要度 A

以下の資料に基づき、各問に答えなさい。

⑴　×1年度期首に無形固定資産に計上した市場販売目的のソフトウェア制作費：300,000円

⑵　ソフトウェアの見込有効期間：3年

⑶　各年度の見込販売数量及び見込販売収益

	見込販売数量	見込販売単価	見込販売収益
×1年度	900個	250円	225,000円
×2年度	400個	220円	88,000円
×3年度	700個	200円	140,000円
合計	2,000個	―	453,000円

⑷　販売開始時における見込みどおりに各年度の販売収益が計上されている。また、当該ソフトウェアの見込有効期間にも変更がなかった。

⑸　計算上、端数が生じた場合は円未満を四捨五入する。

問1　見込販売数量に基づいて減価償却を行う場合の、各年度の仕訳を示しなさい。

問2　見込販売収益に基づいて減価償却を行う場合の、各年度の仕訳を示しなさい。

■ 解答解説（単位：円）||||||||||||||||||||||||||||||||||||||||||||||||||||||||||||||||||||||||||||||||||||

問1

第14章　研究開発費・ソフトウェア

(1) ×1年度

(借) ソフトウェア償却	135,000	(貸) ソ フ ト ウ ェ ア	135,000

※ ソフトウェア償却
① 見込販売数量による額：

$$300,000 \times \frac{900 個}{900 個 + 400 個 + 700 個} = 135,000$$

② 均等配分額：300,000 ÷ 3 年（残存期間）= 100,000
③ 償却額：① 135,000 ＞ ② 100,000 ∴ 135,000
→ X1年度末ソフトウェア：300,000 − 135,000（償却額）= 165,000

(2) ×2年度

(借) ソフトウェア償却	82,500	(貸) ソ フ ト ウ ェ ア	82,500

※ ソフトウェア償却
① 見込販売数量による額：

$$165,000（X1年度末ソフトウェア）\times \frac{400 個}{400 個 + 700 個} = 60,000$$

② 均等配分額：165,000（X1年度末ソフトウェア）÷ 2 年（残存期間）= 82,500
③ 償却額：① 60,000 ＜ ② 82,500 ∴ 82,500
→ X2年度末ソフトウェア：165,000（X1年度末ソフトウェア）− 82,500（償却額）= 82,500

(3) ×3年度

(借) ソフトウェア償却	82,500	(貸) ソ フ ト ウ ェ ア	82,500

※ 82,500（X2年度末ソフトウェア）

問2

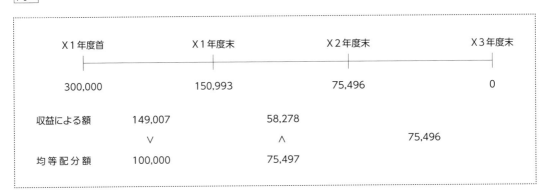

(1) ×1年度

(借) ソフトウェア償却	149,007	(貸) ソ フ ト ウ ェ ア	149,007

※ ソフトウェア償却
① 見込販売収益による額：

$$300,000 \times \frac{225,000}{225,000 + 88,000 + 140,000} \fallingdotseq 149,007$$

② 均等配分額：300,000 ÷ 3 年（残存期間）= 100,000
③ 償却額：① 149,007 ＞ ② 100,000 ∴ 149,007
→ X1年度末ソフトウェア（未償却額）：300,000 − 149,007（償却額）= 150,993

(2)　×2年度

（借）ソフトウェア償却	75,497	（貸）ソフトウェア	75,497

※　ソフトウェア償却

①　見込販売収益による額：

$$150,993 \text{（X1年度末ソフトウェア）} \times \frac{88,000}{88,000 + 140,000} \fallingdotseq 58,278$$

②　均等配分額：150,993（X1年度末ソフトウェア）÷ 2 年（残存期間）≒ 75,497

③　償却額：① 58,278 ＜ ② 75,497　∴　75,497

　→ X2年度末ソフトウェア：150,993（X1年度末ソフトウェア）－ 75,497（償却額）＝ 75,496

(3)　×3年度

（借）ソフトウェア償却	75,496	（貸）ソフトウェア	75,496

※　75,496（X2年度末ソフトウェア）

第14章　研究開発費・ソフトウェア

■ 例題5　市場販売目的のソフトウェア③

重要度 B

以下の資料に基づき、各問に答えなさい。

(1)　×1年度期首に無形固定資産に計上した市場販売目的のソフトウェア制作費：300,000円

(2)　ソフトウェアの見込有効期間：3年

(3)　各年度の見込販売数量及び見込販売収益

	見込販売数量	見込販売単価	見込販売収益
×1年度	900個	250円	225,000円
×2年度	400個	220円	88,000円
×3年度	700個	200円	140,000円
合計	2,000個	—	453,000円

(4)　見込販売数量に基づいて減価償却を行う。

(5)　計算上、端数が生じた場合は円未満を四捨五入する。

[問1]　×1年度は見込みどおりに販売されたが、×1年度末における見込販売数量の見直しの結果、×2年度及び×3年度の見込販売数量及び見込販売収益が下記のとおり変更された。なお、×2年度及び×3年度は変更後の見込みどおりに販売された。この場合の各年度の仕訳を示しなさい。

	見込販売数量	見込販売単価	見込販売収益
×2年度	300個	220円	66,000円
×3年度	600個	200円	120,000円

[問2]　×1年度は見込みどおりに販売されたが、×2年度の実績販売数量が見込販売数量を下回ったため、×2年度末における見込販売数量の見直しの結果、×3年度の見込販売数量が下記のとおり変更された。この場合の各年度の仕訳を示しなさい。

〔×2年度の実績販売数量及び実績販売収益〕

	実績販売数量	実績販売単価	実績販売収益
×2年度	300個	220円	66,000円

〔変更後の×3年度の見込販売数量及び見込販売収益〕

	見込販売数量	見込販売単価	見込販売収益
×3年度	600個	200円	120,000円

[問3]　仮に、問2の〔変更後の×3年度の見込販売数量及び見込販売収益〕の見込販売収益が60,000円（見込販売数量600個、見込販売単価100円）だった場合、×2年度に必要となる追加の仕訳を示しなさい。

■ 解答解説 (単位：円) ‖‖

問1

(1)　×1年度

(借) ソフトウェア償却	135,000	(貸) ソ フ ト ウ ェ ア	135,000

　　※　ソフトウェア償却
　　①　見込販売数量による額：

$$300,000 \times \frac{900個}{900個 + 400個 + 700個} = 135,000$$

　　②　均等配分額：300,000 ÷ 3 年（残存期間）= 100,000
　　③　償却額：① 135,000 ＞ ② 100,000　∴　135,000
　　　→ X1年度末ソフトウェア：300,000 − 135,000（償却額）= 165,000

(2)　×2年度

(借) ソフトウェア償却	82,500	(貸) ソ フ ト ウ ェ ア	82,500

　　※　ソフトウェア償却
　　①　見込販売数量による額：

$$165,000 （X1年度末ソフトウェア） \times \frac{300個}{300個 + 600個} = 55,000$$

　　②　均等配分額：165,000（X1年度末ソフトウェア）÷ 2 年（残存期間）= 82,500
　　③　償却額：① 55,000 ＜ ② 82,500　∴　82,500
　　　→ X2年度末ソフトウェア：165,000（X1年度末ソフトウェア）− 82,500（償却額）= 82,500

(3)　×3年度

(借) ソフトウェア償却	82,500	(貸) ソ フ ト ウ ェ ア	82,500

　　※　82,500（X2年度末ソフトウェア）

第14章　研究開発費・ソフトウェア

問2

(1) ×1年度

| (借) ソフトウェア償却 | 135,000 | (貸) ソ フ ト ウ ェ ア | 135,000 |

※ ソフトウェア償却
① 見込販売数量による額：

$$300,000 \times \frac{900\text{個}}{900\text{個}+400\text{個}+700\text{個}} = 135,000$$

② 均等配分額：300,000 ÷ 3 年（残存期間）＝ 100,000
③ 償却額：① 135,000 ＞ ② 100,000 ∴ 135,000
→ X1年度末ソフトウェア：300,000 － 135,000（償却額）＝ 165,000

(2) ×2年度

| (借) ソフトウェア償却 | 82,500 | (貸) ソ フ ト ウ ェ ア | 82,500 |

※ソフトウェア償却
① 見込販売数量による額：

$$165,000 \text{ (X1年度末ソフトウェア)} \times \frac{300\text{個}}{400\text{個}+700\text{個}} = 45,000$$

② 均等配分額：165,000（X1年度末ソフトウェア）÷ 2 年（残存期間）＝ 82,500
③ 償却額：① 45,000 ＜ ② 82,500 ∴ 82,500
→ X2年度末ソフトウェア：165,000（X1年度末ソフトウェア）－ 82,500（償却額）＝ 82,500

(3) ×3年度

| (借) ソフトウェア償却 | 82,500 | (貸) ソ フ ト ウ ェ ア | 82,500 |

※ 82,500（X2年度末ソフトウェア）

問3

通常の償却を実施した後の未償却残高82,500が翌期以降の見込販売収益の額60,000を上回るため、当該超過額22,500は償却する。

| (借) ソフトウェア償却 | 22,500 | (貸) ソ フ ト ウ ェ ア | 22,500 |

※ 60,000（見込販売収益）－ 82,500（ソフトウェア未償却残高）＝ △22,500
→ X2年度末ソフトウェア：60,000

⑶　自社利用目的のソフトウェア

①　資産計上することとなる自社利用のソフトウェア

当該ソフトウェアの利用により**将来の収益獲得又は費用削減が確実であることが認められる場合は無形固定資産に計上し、確実であると認められない場合又は確実であるかどうか不明な場合には、費用処理する。**

②　利用可能な有効期間及び償却方法

利用可能な有効期間は、原則として**５年以内**とし、**定額法**による償却が合理的である。

③　残存利用可能期間を変更した場合

１）当期首（前期末）に残存利用可能期間を変更した場合

$$当期首のソフトウェア未償却残高 \times \frac{当期の期間}{当期首における変更後の残存利用可能期間}$$

２）当期末に残存利用可能期間を変更した場合

$$当期首のソフトウェア未償却残高 \times \frac{当期の期間}{当期首における変更前の残存利用可能期間}$$

参考 自社利用のソフトウェアについて

　自社利用のソフトウェアには、当該ソフトウェアを用いて「外部にサービスを提供する目的で利用するもの」と「社内の業務管理のために使用するもの」がある。試験上は、特に明示のない限り、自社利用目的のソフトウェアは「社内の業務管理目的」と捉えて計算すればよい。本テキストも、基本的にその前提により作成している。なお、「外部へのサービス提供目的」に該当する自社利用のソフトウェアは、見込販売収益に基づき償却することも合理的と考えられる。

■ 例題6　自社利用目的のソフトウェア　　　　　　　　　　　　　　　重要度 A

以下の資料に基づき、×1年度及び×2年度のソフトウェア償却の仕訳を示しなさい。

(1)　×1年度期首に自社利用のソフトウェアを120,000円で取得している。なお、取得時における見込利用可能期間は5年であり、定額法により償却する。

(2)　上記ソフトウェアについては、将来の収益獲得又は費用削減が確実である。

(3)　×1年度末に利用可能期間の見直しを行った結果、×2年度を含めた残存利用可能期間が3年であることが判明した。

■ 解答解説 (単位：円) ||||||||||||||||||||||||||||||||||||||||||||||||||||||||||||||||||||||||||||||||||||||||||||||||||||||||||||||||||||||||||

1．×1年度

(借) ソフトウェア償却	24,000	(貸) ソ フ ト ウ ェ ア	24,000

　　　※　120,000（取得価額）÷ 5年（変更前の残存期間）= 24,000
　　　　→ X1年度末ソフトウェア：120,000（取得価額）- 24,000（償却額）= 96,000

2．×2年度

(借) ソフトウェア償却	32,000	(貸) ソ フ ト ウ ェ ア	32,000

　　　※　96,000（X1年度末ソフトウェア）÷ 3年（変更後の残存期間）= 32,000

減損会計

第1節　総論

1 意義

　固定資産の減損とは、資産の収益性の低下により投資額の回収が見込めなくなった状態をいう。

　減損処理とは、資産の収益性の低下により投資額の回収が見込めなくなった場合に、一定の条件の下で回収可能性を反映させるように、「減損損失」勘定（費用）を計上し帳簿価額を減額する会計処理である。

| （借）減　損　損　失 | ×××　　（貸）固　定　資　産 | ××× |

2 減損会計の対象

　減損処理は、固定資産（有形固定資産・無形固定資産・投資その他の資産）を対象に適用する。ただし、他の基準に減損処理に関する定めのある以下の資産等は対象資産から除かれる。また、長期前払利息等、財務活動から生じる損益に関する経過勘定についても、対象資産から除かれる。

① 「金融商品会計に係る会計基準」における金融資産
② 「税効果会計に係る会計基準」における繰延税金資産
③ 「研究開発費等に係る会計基準」における市場販売目的のソフトウェア
④ 「退職給付に係る会計基準」における前払年金費用

■ 例題 1　減損処理　　　　　　　　　　　　　　　　　　　　　　　重要度 A

以下の資料に基づき、必要な仕訳を示しなさい。

　経営環境の悪化により、当社の販売する商品の売上が落ち込んでおり、当該商品の生産に要する機械（帳簿価額700千円）の稼働率が大きく低下した。このため、機械の収益性が低下しているものとして、減損損失200千円を計上する。

■ 解答解説（単位：千円）

| （借）減　損　損　失 | 200 | （貸）機　　　械 | 200 |

3　減損処理のプロセス

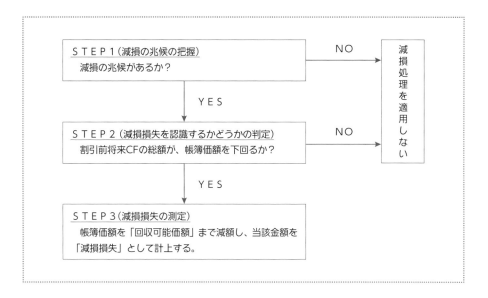

- STEP1（減損の兆候の把握）
  減損の兆候があるか？
- NO → 減損処理を適用しない
- YES
- STEP2（減損損失を認識するかどうかの判定）
  割引前将来CFの総額が、帳簿価額を下回るか？
- NO → 減損処理を適用しない
- YES
- STEP3（減損損失の測定）
  帳簿価額を「回収可能価額」まで減額し、当該金額を「減損損失」として計上する。

4　資産のグルーピング

　複数の資産が一体となって独立したキャッシュ・フローを生み出す場合には、減損の兆候の把握、減損損失を認識するかどうかの判定及び減損損失の測定に際して、合理的な範囲で**資産のグルーピングを行う**ことが必要である。

　資産のグルーピングは、他の資産又は資産グループのキャッシュ・フローから概ね独立したキャッシュ・フローを生み出す最小の単位で行う。

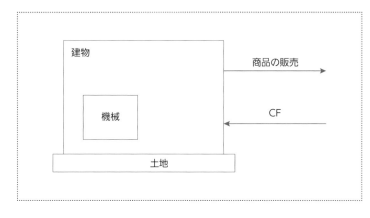

建物／機械／土地／商品の販売／CF

第15章　減損会計

第2節　減損処理の具体的処理

① 減損の兆候の把握

減損の兆候とは、**資産又は資産グループに減損が生じている可能性を示す事象**がある場合をいう。なお、減損の兆候の有無は問題上明示される。

〔STEP 1〕
　　減損の兆候がない・・・減損処理は不要
　　減損の兆候がある・・・減損損失を認識するかどうかの判定を行う

> **参考** 減損の兆候の具体例
>
> 次のような事象が生じている場合、減損の兆候があると判断される。
> ① 資産又は資産グループが使用されている営業活動から生ずる損益又はキャッシュ・フローが、継続してマイナスとなっているか、あるいは継続してマイナスとなる見込みであること
> ② 資産又は資産グループが使用されている範囲又は方法について、当該資産又は資産グループの回収可能価額を著しく低下させる変化が生じたか、あるいは生ずる見込みであること
> ③ 資産又は資産グループが使用されている事業に関連して、経営環境が著しく悪化したか、あるいは、悪化する見込みであること
> ④ 資産又は資産グループの市場価格が著しく下落したこと

② 減損損失を認識するかどうかの判定

減損の兆候がある資産又は資産グループにおける減損損失を認識するかどうかの判定は、資産又は資産グループから得られる「割引前将来キャッシュ・フローの総額」と「帳簿価額」を比較することによって行い、「割引前将来キャッシュ・フローの総額」が「帳簿価額」を下回る場合には、減損損失を認識する。

〔STEP 2〕
　　割引前将来キャッシュ・フローの総額 ＞ 帳簿価額・・・減損処理は不要
　　割引前将来キャッシュ・フローの総額 ＜ 帳簿価額・・・減損損失を認識する

3 減損損失の測定

(1) 会計処理

　　減損損失を認識すべきと判定された資産又は資産グループについて、帳簿価額を「回収可能価額」まで減額し、当該金額を「減損損失」として計上する。

〔単一の資産の場合〕

(借) 減 損 損 失	×××	(貸) 固 定 資 産	×××

〔資産グループの場合〕

　　資産グループについて認識された減損損失は、帳簿価額に基づく比例配分等の合理的な方法により、当該資産グループの各構成資産に配分する。

(借) 減 損 損 失	×××	(貸) 建 　 　 物	×××
		備 　 　 品	×××

(2) 回収可能価額

　　回収可能価額とは、資産又は資産グループによる投下資金の回収予想額のことである。

　　企業は営利を目的として活動している以上、売却と使用のいずれか有利な手段により固定資産の投資額を回収するため、売却による回収額（正味売却価額）と、使用による回収額（使用価値）のいずれか高い方の金額が回収可能価額になる。

> 回収可能価額 ＝ 正味売却価額と使用価値のいずれか高い方の金額

① 正味売却価額

　　正味売却価額とは、資産又は資産グループの時価から処分費用見込額を控除して算定される金額をいう。

> 正味売却価額 ＝ 時価 − 処分費用見込額

② 使用価値

　　使用価値とは、資産又は資産グループの継続的使用と使用後の処分によって生ずると見込まれる将来キャッシュ・フローの現在価値をいう。

> 使用価値 ＝ 将来キャッシュ・フローの現在価値

　　〔STEP3〕
　　　① 回収可能価額（正味売却価額と使用価値のいずれか高い方の金額）の算定
　　　② 帳簿価額 − 回収可能価額 ＝ 減損損失

第15章　減損会計

■ 例題2　減損損失の測定　　　　　　　　　　　　　　　　　重要度 A

以下の資料に基づき、減損処理の仕訳を示しなさい。

(1) 保有する機械（取得原価1,000,000円、期末減価償却累計額250,000円）について、減損の兆候がみられたため、当期末に使用による将来キャッシュ・フローを予測したところ、残存する5年の耐用年数の各年につき100,000円ずつのキャッシュ・フローが生じると見込まれた。

(2) 耐用年数到来時の処分収入は20,000円であると見込まれた。

(3) 使用価値を算定する際の割引率は年8％とする。

(4) 当期末の機械の時価は150,000円であり、処分費用見込額は7,500円であった。

(5) 計算上、端数が生じた場合は随時円未満を四捨五入すること。

■ 解答解説（単位：円）||||||||||||||||||||||||||||||||||||||||||||||||||||||||||||||||||||||||||||||||

1．減損損失を認識するかどうかの判定

520,000（割引前将来ＣＦの総額※1）＜ 750,000（帳簿価額※2）　　∴　減損損失を認識する

> ※1　割引前将来ＣＦの総額：100,000 × 5年 + 20,000（処分収入）= 520,000
> ※2　帳簿価額：1,000,000（取得原価）− 250,000（期末減価償却累計額）= 750,000

2．減損損失の測定

(1) 使用価値の算定

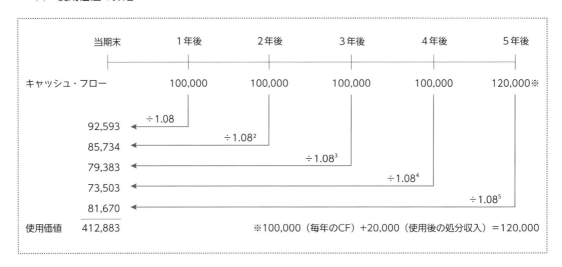

(2) 回収可能価額の算定

正味売却価額：150,000（時価）− 7,500（処分費用）= 142,500

回収可能価額：142,500（正味売却価額）＜ 412,883（使用価値）　　∴　412,883

(3) 減損損失の測定

（借）減 損 損 失	337,117	（貸）機　　　　械	337,117

> ※　750,000（帳簿価額）− 412,883（回収可能価額）= 337,117

■ 例題3　資産グループにおける減損損失の按分 　重要度 A

以下の資料に基づき、減損処理の仕訳を示しなさい。

(1)　鉄道業を営む当社の有形固定資産の当期末における経済的状況は次のとおりである。これらの資産は、一体となってキャッシュ・フローを生成しているため、資産別のキャッシュ・フローやその割引現在価値を把握することはできない。

	土地	建物	構築物	合計
帳簿価額	300円	160円	75円	535円
減損の兆候	—	—	—	あり
割引前キャッシュ・フロー	—	—	—	370円
回収可能価額	—	—	—	280円

(2)　資産グループについて認識された減損損失は、各資産の帳簿価額に基づき配分する。

(3)　計算上、端数が生じた場合は円未満を四捨五入すること。

■ 解答解説（単位：円）||||||||||||||||||||||||||||||||||||||||||||||||||||||||||||||||||||||||||||||

1．減損損失を認識するかどうかの判定

370（割引前将来ＣＦの総額）＜ 535（帳簿価額合計）　　∴　減損損失を認識する

2．減損損失の測定

（借）減　損　損　失	255※1	（貸）土　　　　　地	143※2
		建　　　　物	76※2
		構　築　物	36※2

　　※1　減損損失：535（帳簿価額合計）－280（回収可能価額）＝255
　　※2　減損損失の按分
　　　　土　地：255（減損損失）×300（土地の帳簿価額）÷535（帳簿価額合計）≒143
　　　　建　物：255（減損損失）×160（建物の帳簿価額）÷535（帳簿価額合計）≒76
　　　　構築物：255（減損損失）×75（構築物の帳簿価額）÷535（帳簿価額合計）≒36

4 減損処理をした翌期以降の処理

減損処理後の資産については、減損処理後の帳簿価額に基づき、翌期以降の減価償却を実施する。なお、減損損失について、戻入は行わない。

■ 例題4　減損処理後の減価償却
重要度 B

以下の資料に基づき、×4年3月期の損益計算書に計上される減価償却費の金額を答えなさい。

(1) ×1年4月1日に取得した建物（取得原価800,000円）について、×3年3月31日に減損損失を102,000円計上している。

(2) 上記建物は、耐用年数5年、残存価額10％、定額法により減価償却を行っている。

(3) 減損処理後も経済的耐用年数及び残存価額に変更はないものとする。

■ 解答解説 （単位：円）

1．減損処理後の帳簿価額

800,000（取得原価）－ 288,000（期首減価償却累計額※）－ 102,000（減損損失）＝ 410,000

※　800,000 × 0.9 ÷ 5年 × 2年（経過年数）＝ 288,000

2．減価償却費

｜410,000（減損処理後の帳簿価額）－ 80,000（残存価額※）｜ ÷ 3年（残存耐用年数）＝ 110,000

※　800,000（取得原価）× 10％ ＝ 80,000

5　財務諸表の表示

損益計算書		減損損失（特別損失）
貸借対照表	直接減額方式（原則）	減損処理前の取得原価から減損損失を直接控除し、控除後の金額をその後の取得原価とする形式で表示する方法
	間接控除方式（容認）	① 当該資産に対する減損損失累計額を、取得原価から間接控除する形式で表示する方法
		② 当該資産に対する減損損失累計額を減価償却累計額に合算して、取得原価から間接控除する方法

具体例 貸借対照表の表示

取得原価1,000円　減価償却累計額300円　減損損失200円の場合

		減価償却累計額の表示方法	
		間接控除方式	直接控除・注記方式
減損損失の表示方法	原則	建　　　物　　　800 減価償却累計額　△300　　　500	建　　　物　　　500 ※　減価償却累計額300が控除されている。
	容認①	建　　　物　　1,000 減損損失累計額　△200 減価償却累計額　△300　　　500	建　　　物　　　700 減損損失累計額　△200　　　500 ※　減価償却累計額300が控除されている。
	容認②	建　　　物　　1,000 減価償却累計額　△500　　　500 ※　減価償却累計額には減損損失累計額200が含まれている。	―

第3節　共用資産・のれん

1 共用資産とは

　共用資産とは、**複数の資産又は資産グループの将来キャッシュ・フローの生成に寄与する資産**（のれんを除く）をいう。共用資産の具体例として、以下の2つが挙げられる。

① 全社的な将来キャッシュ・フローの生成に寄与するもの（本社の建物や試験研究施設等）
② 全社的な資産でなくても、複数の資産又は資産グループを含む部門全体の将来キャッシュ・フローの生成に寄与している資産（工場全体にかかる土地・建物等）

2 共用資産の取扱い

(1) 原則法

　共用資産と、その共用資産が将来キャッシュ・フローの生成に寄与している各資産又は資産グループを含む、**より大きな単位でグルーピングを行う方法**

(2) 例外法

　共用資産の帳簿価額を各資産又は資産グループに配分し、**配分後の各資産又は資産グループについて減損損失の認識と測定を行う方法**

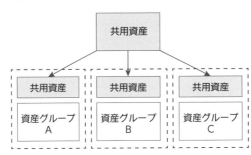

3　原則法

　　共用資産（もしくは共用資産を含むより大きな単位）に減損の兆候がある場合、以下の⑴〜⑶の手順で減損処理を行う。

⑴　各資産又は資産グループごとの減損処理

　　共用資産を除く資産又は資産グループごとに減損の兆候の把握、減損損失を認識するかどうかの判定、減損損失の測定を行う。

⑵　共用資産を含むより大きな単位の減損処理

　①　減損損失を認識するかどうかの判定

　　　「共用資産を含まない各資産又は資産グループにおいて算定された減損損失控除前の帳簿価額に共用資産の帳簿価額を加えた金額」と、「より大きな単位から得られる割引前将来キャッシュ・フローの総額」とを比較し、共用資産を含むより大きな単位について減損損失を認識するかどうかを判定する。

　②　減損損失の測定

　　　減損損失を認識すべきであると判定された共用資産を含むより大きな単位については、「共用資産を含まない各資産又は資産グループにおいて算定された減損損失控除前の帳簿価額に共用資産の帳簿価額を加えた金額」を、「より大きな単位の回収可能価額」まで減額し、当該減少額を共用資産を含むより大きな単位の減損損失とする。

⑶　減損損失の配分

　　共用資産を含むより大きな単位の減損損失から、資産又は資産グループごとの減損損失を控除した金額が、共用資産を加えることによって算定される減損損失の増加額である。

　　当該増加額は、原則として、「共用資産の帳簿価額と正味売却価額の差額」を限度として共用資産に配分する。ただし、共用資産に配分される減損損失が、「共用資産の帳簿価額と正味売却価額の差額」を超過する場合は、当該超過額を各資産又は資産グループに合理的な基準により配分する。

■ 例題5　共用資産（原則法）

以下の資料に基づき、各問に答えなさい。

⑴　資産グループA・B・Cはキャッシュ・フローを生み出す最小の単位であり、それぞれの帳簿価額は、100円・150円・210円である。共用資産は資産グループA・B・Cのキャッシュ・フローを生み出すことに貢献しており、帳簿価額は100円である。

⑵　資産グループB・C及び共用資産には、減損の兆候が把握される。

⑶　共用資産の正味売却価額は、60円である。

⑷　計算上、端数が生じた場合は、小数点以下を四捨五入すること。

問1　以下の資料に基づき、減損処理の仕訳を示しなさい。

	資産グループA	資産グループB	資産グループC	共用資産	より大きな単位
帳簿価額	100円	150円	210円	100円	560円
割引前将来CF	不明	160円	180円	—	540円
回収可能価額	不明	不明	120円	—	430円

問2　以下の資料に基づき、減損処理の仕訳を示しなさい。なお、各資産グループの回収可能価額は容易に把握できないため、減損損失の配分を各資産グループの帳簿価額の比率で行う。

	資産グループA	資産グループB	資産グループC	共用資産	より大きな単位
帳簿価額	100円	150円	210円	100円	560円
割引前将来CF	不明	160円	220円	—	540円
回収可能価額	不明	不明	不明	—	360円

■ 解答解説（単位：円）||||||||||||||||||||||||||||||||||||||||||||||||||||||||||||||||||||||||||||||||||||||||||||||||||||||||

〔解法〕

①　共用資産を除く資産又は資産グループごとに減損損失の認識の判定及び測定を行う。

②　共用資産を含めたより大きな単位での減損損失の認識の判定及び測定を行う。

③　共用資産を加えたことによる減損損失の増加額の配分を行う。

問1

1．減損損失の計上

（借）減損損失	130	（貸）共用資産	40
		資産グループC	90

	資産グループA	資産グループB	資産グループC	共用資産	より大きな単位
帳簿価額	100	150	210 ─┐	100	560 ─┐
減損の兆候	×	○	○	○	○
割引前将来ＣＦ	不明	160	180 △90		540 △130
減損損失の認識		×	○		○
回収可能価額	不明	不明	120 ◄─┘		430 ◄─┘
減損損失の配分				△40	△40（減損損失増加額※）
減損後帳簿価額	100	150	120	60	

※ 共用資産を加えたことによる減損損失の増加額の配分
　減損損失増加額40は、「100（共用資産の帳簿価額）と60（正味売却価額）の差額40」を限度として共用資産に配分する。

∴　40は全額共用資産に配分する。

2．減損損失計上後の帳簿価額

　　資産グループＡ：100（帳簿価額）

　　資産グループＢ：150（帳簿価額）

　　資産グループＣ：210（帳簿価額）－90（資産グループＣの減損損失）＝120

　　共用資産：100（帳簿価額）－40（共用資産の減損損失）＝60

1．減損損失の計上

（借）減　損　損　失	200	（貸）共　用　資　産	40
		資産グループＡ	35
		資産グループＢ	52
		資産グループＣ	73

	資産グループＡ	資産グループＢ	資産グループＣ	共用資産	より大きな単位
帳簿価額	100	150	210	100	560
減損の兆候	×	○	○	○	○
割引前将来ＣＦ	不明	160	220		540 ｜ △200
減損損失の認識		×	×		○
回収可能価額	不明	不明	不明		360
減損損失の配分	△35	△52	△73	△40	△200（減損損失増加額※）
減損後帳簿価額	65	98	137	60	

※　共用資産を加えたことによる減損損失の増加額の配分
　　減損損失増加額200は、「100（共用資産の帳簿価額）と60（正味売却価額）の差額40」を限度として共用資産に配分する。

∴　40は共用資産に配分し、残額の160（＝200－40）は各資産グループの帳簿価額の比率で配分する。
　　資産グループＡ：160（超過額）×100（Ａ帳簿価額）／460（帳簿価額合計）≒35
　　資産グループＢ：160（超過額）×150（Ｂ帳簿価額）／460（帳簿価額合計）≒52
　　資産グループＣ：160（超過額）×210（Ｃ帳簿価額）／460（帳簿価額合計）≒73

2．減損損失計上後の帳簿価額
　　資産グループＡ：100（帳簿価額）－35（減損損失配分額）＝65
　　資産グループＢ：150（帳簿価額）－52（減損損失配分額）＝98
　　資産グループＣ：210（帳簿価額）－73（減損損失配分額）＝137
　　共用資産：100（帳簿価額）－40（共用資産の減損損失）＝60

4　例外法

　共用資産の帳簿価額を当該共用資産に関連する資産又は資産グループに合理的な基準で配分することができる場合には、以下の(1)～(3)の手順で減損処理を行うことができる。

　なお、例外法を採用する場合は、共用資産に減損の兆候があるか否かは問われない。

(1)　共用資産の帳簿価額の配分

　共用資産の帳簿価額を、当該共用資産に関連する各資産又は資産グループに配分する。

(2)　共用資産配分後の各資産又は資産グループの減損処理

①　減損損失を認識するかどうかの判定

　「各資産又は資産グループにおいて算定された減損損失控除前の帳簿価額に共用資産の帳簿価額の配分額を加えた金額」と、「割引前将来キャッシュ・フローの総額」とを比較し、減損損失を認識するかどうかを判定する。

②　減損損失の測定

　減損損失を認識すべきと判定された共用資産の帳簿価額配分後の各資産又は資産グループについては、帳簿価額を回収可能価額まで減額し、当該減少額を減損損失とする。

(3)　減損損失の配分

　共用資産の帳簿価額を配分した各資産グループにおいて認識された減損損失は、帳簿価額に基づく比例配分等の合理的な方法により、共用資産の配分額を含む当該資産グループの各構成資産に配分する。

■ 例題6　共用資産（例外法）

重要度B

以下の資料に基づき、減損処理の仕訳を示しなさい。

(1)　資産グループA・B・Cはキャッシュ・フローを生み出す最小の単位であり、それぞれの帳簿価額は、100円・150円・210円である。共用資産は資産グループA・B・Cのキャッシュ・フローを生み出すことに貢献しており、帳簿価額は100円である。

(2)　共用資産に係る減損処理の方法は、共用資産の帳簿価額を各資産グループに配分する方法による。

(3)　共用資産配分後の資産グループB・Cには、減損の兆候が把握される。

(4)　共用資産の帳簿価額を各資産グループに配分する割合は、それぞれ20%、30%、50%である。

(5)　減損損失の配分は、各資産又は資産グループの帳簿価額の比率に基づき行う。

(6)　計算上、端数が生じた場合には、円未満を四捨五入すること。

(7)　減損処理の適用に当たって必要なデータは以下のとおりである。

	資産グループA	資産グループB	資産グループC	共用資産	合計
帳簿価額	100円	150円	210円	100円	560円
割引前将来CF	不明	170円	210円		
回収可能価額	不明	100円	140円		

■ 解答解説（単位：円）|||||||||||||||||||||||||||||||||||||||||||||||||||||||||||||||||||||||||||||||||||||||||

1．減損損失の計上

(借) 減 損 損 失	200	(貸) 共 用 資 産	36
		資 産 グ ル ー プ B	67
		資 産 グ ル ー プ C	97

〔解法〕

①　共用資産の帳簿価額を各資産又は各資産グループに配分する。

②　共用資産の配分後の帳簿価額を用いて減損損失の認識の判定及び測定を行う。

③　減損損失を各構成資産に配分する。

	資産グループA	資産グループB		資産グループC		共用資産
帳簿価額	100	150		210		100
共用資産の帳簿価額の配分	20	30		50		
配分後帳簿価額	120	180		260		
減損の兆候	×	○		○		
割引前将来CF	不明	170	△80※	210	△120※	
減損損失の認識		○		○		
回収可能価額	不明	100		140		

※　減損損失の配分
　　算定された減損損失を、帳簿価額の比率に基づき、各構成資産に配分する。

① 　資産グループBに係る減損損失80の配分

資産グループBへの配分額：80（減損損失）×150（B帳簿価額）／180（配分後帳簿価額）≒67

共用資産への配分額：80（減損損失）×30（共用資産の帳簿価額）／180（配分後帳簿価額）≒13

② 　資産グループCに係る減損損失120の配分

資産グループCへの配分額：120（減損損失）×210（C帳簿価額）／260（配分後帳簿価額）≒97

共用資産への配分額：120（減損損失）×50（共用資産の帳簿価額）／260（配分後帳簿価額）≒23

2．減損損失計上後の帳簿価額

資産グループA：100（帳簿価額）

資産グループB：150（帳簿価額）－67（減損損失配分額）＝83

資産グループC：210（帳簿価額）－97（減損損失配分額）＝113

共用資産：100（帳簿価額）－36（減損損失配分額合計）＝64

5 のれん

(1) のれんの帳簿価額の分割

のれんが認識される取引（買収等）において、複数の事業を取得した場合には、のれんの帳簿価額を合理的な基準（取得時の時価の比率等）に基づき分割する。

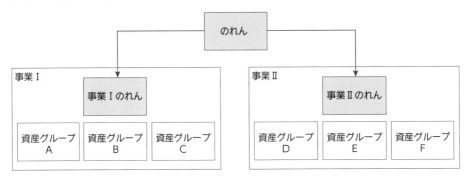

具体例 のれんの分割

のれんを認識した取引において事業Ⅰと事業Ⅱが取得されている。なお、のれんに対する減損会計の適用に際して、のれんの帳簿価額を、のれん認識時の各事業の時価に基づき分割する。

のれんの帳簿価額：200円

のれんが認識された時点の事業Ⅰの時価：400円

のれんが認識された時点の事業Ⅱの時価：600円

〔のれんの分割〕

事業Ⅰのれん：200（のれん）×400（事業Ⅰ時価）／1,000（時価合計）＝80

事業Ⅱのれん：200（のれん）×600（事業Ⅱ時価）／1,000（時価合計）＝120

---

(2) のれんの取扱い

分割したのれんに対して減損処理を適用する。この場合、共用資産と同様に、**原則法又は例外法**いずれかの方法により処理する。

第 **16** 章

税金及び
税効果会計

第1節　税金

1　法人に係る税金の種類　✓ 簿記3,2級

法人（株式会社）に係る税金は、以下のように分類することができる。

① 利益に課せられる税金	法人税・住民税・事業税
② 費用となる税金	固定資産税、印紙税等
③ その他の税金	消費税※

※　消費税については別の章で学習する。

2　固定資産税・印紙税等　✓ 簿記3,2級

企業の活動に対して生じる固定資産税や印紙税等は、当該納付額を「租税公課」勘定（費用）で処理する。租税公課は損益計算書上、「販売費及び一般管理費」の区分に表示する。

■ 例題1　租税公課　重要度 B

以下の取引について、必要な仕訳を示しなさい。

固定資産税10,000円、印紙税2,000円を支払った。

■ 解答解説 （単位：円） ||||||||||||||||||||||||||||||||||||||||||||||||||||||||||||||||||||||||||||||||||||||

| （借）租　税　公　課 | 12,000 | （貸）現　金　預　金 | 12,000 |

※　10,000（固定資産税）＋ 2,000（印紙税）＝ 12,000

3　法人税・住民税・事業税（法人税等）　✓ 簿記3,2級

(1)　計算方法

法人税等の税額は、益金から損金を差し引いて課税所得を算定し、その課税所得に税率を乗じることによって求める。

> 会計上：収　　益 － 費　　用 ＝ 利　　益（目的：適正な期間損益計算）
> 税法上：益　　金 － 損　　金 ＝ 課税所得（目的：公平な課税）
> 法人税等：課税所得 × 法定実効税率

※　税法上の益金・損金と会計上の収益・費用は、ほとんど一致しているが、目的の相違を原因として、部分的に差異が生じている。

具体例　差異が生じる要因（貸倒引当金）

　貸倒引当金繰入額は見積りに基づき計上される費用である。ここで、税法上、貸倒引当金繰入額の計上を認めた場合、見積りによって課税所得が変わることになる（貸倒見積高が大きいほど課税所得が小さくなり、税金の金額が少なくなる）。見積りの大小により税金の金額が変わってしまうのは公平な課税とは言えないため、税法上、引当金を損金としては認めていない。

会計上の処理	税法上の処理
貸倒が見積られる場合、実際に貸倒が生じていなくとも、貸倒引当金繰入額を計上する。	実際に貸倒が生じるまで損金計上はしない。よって、貸倒引当金繰入額は認められない。

※　会計上：×1年度に費用計上しているため、貸倒が生じた×2年度の費用はゼロとなる。
※　税法上：×1年度に損金計上していないため、貸倒が生じた×2年度に損金計上する。

第16章　税金及び税効果会計

(2) 申告調整

　課税所得は益金から損金を差し引いた金額である。ただし、益金・損金の算定に手間がかかるため、実務的には、**会計上の利益に対して加算調整・減算調整を行うことで課税所得を計算**する。当該調整を**申告調整**という。

具体例 申告調整

・×1年度の収益は1,000円、費用は700円である。
・費用700円には、貸倒引当金繰入額100円が含まれているが、税法上の損金とは認められない。

X1年度の損益計算書（会計）		X1年度の損益計算書（税法）	
収益	1,000	益金	1,000
費用	700	損金	600
税引前当期純利益	300	課税所得	400

+100（加算調整）

〔申告調整の考え方〕
① 貸倒引当金繰入額100円について，費用 ＞ 損金 となる。
② ①の大小関係により，利益 ＜ 所得 となる。
③ ②の大小関係により，利益 ＋ 100円 ＝ 所得

〔法人税等の金額〕
400（課税所得）× 40%（税率）＝ 160

・×2年度の収益は1,000円、費用は700円である。
・×2年度に貸倒100が生じ、税法上100円が損金算入された。

X2年度の損益計算書（会計）		X2年度の損益計算書（税法）	
収益	1,000	益金	1,000
費用	700	損金	800
税引前当期純利益	300	課税所得	200

−100（減算調整）

〔申告調整の考え方〕
① 貸倒引当金繰入額100円について，費用 ＜ 損金 となる。
② ①の大小関係により，利益 ＞ 所得 となる。
③ ②の大小関係により，利益 − 100円 ＝ 所得

〔法人税等の金額〕
200（課税所得）× 40%（税率）＝ 80

	会計と税法の違い		申告調整方法
	会計上	税法上	
損金不算入	費用に計上	損金にならない	利益 ＜ 課税所得となるので加算調整
損金算入	費用にしてない	損金になる	利益 ＞ 課税所得となるので減算調整
益金不算入	収益に計上	益金にならない	利益 ＞ 課税所得となるので減算調整
益金算入	収益にしてない	益金になる	利益 ＜ 課税所得となるので加算調整

⑶　差異の発生と解消

　　前述の貸倒引当金について、×1年度においては会計上の利益と税法上の課税所得には差異が生じているが、×2年度も含め2年間トータルでみると、どちらも費用・損金の額は1,400円となり一致している。

　　つまり、×1年度において差異が発生しているが、×2年度において差異が解消したといえる。このように、一時的に生じても最終的に解消する差異のことを「一時差異」という。

⑷　法人税等の納付

①　中間申告

　　1年決算の会社は、期首より6ヶ月を経過した日から2ヶ月以内に、前年度の法人税額の2分の1、又は仮決算を行い概算した法人税額のいずれかを納付する。

　　なお、中間申告により納付した法人税額は「仮払法人税等」勘定（資産）で処理する。

| （借）仮 払 法 人 税 等 | ××× | （貸）現　金　預　金 | ××× |

②　決算

　　決算時において、当期の利益を基に法人税等を算定し、「法人税等」勘定（費用）を計上する。また、法人税等のうち、中間納付額について「仮払法人税等」を取崩し、差額について「未払法人税等」勘定（負債）を計上する。

| （借）法　人　税　等 | ××× | （貸）仮 払 法 人 税 等 | ××× |
| | | 未 払 法 人 税 等 | ××× |

③　確定申告

　　決算時において算定された法人税等から中間納付額を差し引いた残額については、原則として、決算日から2ヶ月以内に納付する。

| （借）未 払 法 人 税 等 | ××× | （貸）現　金　預　金 | ××× |

⑸　法人税等と未払法人税等の財務諸表の表示

法人税、住民税及び事業税	損益計算書の税引前当期純利益の下に計上
未払法人税等	貸借対照表の流動負債の区分に計上

■ 例題2　法人税等

重要度B

以下の資料に基づき、必要な仕訳を示しなさい。

(1)　×1年11月30日に40,000円を中間納付した。

(2)　×2年3月31日（決算日）に、法人税、住民税及び事業税を100,000円計上した。

(3)　×2年5月31日に法人税等の未払分について納付した。

■ 解答解説 (単位：円) ‖‖

(1)　×1年11月30日（中間申告時）

(借) 仮 払 法 人 税 等	40,000	(貸) 現 金 預 金	40,000

(2)　×2年3月31日（決算時）

(借) 法 人 税 等	100,000	(貸) 仮 払 法 人 税 等	40,000
		未 払 法 人 税 等	60,000※

　　　※　未払法人税等：100,000（法人税等）− 40,000（仮払法人税等）= 60,000

(3)　×2年5月31日（確定申告時）

(借) 未 払 法 人 税 等	60,000	(貸) 現 金 預 金	60,000

参考　財務諸表

損　益　計　算　書
×1年4月1日～×2年3月31日

税 引 前 当 期 純 利 益	×××
法人税、住民税及び事業税	100,000
当 期 純 利 益	×××

貸　借　対　照　表
×2年3月31日

Ⅰ 流 動 負 債	
未 払 法 人 税 等	60,000

第2節 税効果会計

1 意義 ✓ 簿記3,2級

　税効果会計とは、企業会計上の資産又は負債の額と課税所得計算上の資産又は負債の額に相違がある場合において、法人税等の金額を適切に期間配分することにより、法人税等を控除する前の当期純利益と法人税等を合理的に対応させることを目的とした会計処理である。

2 将来減算一時差異 ✓ 簿記3,2級

　将来減算一時差異とは、当該差異が将来解消するときに課税所得の計算上、減算調整されるものをいう。将来減算一時差異が生じている場合は、**差異発生年度において法人税等調整額を貸方に計上するとともに、繰延税金資産（Deferred Tax Asset：DTA）を計上する。**

〔差異発生年度の決算整理仕訳〕

（借）繰 延 税 金 資 産	×××	（貸）法 人 税 等 調 整 額	×××

　　※　差異発生額×税率

〔差異解消年度の決算整理仕訳〕

（借）法 人 税 等 調 整 額	×××	（貸）繰 延 税 金 資 産	×××

　　※　差異解消額×税率

3 将来加算一時差異

　将来加算一時差異とは、当該差異が将来解消するときに課税所得の計算上、加算調整されるものをいう。将来加算一時差異が生じている場合は、**差異発生年度において法人税等調整額を借方に計上するとともに、繰延税金負債（Deferred Tax Liability：DTL）を計上する。**

〔差異発生年度の決算整理仕訳〕

（借）法 人 税 等 調 整 額	×××	（貸）繰 延 税 金 負 債	×××

　　※　差異発生額×税率

〔差異解消年度の決算整理仕訳〕

（借）繰 延 税 金 負 債	×××	（貸）法 人 税 等 調 整 額	×××

　　※　差異解消額×税率

具体例 税効果会計の適用① (繰延税金資産)

　税引前当期純利益に税率を乗じた金額が、会計上のあるべき法人税等の額である。しかし、税効果会計を適用しない場合、税引前当期純利益と法人税等の金額が対応せず、あるべき法人税等の金額にならない。

　そこで、税効果会計を適用し、税引前当期純利益と法人税等の金額を対応させる。

(税効果会計を適用しない場合)

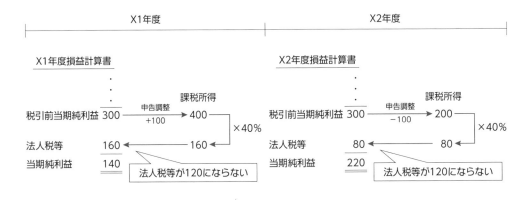

(税効果会計を適用した場合)

損益計算書の法人税等の金額を修正するために、以下の仕訳が必要となる。

×1年度	(借)	繰 延 税 金 資 産	40	(貸)	法 人 税 等 調 整 額	40
×2年度	(借)	法 人 税 等 調 整 額	40	(貸)	繰 延 税 金 資 産	40

法人税等調整額の貸方計上額	法人税等のマイナス調整項目
法人税等調整額の借方計上額	法人税等のプラス調整項目
繰延税金資産	将来支払う法人税等の減少額を意味する資産勘定

※　繰延税金資産は、差異発生時の申告調整で加算調整した際に計上される。差異発生時 (当期) の申告調整で加算調整するということは、差異解消時 (将来) は減算調整することを意味する。つまり、「当期に加算調整→将来に減算調整→将来の課税所得の減額→将来の法人税等の支払額は減少する」となり、会社にとってプラスの効果を有するため、これを資産計上する。

具体例 税効果会計の適用②（繰延税金負債）

（税効果会計を適用しない場合）

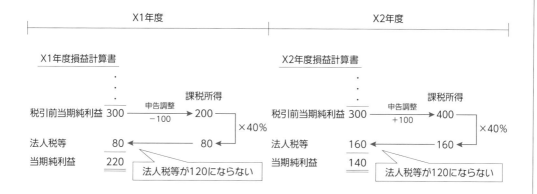

（税効果会計を適用した場合）

損益計算書の法人税等の金額を修正するために、以下の仕訳が必要となる。

| ×1年度 | （借）法 人 税 等 調 整 額 | 40 | （貸）繰 延 税 金 負 債 | 40 |
| ×2年度 | （借）繰 延 税 金 負 債 | 40 | （貸）法 人 税 等 調 整 額 | 40 |

法人税等調整額の貸方計上額	法人税等のマイナス調整項目
法人税等調整額の借方計上額	法人税等のプラス調整項目
繰延税金負債	将来支払う法人税等の増加額を意味する負債勘定

※　繰延税金負債は、差異発生時の申告調整で減算調整した際に計上される。差異発生時（当期）の申告調整で減算調整するということは、差異解消時（将来）は加算調整することを意味する。つまり、「当期に減算調整→将来に加算調整→将来の課税所得の増額→将来の法人税等の支払額は増加する」となり、会社にとってマイナスの効果を有するため、これを負債計上する。

4 永久差異

　会計と税法の差異について税効果会計を適用することになるが、すべての差異について適用するわけではない。

　上記差異は、**一時差異**と**永久差異**に分けられる。**一時差異**とは、会計上と税法上とで計上時期が期間的にズレるものであり、最終的には会計上と税法上とが一致する差異である。対して、**永久差異**とは、ズレが永久に解消されないものである。税効果会計の対象は、一時差異に限定されており、永久差異は適用外である。

差異の分類	具体例
将来減算一時差異（繰延税金資産が生じるもの）	棚卸資産に係る評価損の損金不算入額 各種引当金の損金不算入額 未払事業税の損金不算入額 減価償却費の損金算入限度超過額 その他有価証券評価差額金（評価損） 繰越欠損金
将来加算一時差異（繰延税金負債が生じるもの）	圧縮積立金 特別償却準備金 その他有価証券評価差額金（評価益）
永久差異（税効果会計適用外）	交際費の損金算入限度超過額 寄付金の損金算入限度超過額 罰科金の損金不算入額 受取配当金の益金不算入額

5 繰延法・資産負債法

　これまでの具体例においては、**会計上の収益・費用と税法上の益金・損金の差異（期間差異）**に着目して税効果会計の説明がなされていた。当該差異に着目して税効果を認識する方法を**繰延法**という。

　しかし、税効果会計に係る会計基準においては、**会計上の資産・負債と税法上の資産・負債の金額との差異（一時差異）**に着目して税効果を認識する方法（**資産負債法**）が採用されている。

具体例 繰延法・資産負債法

・×1年度に貸倒引当金を100円設定した。貸倒引当金繰入額は、税法上の損金とは認められない。
・×2年度に貸倒100円が生じ、税法上100円が損金算入された。

（繰延法）

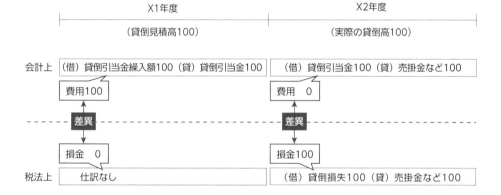

（資産負債法）

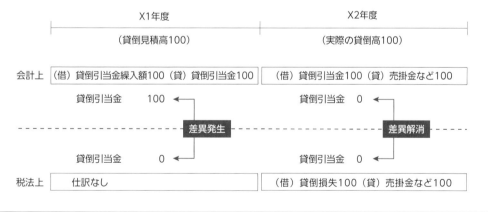

参考 繰延法と資産負債法の相違点のまとめ

	繰延法	資産負債法
対象となる差異	期間差異	一時差異
適用する税率	期間差異が生じた年度の税率	一時差異の解消見込年度に適用される税率
税率変更の取扱い	繰延税金資産・負債の再計算は行わない	繰延税金資産・負債を新たな税率で再計算する
重視する点	差異発生時の税引前利益と法人税等との対応	貸借対照表に計上される繰延税金資産及び繰延税金負債の金額が差異解消時の税金軽減額、負担額を適切に示す点
補足	差異解消時の税引前利益と法人税等との対応が図れない可能性がある。	差異解消時の税引前利益と法人税等との対応を図ることができる。

6 財務諸表の表示 ✓ 簿記3,2級

(1) 繰延税金資産及び繰延税金負債の表示区分

繰延税金資産及び繰延税金負債は流動・固定項目の分類はせずに、全て固定の区分に表示する。これは、繰延税金資産は換金性のある資産ではないこと等が理由である。

繰延税金資産	繰延税金負債
固定資産 (投資その他の資産)	固定負債

(2) 繰延税金資産及び繰延税金負債の相殺表示

貸借対照表においては、正味の将来の税金減額もしくは増額の影響を表示すればよいため、繰延税金資産・繰延税金負債は相殺して表示する。

(3) 法人税等調整額の表示

法人税,住民税及び事業税の下に「法人税等調整額」として表示する。なお、法人税等調整額が貸方残高の場合には、マイナスの符号を付す。

税 引 前 当 期 純 利 益		× × ×
法 人 税、住 民 税 及 び 事 業 税	× × ×	
法 人 税 等 調 整 額	(△) × × ×	× × ×
当 期 純 利 益		× × ×

第3節 将来減算一時差異（繰延税金資産）が生じる場合

1 貸倒引当金の損金算入限度超過額

✓ 簿記3,2級

税法上、見積りによる貸倒引当金繰入額の計上は認められない。したがって、当該繰入額の分だけ、将来減算一時差異が生じる。

また、税務上は実際に債権が貸倒れたときに損金算入が認められるため、当該時点で将来減算一時差異が解消することになる。

■ 例題3　貸倒引当金

重要度 **A**

以下の資料に基づき、前期・当期の財務諸表に計上される繰延税金資産及び法人税等調整額の金額を答えなさい。なお、貸倒引当金は全額損金不算入である。

(1) 前期末に売掛金に対し、貸倒引当金10,000円を計上した。

(2) 当期に貸倒引当金の設定対象となった売掛金が貸倒れ、貸倒引当金10,000円を補填した。

(3) 当期末に、貸倒引当金11,000円を繰り入れた。

(4) 法定実効税率を40%として、税効果会計を適用する。

■ 解答解説（単位：円）

	前期末		当期末
会計上の資産	△10,000	△1,000	△11,000
税務上の資産	0	－	0
将来減算一時差異	10,000	+1,000	11,000
Ｄ Ｔ Ａ	4,000	+400	4,400

1. 前期

(1) 税効果会計の適用

（借）繰 延 税 金 資 産	4,000※1	（貸）法 人 税 等 調 整 額	4,000

※1　繰延税金資産：4,000（前期末ＤＴＡ※2）－0（前々期末ＤＴＡ）＝4,000
※2　前期末ＤＴＡ：｜△10,000（会計上の資産）－0（税務上の資産）｜×40%（税率）＝4,000

(2) 財務諸表計上額

繰延税金資産：4,000

法人税等調整額：4,000（貸方）

2．当期

(1) 税効果会計の適用

（借）繰 延 税 金 資 産	400※1	（貸）法 人 税 等 調 整 額	400

※1　繰延税金資産：4,400（当期末ＤＴＡ※2）－4,000（前期末ＤＴＡ）＝400
※2　当期末ＤＴＡ：｜△11,000（会計上の資産）－0（税務上の資産）｜×40%（税率）＝4,400

上記の仕訳は、下記の「差異解消時の仕訳」と「差異の発生時」の仕訳に分けて考えることができる。

〔差異解消時の仕訳〕

（借）法 人 税 等 調 整 額	4,000	（貸）繰 延 税 金 資 産	4,000

※　10,000（差異解消額）×40%（税率）＝4,000

〔差異発生時の仕訳〕

（借）繰 延 税 金 資 産	4,400	（貸）法 人 税 等 調 整 額	4,400

※　11,000（差異発生額）×40%（税率）＝4,400

(2) 財務諸表計上額

繰延税金資産：4,400

法人税等調整額：400（貸方）

2　減価償却費の損金算入限度超過額　　✓ 簿記3,2級

　　税法上は償却性資産の耐用年数及び償却方法を法定しており、これを用いて計算した減価償却額を限度として損金算入が認められる。したがって、会計上算定された減価償却費のうち、上記の限度額を超過した分だけ将来減算一時差異が生じる。

　　また、税務上は償却性資産が売却、除却された時点で損金算入が認められるため、当該時点で将来減算一時差異が解消することになる。

■ 例題4　減価償却　　　　重要度 A

以下の資料に基づき、前期・当期の財務諸表に計上される繰延税金資産及び法人税等調整額の金額を答えなさい。

(1) 前期首に備品を30,000円で取得した。

(2) 上記備品は耐用年数5年、残存価額10%、定額法で減価償却を行っているが、税法上の法定耐用年数は8年である。

(3) 法定実効税率を40%として税効果会計を適用する。

■ 解答解説（単位：円）||||||||||||||||||||||||||||||||||||||||||||||||||||||||||||||||||||||||||||||||||||||||||||||||||||||||||||||||||||

	前々期末		前期末		当期末
会計上の資産	30,000	△5,400	24,600	△5,400	19,200
税務上の資産	30,000	△3,375	26,625	△3,375	23,250
将来減算一時差異	0	+2,025	2,025	+2,025	4,050
Ｄ　Ｔ　Ａ	0	+810	810	+810	1,620

※会計上の減価償却費：30,000（取得原価）×0.9÷5年（耐用年数）＝5,400
※税務上の減価償却費：30,000（取得原価）×0.9÷8年（法定耐用年数）＝3,375

1．前期

(1) 税効果会計の適用

（借）繰 延 税 金 資 産	810※1	（貸）法 人 税 等 調 整 額	810

※1　繰延税金資産：810（前期末ＤＴＡ※2）－0（前々期末ＤＴＡ）＝810
※2　前期末ＤＴＡ：｜24,600（会計上の資産）－26,625（税務上の資産）｜×40％（税率）＝810

(2) 財務諸表計上額

繰延税金資産：810

法人税等調整額：810（貸方）

2．当期

(1) 税効果会計の適用

（借）繰 延 税 金 資 産	810※1	（貸）法 人 税 等 調 整 額	810

※1　繰延税金資産：1,620（当期末ＤＴＡ※2）－810（前期末ＤＴＡ）＝810
※2　当期末ＤＴＡ：｜19,200（会計上の資産）－23,250（税務上の資産）｜×40％（税率）＝1,620

(2) 財務諸表計上額

繰延税金資産：1,620

法人税等調整額：810（貸方）

③ 退職給付引当金の損金不算入額

　　税法上、見積りによる退職給付費用の計上は認められない。したがって、当該費用の分だけ、将来減算一時差異が生じる。

　　また、税務上、退職給付費用は退職一時金の支払や掛金の拠出等が行われた場合に損金算入が認められるため、当該時点で将来減算一時差異が解消することになる。

■ 例題5　退職給付引当金　　　　　　　　　　　　　　　　　　　　　重要度 A

　以下の資料に基づき、前期・当期の財務諸表に計上される繰延税金資産及び法人税等調整額の金額を答えなさい。

(1)　当社は、前期より内部積立型の退職一時金制度を採用している。

(2)　退職給付に係る資料は以下のとおりである。

　　①　前期末の退職給付引当金：10,000円

　　②　当期の退職給付費用：8,000円

　　③　当期の退職一時金支払額：2,000円

　　④　当期末の退職給付引当金：16,000円

(3)　法定実効税率を40%として税効果会計を適用する。

■ 解答解説（単位：円）||||||||||||||||||||||||||||||||||||||||||||||||||||||||||||||||||||||||||||||||||||||||||||||||||

	前期末		当期末
会計上の負債	△10,000	△6,000	△16,000
税務上の負債	0	－	0
将来減算一時差異	10,000	+6,000	16,000
Ｄ　Ｔ　Ａ	4,000	+2,400	6,400

1．前期

(1)　税効果会計の適用

（借）繰 延 税 金 資 産	4,000※1	（貸）法 人 税 等 調 整 額	4,000

　　※1　繰延税金資産：4,000（前期末ＤＴＡ※2）－0（前々期末ＤＴＡ）＝4,000
　　※2　前期末ＤＴＡ：｜10,000（会計上の負債）－0（税法上の負債）｜×40%（税率）＝4,000

(2)　財務諸表計上額

　　繰延税金資産：4,000

　　法人税等調整額：4,000（貸方）

2．当期

(1) 税効果会計の適用

| （借）繰 延 税 金 資 産 | 2,400※1 | （貸）法人税等調整額 | 2,400 |

> ※1 繰延税金資産：6,400（当期末ＤＴＡ※2）－4,000（前期末ＤＴＡ）＝2,400
> ※2 当期末ＤＴＡ：｜16,000（会計上の負債）－0（税法上の負債）｜×40％（税率）＝6,400

上記の仕訳は、下記の「差異解消時の仕訳」と「差異の発生時」の仕訳に分けて考えることができる。

〔差異解消時の仕訳〕

| （借）法 人 税 等 調 整 額 | 800 | （貸）繰 延 税 金 資 産 | 800 |

> ※ 2,000（差異解消額）×40％（税率）＝800

〔差異発生時の仕訳〕

| （借）繰 延 税 金 資 産 | 3,200 | （貸）法 人 税 等 調 整 額 | 3,200 |

> ※ 8,000（差異発生額）×40％（税率）＝3,200

(2) 財務諸表計上額

　　繰延税金資産：6,400

　　法人税等調整額：2,400（貸方）

4　未払事業税の損金不算入額

　会計上は、決算において事業税を計上するが、税務上は事業税を申告した日の属する事業年度に損金算入が認められることから、将来減算一時差異が生じる。

　また、税務上、翌期に事業税を納付した時点で損金算入が認められるため、当該時点で将来減算一時差異が解消することになる。

■ 例題6　未払事業税　　　　　　　　　　　　　重要度 A

以下の資料に基づき、前期・当期の財務諸表に計上される繰延税金資産及び法人税等調整額の金額を答えなさい。

(1) 前期末に未払事業税3,000円を計上し、当期に当該事業税を納付した。なお、前々期末において未払事業税は計上されていないものとする。

(2) 当期末において、未払事業税4,000円を計上した。

(3) 法定実効税率を40％として税効果会計を適用する。

■ 解答解説（単位：円）||||||||||||||||||||||||||||||||||||||||||||||||||||||||||||||||||||||||||||||||||||||||||||||||||||||||

1. 前期

(1) 税効果会計の適用

（借）繰 延 税 金 資 産	1,200※1	（貸）法 人 税 等 調 整 額	1,200

※1 繰延税金資産：1,200（前期末ＤＴＡ※2）－0（前々期末ＤＴＡ）＝1,200
※2 前期末ＤＴＡ：｜3,000（会計上の負債）－0（税法上の負債）｜×40%（税率）＝1,200

(2) 財務諸表計上額

繰延税金資産：1,200

法人税等調整額：1,200（貸方）

2. 当期

(1) 税効果会計の適用

（借）繰 延 税 金 資 産	400	（貸）法 人 税 等 調 整 額	400

※1 繰延税金資産：1,600（当期末ＤＴＡ※2）－1,200（前期末ＤＴＡ）＝400
※2 当期末ＤＴＡ：｜4,000（会計上の負債）－0（税法上の負債）｜×40%（税率）＝1,600

上記の仕訳は、下記の「差異解消時の仕訳」と「差異の発生時」の仕訳に分けて考えることができる。

〔差異解消時の仕訳〕

（借）法 人 税 等 調 整 額	1,200	（貸）繰 延 税 金 資 産	1,200

※ 3,000（差異解消額）×40%（税率）＝1,200

〔差異発生時の仕訳〕

（借）繰 延 税 金 資 産	1,600	（貸）法 人 税 等 調 整 額	1,600

※ 4,000（差異発生額）×40%（税率）＝1,600

(2) 財務諸表計上額

繰延税金資産：1,600

法人税等調整額：400（貸方）

■ 例題7　総合問題

以下の資料に基づき、当期の財務諸表に計上される繰延税金資産及び法人税等調整額の金額を答えなさい。

(1) 前期末及び当期末の一時差異は以下のとおりである。

項目	前期末	当期末
未払事業税	3,000円	3,600円
貸倒引当金	5,000円	6,200円
減価償却費	20,000円	18,000円
退職給付引当金	―	15,000円

(2) 前期末及び当期末の永久差異は以下のとおりである。

項目	前期末	当期末
受取配当金	1,000円	800円
交際費	500円	600円

(3) 法定実効税率を40%として税効果会計を適用する。

■ 解答解説（単位：円）||||||||||||||||||||||||||||||||||||||||||||||||||||||||||||||||||||||||||||||||||||||||||

(1) 決算整理仕訳

（借）繰 延 税 金 資 産	5,920※1	（貸）法 人 税 等 調 整 額	5,920

　　※1　繰延税金資産：17,120（当期末ＤＴＡ※2）－11,200（前期末ＤＴＡ※3）＝5,920
　　※2　当期末ＤＴＡ：42,800（当期末将来減算一時差異）×40%（税率）＝17,120
　　※3　前期末ＤＴＡ：28,000（前期末将来減算一時差異）×40%（税率）＝11,200

(2) 財務諸表計上額

　　繰延税金資産：17,120

　　法人税等調整額：5,920（貸方）

1　その他有価証券に対する税効果会計　✓ 簿記3,2級

その他有価証券は、会計上は時価評価されるが、税法上は取得原価で評価されるため、会計上の簿価と税法上の簿価に差異が生じる。したがって、税効果会計を適用し、純資産の部に直接計上される評価・換算差額等を、繰延税金資産及び繰延税金負債を控除した税引後の金額で計上する。

2　全部純資産直入法　✓ 簿記3,2級

(1)　評価差益が生じる場合

〔時価評価〕

（借）投 資 有 価 証 券	×××	（貸）繰 延 税 金 負 債	×××※1
		その他有価証券評価差額金	×××※2

※1　評価差額×税率
※2　評価差額×（1−税率）

〔再振替仕訳〕

（借）繰 延 税 金 負 債	×××	（貸）投 資 有 価 証 券	×××
その他有価証券評価差額金	×××		

(2)　評価差損が生じる場合

〔時価評価〕

（借）繰 延 税 金 資 産	×××※1	（貸）投 資 有 価 証 券	×××
その他有価証券評価差額金	×××※2		

※1　評価差額×税率
※2　評価差額×（1−税率）

〔再振替仕訳〕

（借）投 資 有 価 証 券	×××	（貸）繰 延 税 金 資 産	×××
		その他有価証券評価差額金	×××

3 部分純資産直入法

(1) 評価差益が生じる場合

評価差益が生じている場合は、全部純資産直入法と同様に処理する。

〔時価評価〕

(借) 投 資 有 価 証 券	×××	(貸) 繰 延 税 金 負 債	×××※1
		その他有価証券評価差額金	×××※2

※1 評価差額×税率
※2 評価差額×（1－税率）

〔再振替仕訳〕

(借) 繰 延 税 金 負 債	×××	(貸) 投 資 有 価 証 券	×××
その他有価証券評価差額金	×××		

(2) 評価差損が生じる場合

評価差損が生じている場合は、通常の税効果の仕訳を行う。

〔時価評価及び税効果の適用〕

(借) 投資有価証券評価損益	×××	(貸) 投 資 有 価 証 券	×××
(借) 繰 延 税 金 資 産	×××※	(貸) 法 人 税 等 調 整 額	×××

※ 評価差額×税率

〔再振替仕訳〕

(借) 投 資 有 価 証 券	×××	(貸) 投資有価証券評価損益	×××

※ 繰延税金資産は、決算整理仕訳で解消させるため、再振替仕訳は行わない。

参考 その他有価証券の評価差額に税効果を適用する理由

・その他有価証券の取得原価：500円
・その他有価証券の期末時価：600円
・法定実効税率40%

　貸借対照表上、「その他有価証券を時価600円で計上する」というのは、「今、売却した場合、600円で売却できる」ことを意味している。つまり、時価評価は「売却した場合どのような影響が生じるか」ということを示している。
　ここで、実際に600円で売却した場合、売却益に課税される結果、純資産の増加額は税引後の60となり、税金部分は負債として計上される。

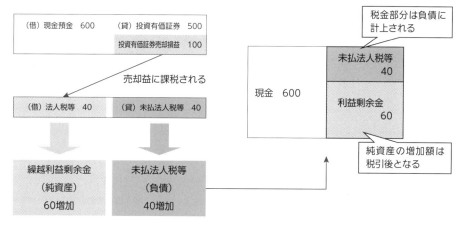

　上記の状況を適切に表すためには、その他有価証券の時価評価のうち、税金部分は負債（繰延税金負債）に計上し、純資産（その他有価証券評価差額金）は税引後の金額とすべきである。

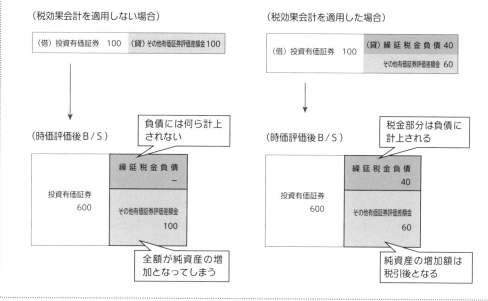

■ 例題8　その他有価証券に対する税効果会計

以下の資料に基づき、当期末の決算整理仕訳及び翌期首の洗替処理（再振替仕訳）を示しなさい。

(1) 当期に取得し、当期末に保有している投資有価証券の内訳は、以下のとおりである。

銘柄	取得原価	当期末時価	保有目的
A社株式	80,000円	95,000円	その他有価証券
B社株式	60,000円	56,000円	その他有価証券

(2) 法定実効税率を40%として税効果会計を適用する。

問1　全部純資産直入法による場合
問2　部分純資産直入法による場合

■ 解答解説 （単位：円）

問1　全部純資産直入法

1．決算整理仕訳

(1)　A社株式

（借）投 資 有 価 証 券	15,000※1	（貸）繰 延 税 金 負 債	6,000※2
		その他有価証券評価差額金	9,000※3

※1　投資有価証券：95,000（時価）－80,000（帳簿価額）＝15,000（評価差益）
※2　繰延税金負債：15,000（評価差益）×40%（税率）＝6,000
※3　その他有価証券評価差額金：15,000（評価差益）×｜1－40%（税率）｜＝9,000

(2)　B社株式

（借）繰 延 税 金 資 産	1,600※2	（貸）投 資 有 価 証 券	4,000※1
その他有価証券評価差額金	2,400※3		

※1　投資有価証券：56,000（時価）－60,000（帳簿価額）＝△4,000（評価差損）
※2　繰延税金資産：4,000（評価差損）×40%（税率）＝1,600
※3　その他有価証券評価差額金：4,000（評価差損）×｜1－40%（税率）｜＝△2,400

2．洗替処理

(1)　A社株式

（借）繰 延 税 金 負 債	6,000	（貸）投 資 有 価 証 券	15,000
その他有価証券評価差額金	9,000		

(2)　B社株式

（借）投 資 有 価 証 券	4,000	（貸）繰 延 税 金 資 産	1,600
		その他有価証券評価差額金	2,400

問2　部分純資産直入法

1．決算整理仕訳

(1)　A社株式

（借）投 資 有 価 証 券	15,000※1	（貸）繰 延 税 金 負 債	6,000※2
		その他有価証券評価差額金	9,000※3

　　※1　投資有価証券：95,000（時価）－80,000（帳簿価額）＝15,000（評価差益）
　　※2　繰延税金負債：15,000（評価差益）×40％（税率）＝6,000
　　※3　その他有価証券評価差額金：15,000（評価差益）×｜1－40％（税率）｜＝9,000

(2)　B社株式

（借）投資有価証券評価損益	4,000	（貸）投 資 有 価 証 券	4,000※1
（借）繰 延 税 金 資 産	1,600※2	（貸）法 人 税 等 調 整 額	1,600

　　※1　投資有価証券：56,000（時価）－60,000（帳簿価額）＝△4,000（評価差損）
　　※2　繰延税金資産：4,000（評価差損）×40％（税率）＝1,600

2．洗替処理

(1)　A社株式

（借）繰 延 税 金 負 債	6,000	（貸）投 資 有 価 証 券	15,000
その他有価証券評価差額金	9,000		

(2)　B社株式

（借）投 資 有 価 証 券	4,000	（貸）投資有価証券評価損益	4,000

第5節　将来加算一時差異（繰延税金負債）が生じる場合

1　圧縮記帳

(1)　税法上の処理

税法上は、「固定資産圧縮損」を取得原価から控除し、当該圧縮額を損金に算入する。その上で、圧縮後の取得原価に基づいて減価償却費を計算する。つまり、**直接減額方式**と同様の処理を行う。

(2)　会計上の処理

①　直接減額方式と積立金方式

会計上は、直接減額方式又は積立金方式により処理する。会計上、直接減額方式を採用した場合、会計と税法の間に差異は生じないため税効果会計を適用する必要はないが、積立金方式の場合には税効果会計を適用する必要が生じる。

②　積立金方式の会計処理

〔繰延税金負債の計上〕

積立金方式とは、国庫補助金の受入時に「国庫補助金受贈益」（収益）を計上し、固定資産の取得時には固定資産圧縮損を計上せずに、決算において、当該国庫補助金受贈益により過大に計上された繰越利益剰余金を「圧縮積立金」勘定（純資産）に振り替える方法である。

当該方法によると、会計上は固定資産圧縮損の計上が行われない一方、税務上は固定資産圧縮損を計上するため、将来加算一時差異が生じる。したがって、税効果会計を適用する。

また、会計上は固定資産圧縮損を計上しないため、固定資産は取得原価のまま計上され、当該取得原価に基づき減価償却費を算定する。一方、税務上は固定資産圧縮損計上後の金額に基づき減価償却を行う。よって、固定資産圧縮損に係る将来加算一時差異は減価償却を通じて解消する。

〔利益剰余金の積立金への振り替え〕

積立金方式を採用した場合、直接減額方式と比べて、会計上、国庫補助金受贈益から法人税等調整額を控除した額だけ利益が前倒しで計上される。当該金額を配当財源にしないために**繰越利益剰余金**から**圧縮積立金に振り替える処理を行う。**

(借) 繰 越 利 益 剰 余 金	×××	(貸) 圧 縮 積 立 金	×××

また、当該利益の**過大計上は減価償却を通じて解消する**ため、対応する額について圧縮積立金から繰越利益剰余金に振り戻す。

(借) 圧 縮 積 立 金	×××	(貸) 繰 越 利 益 剰 余 金	×××

> **参考　特別償却準備金**
>
> 上記の他に、将来加算一時差異が生じる例として、租税特別措置法上の割増償却がある。割増償却は税務上の損金になるが、会計上の費用とならないため、割増償却の分だけ将来加算一時差異が生じる。また、翌期以降、税務上において割増償却は取り崩され益金算入されるため、一時差異が解消する。
>
> 会計上では、割増償却が認められた期に「割増償却×税率」を繰延税金負債として計上し、「割増償却×（1－税率）」について「繰越利益剰余金」勘定から「特別償却準備金」勘定（純資産）に振り替える。そして、翌期以降、当該繰延税金負債及び特別償却準備金を取り崩す（圧縮積立金と同様の処理をする）。

具体例 積立金方式における税効果会計（圧縮積立金の積立は考慮しない）

(1)　×0年度期末に建物を9,000円で取得した。

(2)　上記建物は耐用年数3年、定額法、残存価額ゼロで減価償却を行う。なお、当該建物の取得に際して、国庫補助金6,000円を受け入れており、圧縮記帳の会計処理は積立金方式による。

(3)　法定実効税率は40%とする。

〔×0年度〕
　　① 国庫補助金受入時

（借）現　金　預　金	6,000	（貸）国庫補助金受贈益	6,000

　　② 建物取得時

（借）建　　　　　　物	9,000	（貸）現　金　預　金	9,000

　　③ 固定資産圧縮損の計上

仕　訳　な　し

　　④ 税効果会計の適用

（借）法 人 税 等 調 整 額	2,400	（貸）繰 延 税 金 負 債	2,400

　　※　6,000（税務上の圧縮損）×40%（税率）= 2,400
　　※　会計上は固定資産圧縮損を計上しない一方、税務上は固定資産圧縮損を6,000計上しているため、「利益 ＞ 所得」となる。よって、将来加算一時差異が生じる。

〔×1年度以降〕
　　① 減価償却費の計上

（借）減 価 償 却 費	3,000	（貸）減 価 償 却 累 計 額	3,000

　　※　9,000（取得原価）÷3年（耐用年数）= 3,000

　　② 税効果会計の適用

（借）繰 延 税 金 負 債	800	（貸）法 人 税 等 調 整 額	800

　　※　｜3,000（会計上の減価償却費）－1,000（税務上の減価償却費）｜×40% = 800
　　※　税務上の減価償却費は1,000（＝圧縮後取得原価3,000÷耐用年数3年）であるため、「利益 ＜ 所得」となる。よって、減価償却費の差額について将来加算一時差異が解消する。

具体例 直接減額方式と積立金方式の比較

(1) ×0年度期末に建物を9,000円で取得した。

(2) 上記建物は耐用年数3年、定額法、残存価額ゼロで減価償却を行う。なお、当該建物の取得に際して、国庫補助金6,000円を受け入れている。

(3) ×1年度以降、毎期5,000円の収益を計上している。

(4) 法定実効税率は40%とする。

1．圧縮記帳を直接減額方式で行った場合

〔×0年度〕

① 国庫補助金受入時

(借) 現 金 預 金	6,000	(貸) 国庫補助金受贈益	6,000

② 建物取得時

(借) 建 物	9,000	(貸) 現 金 預 金	9,000

③ 圧縮記帳

(借) 固 定 資 産 圧 縮 損	6,000	(貸) 建 物	6,000

④ 利益の額

6,000（国庫補助金受贈益）－ 6,000（固定資産圧縮損）＝ 0

〔×1年度以降〕

① 減価償却

(借) 減 価 償 却 費	1,000	(貸) 減 価 償 却 累 計 額	1,000

※ ｜9,000（取得原価）－ 6,000（固定資産圧縮損）｜ ÷ 3年（耐用年数）＝ 1,000

② 法人税等の計上

(借) 法 人 税 等	1,600	(貸) 未 払 法 人 税 等	1,600

※ ｜5,000（収益）－ 1,000（減価償却費）｜ × 40%（税率）＝ 1,600

③ 利益の額

5,000（収益）－ 1,000（減価償却費）－ 1,600（法人税等）＝ 2,400

〔各年度の財務諸表〕

	0年目	1年目	2年目	3年目	合計
税引前当期純利益	0	4,000	4,000	4,000	12,000
法人税等	0	1,600	1,600	1,600	4,800
当期純利益	0	2,400	2,400	2,400	7,200

貸借対照表

	0年目	1年目	2年目	3年目	合計
繰越利益剰余金	0	2,400	4,800	7,200	7,200

２．圧縮記帳を積立金方式で行った場合

〔×０年度〕

① 国庫補助金受入時

（借）現　金　預　金	6,000	（貸）国庫補助金受贈益	6,000

② 建物取得時

（借）建　　　　　物	9,000	（貸）現　金　預　金	9,000

③ 税効果会計の適用

（借）法 人 税 等 調 整 額	2,400	（貸）繰 延 税 金 負 債	2,400

※　6,000（固定資産圧縮損）×40%（税率）＝2,400

④ 利益の額

6,000（国庫補助金受贈益）－2,400（税効果）＝3,600

⑤ 圧縮積立金への振替

（借）繰 越 利 益 剰 余 金	3,600	（貸）圧 縮 積 立 金	3,600

※　過大計上された利益3,600を圧縮積立金に振り替える。

〔×１年度以降〕

① 減価償却

（借）減 価 償 却 費	3,000	（貸）減 価 償 却 累 計 額	3,000

※　9,000（取得原価）÷３年（耐用年数）＝3,000

② 法人税等の計上

（借）法 　人 　税 　等	1,600	（貸）未 払 法 人 税 等	1,600

※　税務上は直接減額方式によるため、法人税等の金額は直接減額方式の場合と同額となる。

③ 税効果会計の適用

（借）繰 延 税 金 負 債	800	（貸）法 人 税 等 調 整 額	800

※　｜3,000（会計上の減価償却費）－1,000（税務上の減価償却費）｜×40%（税率）＝800

④ 利益の額

5,000（収益）－3,000（減価償却費）－｜1,600（法人税等）－800（法人税等調整額）｜＝1,200

⑤ 圧縮積立金の取崩

（借）圧 縮 積 立 金	1,200	（貸）繰 越 利 益 剰 余 金	1,200

〔各年度の財務諸表〕

	0年目	1年目	2年目	3年目	合計
税引前当期純利益	6,000	2,000	2,000	2,000	12,000
法人税等	0	1,600	1,600	1,600	4,800
法人税等調整額	2,400	△800	△800	△800	0
当期純利益	3,600	1,200	1,200	1,200	7,200

貸借対照表

圧縮積立金	3,600	2,400	1,200	0	0
繰越利益剰余金	0	2,400	4,800	7,200	7,200

〔まとめ〕

	X0年度末		X1年度末		X2年度末		X3年度末
会計上の資産	9,000	△3,000	6,000	△3,000	3,000	△3,000	0
税務上の資産	3,000	△1,000	2,000	△1,000	1,000	△1,000	0
将来加算一時差異	6,000		4,000		2,000		0
D T L	2,400	△800	1,600	△800	800	△800	0
圧 縮 積 立 金	3,600	△1,200	2,400	△1,200	1,200	△1,200	0

■ 例題9　圧縮記帳（積立金方式）　　　　　　　　　　　　　　重要度B

　以下の資料に基づき、当期の財務諸表に計上される繰延税金負債、圧縮積立金及び法人税等調整額の金額を答えなさい。

(1) 前期末に国庫補助金3,000円を受入れ、当該補助金を充当して、機械5,000円を取得した。

(2) 当該機械は、積立金方式により会計処理を行う。また、耐用年数5年、残存価額ゼロ、定額法により減価償却を行う。

(3) 法定実効税率を40％として税効果会計を適用する。

■ 解答解説（単位：円）||||||||||||||||||||||||||||||||||||||||||||||||||||||||||||||||||||||||||||||||||||

1．前期

(1) 国庫補助金受入時

（借）現　金　預　金	3,000	（貸）国庫補助金受贈益	3,000

(2) 機械購入時

（借）機　　　　　械	5,000	（貸）現　金　預　金	5,000

(3)　税効果会計の適用

（借）法 人 税 等 調 整 額	1,200	（貸）繰 延 税 金 負 債	1,200[1]

　※1　繰延税金負債：1,200（前期末ＤＴＬ[2]）－0（前々期末ＤＴＬ）＝1,200
　※2　前期末ＤＴＬ：｜5,000（会計上の資産）－2,000（税法上の資産）｜×40％（税率）＝1,200

(4)　圧縮積立金の計上

（借）繰 越 利 益 剰 余 金	1,800	（貸）圧 縮 積 立 金	1,800[1]

　※1　圧縮積立金：1,800（前期末積立金[2]）－0（前々期末積立金）＝1,800
　※2　｜5,000（会計上の資産）－2,000（税法上の資産）｜×｜1－40％（税率）｜＝1,800

2．当期

(1)　減価償却費

（借）減 価 償 却 費	1,000	（貸）減 価 償 却 累 計 額	1,000

　※　5,000（取得原価）÷5年（耐用年数）＝1,000

(2)　税効果会計の適用

（借）繰 延 税 金 負 債	240[1]	（貸）法 人 税 等 調 整 額	240

　※1　繰延税金負債：960（当期末ＤＴＬ[2]）－1,200（前期末ＤＴＬ[3]）＝△240
　※2　当期末ＤＴＬ：｜4,000（会計上の資産）－1,600（税法上の資産）｜×40％（税率）＝960
　※3　前期末ＤＴＬ：｜5,000（会計上の資産）－2,000（税法上の資産）｜×40％（税率）＝1,200

(3)　圧縮積立金の取崩

（借）圧 縮 積 立 金	360[1]	（貸）繰 越 利 益 剰 余 金	360

　※1　圧縮積立金：1,440（当期末積立金[2]）－1,800（前期末積立金[3]）＝△360
　※2　当期末積立金：｜4,000（会計上の資産）－1,600（税法上の資産）｜×｜1－40％（税率）｜＝1,440
　※3　前期末積立金：｜5,000（会計上の資産）－2,000（税法上の資産）｜×｜1－40％（税率）｜＝1,800

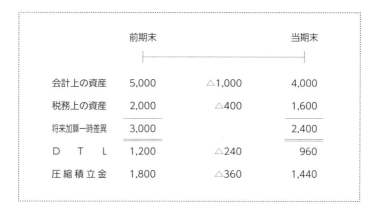

	前期末		当期末
会計上の資産	5,000	△1,000	4,000
税務上の資産	2,000	△400	1,600
将来加算一時差異	3,000		2,400
Ｄ　Ｔ　Ｌ	1,200	△240	960
圧 縮 積 立 金	1,800	△360	1,440

3．財務諸表計上額

　法人税等調整額：240（貸方）

　繰延税金負債：960

　圧縮積立金：1,440

第16章　税金及び税効果会計

第6節　税率変更

税効果会計により計上される繰延税金資産及び繰延税金負債は、差異が解消すると見込まれる年度の税率に基づいて計上される。そのため、法定実効税率の変更があった場合は、過年度に計上されている繰延税金資産及び繰延税金負債を、変更後の税率に基づき再計算することになる。

なお、当期に税制改正が行われ、翌期以降の法定実効税率が変更となる場合、当期の税率に変更はないが、差異解消時の税率が変更になるため、繰延税金資産及び繰延税金負債の再計算を行う必要がある点に留意すること。

■ 例題10　税率変更　　　　　　　　　　　　　　　重要度 C

以下の資料に基づき、当期の財務諸表に計上される繰延税金資産及び法人税等調整額の金額を答えなさい。

(1) 前期末及び当期末の一時差異（その他有価証券評価差額金を除く）は以下のとおりである。

	前期末	当期末
未払事業税の損金不算入額	3,000 円	3,600 円
貸倒引当金の損金算入限度超過額	5,000 円	6,200 円
減価償却費の損金算入限度超過額	13,000 円	18,000 円
退職給付引当金の損金不算入額	7,000 円	15,000 円

(2) その他有価証券（帳簿価額7,000円）の、当期末の時価は9,000円である。その他有価証券の評価差額の処理は全部純資産直入法によること。

(3) 税効果会計を適用する。なお、前期及び当期の法定実効税率は40％であるが、当期に税制改正が行われ、翌期以降の法定実効税率は、35％になった。

■ 解答解説 (単位：円) ‖‖

	前期末		当期末
未 払 事 業 税	3,000		3,600
貸 倒 引 当 金	5,000		6,200
減 価 償 却 費	13,000		18,000
退職給付引当金	7,000		15,000
将来減算一時差異	28,000		42,800
Ｄ　Ｔ　Ａ	11,200	+3,780	14,980

1. 当期末の決算整理仕訳

(1) 税効果会計の適用

(借) 繰 延 税 金 資 産	3,780※1	(貸) 法 人 税 等 調 整 額	3,780

※1 繰延税金資産：14,980（当期末ＤＴＡ※2）－ 11,200（前期末ＤＴＡ※3）＝ 3,780
※2 当期末ＤＴＡ：42,800（当期末将来減算一時差異）× 35％（変更後税率）＝ 14,980
※3 前期末ＤＴＡ：28,000（前期末将来減算一時差異）× 40％（変更前税率）＝ 11,200

⑵　その他有価証券の時価評価

（借）投　資　有　価　証　券	2,000※1	（貸）繰　延　税　金　負　債	700※2
		その他有価証券評価差額金	1,300※3

※1　投資有価証券：9,000（時価）－7,000（帳簿価額）＝2,000（評価差益）

※2　繰延税金負債：2,000（評価差益）×35％（変更後税率）＝700

※3　その他有価証券評価差額金：2,000（評価差益）×｜1－35％（変更後税率）｜＝1,300

２．貸借対照表の表示

ＤＴＡ	ＤＴＬ	純額
14,980※1	700※2	14,280（資産）

※1　ＤＴＡ：42,800（当期末将来減算一時差異）×35％（変更後税率）＝14,980

※2　ＤＴＬ：700（その他有価証券）

３．財務諸表計上額

繰延税金資産：14,280

法人税等調整額：3,780（貸方）

第7節 繰越欠損金

1 意義

　法人税等の計算は、各年度の課税所得に基づいて算定されるが、マイナスの課税所得である繰越欠損金がある場合には、翌年以降10年間繰り越すことが認められており、翌年以降に課税所得が発生した場合に、課税所得（繰越欠損金控除前）の50％を限度に課税所得を減額することが認められている。なお、中小法人等の場合には50％の限度額はないため全額控除することが認められている。

具体例 繰越欠損金の考え方（限度額がない場合）

〔繰越欠損金を考慮しない場合〕

　A社とB社の課税所得の合計が等しいにも関わらず、B社の方が多めに法人税等を支払っているため、課税の公平を図ることができない。

A社	X1年度	X2年度	合計
課税所得	100	100	200
法人税等	40	40	80

B社	X1年度	X2年度	合計
課税所得	△100	300	200
法人税等	0	120	120

〔繰越欠損金を考慮した場合〕

　繰越欠損金を考慮することで、B社の納税額を80にすることができ、課税の公平を図ることができる。

A社	X1年度	X2年度	合計
課税所得	100	100	200
法人税等	40	40	80

B社	X1年度	X2年度	合計
課税所得	△100	300	200
		→△100	
		200	
法人税等	0	80	80

---

2 会計処理

　繰越欠損金は将来の課税所得を減額する効果を有しているので、欠損金が生じた年度において**将来減算一時差異**が生じ、繰越欠損金を課税所得から減算した年度に解消することとなる。

■ 例題11　繰越欠損金　　　重要度Ｃ

　以下の資料に基づき、各年度の財務諸表に計上される繰延税金資産及び法人税等調整額の金額を答えなさい。

⑴　×1年度に税務上の繰越欠損金が100,000円生じた。なお、繰越欠損金は課税所得の50％を限度として控除できる。また、欠損金額の繰越期間は10年間である。

⑵　×2年度及び×3年度の課税所得は、150,000円ずつと見込まれている。

⑶　法定実効税率を40％として、税効果会計を適用する。

■ 解答解説（単位：円）

〔×1年度〕

⑴　税効果会計の適用

（借）繰延税金資産	40,000	（貸）法人税等調整額	40,000

　　※　100,000（繰越欠損金）×40％（税率）＝40,000

⑵　財務諸表計上額

　　繰延税金資産：100,000（X1年度末の繰越欠損金）×40％（税率）＝40,000

　　法人税等調整額：40,000（貸方）

〔×2年度〕

⑴　税効果会計の適用

（借）法人税等調整額	30,000	（貸）繰延税金資産	30,000

　　※　75,000（X2年度控除額）×40％（税率）＝30,000

⑵　財務諸表計上額

　　繰延税金資産：25,000（X2年度末の繰越欠損金）×40％（税率）＝10,000

　　法人税等調整額：30,000（借方）

〔×3年度〕

⑴　税効果会計の適用

（借）法人税等調整額	10,000	（貸）繰延税金資産	10,000

　　※　25,000（X3年度控除額）×40％（税率）＝10,000

⑵　財務諸表計上額

　　繰延税金資産：0

　　法人税等調整額：10,000（借方）

	X1年度末		X2年度末		X3年度末
繰越欠損金	100,000	△75,000※1	25,000	△25,000※2	0
D T A	40,000	△30,000	10,000	△10,000	0

※1 X2年度解消額：150,000（X2年度課税所得）×50％（控除限度）＝75,000

※2 X3年度解消額：150,000（X3年度課税所得）×50％（控除限度）＝75,000＞25,000（X2年度末繰越欠損金）

∴　25,000

第8節　繰延税金資産の回収可能性

　繰延税金資産は、将来減算一時差異であり、将来の税金の負担額を軽減する効果を有している。しかし、将来に十分な課税所得が見込めない場合は、将来の税金の負担額を軽減する効果が認められないことになる。

　ここで、繰延税金資産が将来の税金の負担額を軽減する効果が認められることを「繰延税金資産の回収可能性がある」という。

　よって、繰延税金資産を計上する場合には、将来の課税所得の十分性等、繰延税金資産の回収可能性を検討しなければならない。また、回収可能性は毎期見直しが必要であり、回収可能性がないと判断された場合には、繰延税金資産を取り崩す必要がある。

　なお、回収可能性が認められず、繰延税金資産として計上できなかった額を「評価性引当額」という。評価性引当額は、繰延税金資産の発生原因別の主な内訳を注記する際に併せて記載する。

■ 例題12　繰延税金資産の回収可能性　　　　　重要度 C

以下の資料に基づき、当期末の貸借対照表に計上される繰延税金資産及び繰延税金資産に係る評価性引当額を答えなさい。

(1) 当社は業績が不安定であるため、過去の業績などに基づいて安定的な課税所得の発生を予測することが困難である。ここで、将来の合理的な見積り期間を3年間として、当該期間内における一時差異等のスケジューリング結果に基づき、繰延税金資産の回収可能性を検討することとした。

(2) 当社の法定実効税率は、40%である。

(3) 将来減算一時差異の項目、金額およびその解消見込時期は、以下の表のとおりである。

（単位：円）

項目	金額	1年内	1年超3年以内	3年超または不明
		解消見込時期		
将来減算一時差異				
減損損失※1	100	—	—	100
棚卸資産（評価損）	130	80	50	—
未払事業税	70	70	—	—
貸倒引当金	200	—	—	200
退職給付引当金	1,400	120	150	1,130
関係会社株式（評価損）※2	440	440	—	—
税務上の繰越欠損金	300	60	50	190
合計	2,640	770	250	1,620

　※1　当期の決算において、土地の減損処理を行い、100円の減損損失を計上している。なお、当該構築物を売却する計画は存在していない。

　※2　当該関係会社は、翌期に清算予定である。

　※3　スケジューリング可能な一時差異について、繰延税金資産を計上する。

■ 解答解説 (単位：円) ||||||||||||||||||||||||||||||||||||||||||||||||||||||||||||||||||||||||||||||||

1．考え方

　問題文の指示により、将来減算一時差異のうち、解消時期が「3年超または不明」の金額は回収可能性が認められないものと判断する。よって、下記の網掛け部分については繰延税金資産を計上しない。

項目	金額	解消見込時期		
		1年内	1年超 3年以内	3年超 または不明
将来減算一時差異				
減損損失	100	—	—	100
棚卸資産（評価損）	130	80	50	—
未払事業税	70	70	—	—
貸倒引当金	200	—	—	200
退職給付引当金	1,400	120	150	1,130
関係会社株式（評価損）	440	440	—	—
税務上の繰越欠損金	300	60	50	190
合計	2,640	770	250	1,620

2．貸借対照表に計上される繰延税金資産

$$\{130（棚卸資産）＋70（未払事業税）＋270（退職給付引当金）＋440（関係会社株式）$$
$$＋110（税務上の繰越欠損金）\} ×40％＝408$$

3．注記

　　繰延税金資産

減損損失	40
棚卸資産	52
未払事業税	28
貸倒引当金	80
退職給付引当金	560
関係会社株式	176
繰越欠損金	120
繰延税金資産小計	1,056※1
評価性引当額	△648※2
繰延税金資産合計	408

　　※1　繰延税金資産小計：2,640×40％（税率）＝1,056
　　※2　評価性引当額：1,620（網掛け部分の合計）×40％（税率）＝648

索　引

〈編著者紹介〉

CPA会計学院

公認会計士試験受験指導で圧倒的な合格実績を誇る人気スクール。
創設は昭和43年。わが国で初めて全日制による公認会計士受験指導を
始めたスクールとして誕生した。本質が理解できる講義・教材により、
全国の学生・社会人から支持を得ている。
創設以来、全国展開をせず、受講生一人ひとりを手厚くするフォロー
する戦略を採用している。

近年、受験生からの絶大な支持を集める人気講師を多数擁したうえで、
高い合格率を維持したまま合格者数を増やすことに成功した。
2022年公認会計士試験では全体合格者1,456名の内、606名の合格者の
輩出、総合合格1位合格者の輩出など圧倒的な実績を残している。

いちばんわかる日商簿記1級
商業簿記・会計学の教科書　第I部

2023年5月18日　初版第1刷発行

編著者　CPA会計学院
発行者　アガルート・パブリッシング
〒162-0814　東京都新宿区新小川町5-5　サンケンビル4階
e-mail：customer@agaroot.jp
ウェブサイト：https://www.agaroot.jp/

発売　サンクチュアリ出版
〒113-0023　東京都文京区向丘2-14-9
電話：03-5834-2507　FAX：03-5834-2508

印刷・製本　シナノ書籍印刷株式会社

無断転載・転写を禁じます。落丁・乱丁の場合はお取り替えいたします。
©AGAROOT ACADEMY 2023 Printed in Japan
ISBN978-4-8014-9385-8

いつでも、どこでも、何度でも
Web受講で理解が深まる!

簿記**1**級対策講座が
完全無料で
学べる
CPAラーニング!

CPAラーニングの特徴

✓ **プロ講師による「理解できるWEB講義」**
簿記1級を熟知した講師が試験に出やすいポイントやつまづきやすい問題などを丁寧に解説しているので、忙しい社会人の方や就活生でも効率的に最短合格を目指せます。また、WEB講義形式のため、いつでも、どこでも、何度でもご視聴いただけます。

✓ **模擬試験が受け放題**
本番さながらの実力をチェックできる模擬試験を何度でも受験することができます。もちろん、分かりやすい解説付きなので苦手な論点を得意に繋げることができます。

✓ **運営元は大手公認会計士スクール「CPA会計学院!」**
CPAラーニングは公認会計士講座を50年以上運営してきた実績あるCPA会計学院が講義を提供しています。講義は公認会計士講座の講師が担当しているので、本質が理解できるわかりやすい講義を展開します。

✓ **実務で役立つ講義も受けられる**
日商簿記1級講座の受講生は経理、会計、税務、財務などスキルアップできる実務講座を学ぶことができます。基礎的な講座から応用力を鍛える講座まであるため、学習者はレベルにあった講座を選ぶことができます。資格+実務講義でキャリアアップへ導きます。

✓ **簿記3級2級もすべて無料開放**
簿記1級にチャレンジする前に簿記3級2級の復習がすべて無料でできます。WEB講義から教科書・問題集(PDF)のダウンロードまで必要なものをご用意しています。

ご利用はこちらから ▶

cpa-learning.com